高等学校新文科数字经济创新型人才培养系列教材

物流管理概论

王　皓◎主编

电子工业出版社
Publishing House of Electronics Industry
北京·BEIJING

内 容 简 介

本书立足于我国物流业发展的实际需求，在吸收和参考国内外先进物流管理理论与方法的基础上，结合作者多年物流教学和物流工作实践经验，系统阐述了物流管理的基本原理、合理步骤、科学方法与先进技术。本书共 10 章，内容包括物流与物流管理的基础知识、采购管理、仓储管理、运输与配送管理、装卸搬运、包装、流通加工、物流信息技术、供应链管理以及物流系统。

本书既可作为高等学校物流管理、物流工程、采购管理、交通运输管理等专业的教材或参考书，也可供物流行业从业人员参考使用。

图书在版编目（CIP）数据

物流管理概论 / 王皓主编. -- 北京 : 电子工业出版社，2024. 9. -- ISBN 978-7-121-48690-6

Ⅰ. F252.1

中国国家版本馆 CIP 数据核字第 2024QT1825 号

责任编辑：刘淑敏

文字编辑：牛亚杰

印　　刷：三河市兴达印务有限公司

装　　订：三河市兴达印务有限公司

出版发行：电子工业出版社

　　　　　北京市海淀区万寿路 173 信箱　邮编：100036

开　　本：787×1 092　1/16　印张：14.5　字数：371 千字

版　　次：2024 年 9 月第 1 版

印　　次：2024 年 9 月第 1 次印刷

定　　价：59.00 元

凡所购买电子工业出版社图书有缺损问题，请向购买书店调换。若书店售缺，请与本社发行部联系，联系及邮购电话：（010）88254888，88258888。

质量投诉请发邮件至 zlts@phei.com.cn，盗版侵权举报请发邮件至 dbqq@phei.com.cn。

本书咨询联系方式：（010）88254199，sjb@phei.com.cn。

前　言

　　党的二十大报告指出："加快发展物联网，建设高效顺畅的流通体系，降低物流成本。"这为推动当下与未来一段时间内我国物流业发展指明了方向，也明确了高校高质量物流人才培养模式的指南。

　　"物流管理"是物流管理专业重要的一门专业基础课，通过本课程的学习，学生能够掌握物流管理的基础知识，为其他物流管理专业课程的学习打下坚实的基础。作者根据多年"物流管理"课程教学与物流管理实践经验，在参考大量文献资料的基础上，著成此书，以求全面阐述物流管理的基本原理、合理步骤、科学方法与先进技术。

　　本书的特点如下：

　　（1）内容全面、丰富、新颖、实用，体现智慧物流、物流实践需求。本书在编写过程中，广泛吸收目前物流管理最新的技术、标准，参阅了大量同类教材、专著等资料，并结合作者的教学和实践经验，阐述物流管理的原理、程序、技术和方法，力求内容完整、重点突出、准确生动。

　　（2）理论与实践相结合，本书在讲解相关理论的过程中融入了大量的物流前沿案例、小资料、图片等内容，供学生分析、研读，力求为学生提供思路与方法指导。

　　（3）融入了课程思政的内容，以便拓宽学生的视野。

　　（4）本书教辅资源丰富，配有电子课件、案例库、视频、课后习题及答案、期末试卷及答案等。有需要者可登录华信教育资源网免费获取。

　　需要特别说明的是，本书名词如在国家标准 GB/T 18354—2021《物流术语》中出现，则以《物流术语》中的定义为准。

　　本书由王皓老师主编。在编写过程中，作者参考了大量有关资料，在此对所有文献的作者深表谢意！另外，要特别感谢电子工业出版社姜淑晶编辑的辛勤付出。

　　由于时间仓促和作者水平所限，书中难免存在疏漏之处，真诚希望广大读者不吝赐教，以便进一步修改完善。

王　皓

目　录

第 **1** 章

物流与物流管理的基础知识

学习目标

◆ 了解物流的概念、特征和分类；

◆ 了解物流管理的含义、特征和作用；

◆ 掌握现代物流的含义及传统物流与现代物流的区别；

◆ 掌握物流的构成要素及物流管理的内容；

◆ 能够在实践中运用物流的功能要素。

课程思政

中国这十年：物流服务能力显著提升，由物流大国向物流强国迈进

党的十八大以后的这十年，我国综合交通服务能力大幅提高，人民群众获得感明显增强，铁路、公路、水运、民航客货周转量、港口货物吞吐量、邮政快递业务量等主要指标连续多年位居世界前列。交通运输部副部长徐成光指出，从 2021 年的数据来看，我国平均每天约有超过 6.9 万艘次船舶进出港，飞机起降 2.68 万架次，快件处理接近 3 亿件。高峰时，平均每天铁路开行旅客列车超过 1 万列，高速公路流量超过 6000 万辆次，"人享其行、物畅其流"初步实现。

中国海关总署 2022 年 5 月 20 日公布的数据显示，十年间中国外贸规模从 2012 年的 24.4 万亿元（人民币，下同）增加到 2021 年的 39.1 万亿元，同期国际市场份额从 10.4% 提高到 13.5%，全球货物贸易第一大国地位更加巩固。其中，2021 年中国出口国际市场份额为 15.1%，与 2012 年相比提升了 4 个百分点，这一增量与 2001 年中国加入世贸组织时出口国际市场份额基本相当。进口国际市场份额自 2013 年首次突破 10% 后，现已提升到 2021 年的 11.9%。

1.1 物流的基础知识

1.1.1 物流概念的产生与发展

1. 物流概念的产生

1918 年，英国犹尼里佛的利费哈姆勋爵成立了即时送货股份有限公司，公司宗旨是，在全英国范围内把商品及时送到批发商、零售商以及用户的手中，这被一些物流学者称为早期的物流活动。

1921 年，阿奇·萧在《市场流通中的若干问题》(*Some Problems in Market Distribution*) 一书中提出："物流是与创造需求不同的一个问题""物资经过时间或空间的转移，会产生附加价值"。这里，Market Distribution 指的是商流，时间和空间的转移指的是销售过程的物流。

20 世纪 30 年代初，在一部关于市场营销的基础教科书中，开始涉及物流运输、物资储存等业务的实物供应（Physical Supply）这一名词，该书将市场营销定义为"影响产品所有权转移的实物流通活动"。这里所说的所有权转移是指商流，实物流通是指物流。

1935 年，美国市场营销协会定义委员会最早对物流进行了定义："物流（Physical Distribution）是包含于销售之中的物质资料和服务与从生产地到消费地流动过程中伴随的种种活动。"

1956 年，日本生产本部派出流通技术专门考察团，由早稻田大学教授宇野正雄等一行 7 人去美国考察，弄清楚了日本以往叫作"流通技术"的内容，相当于美国叫作"Physical Distribution"（实物分配）的内容，从此便把流通技术简称"P. D."。1964 年，日本开始使用"物流"这一概念，池田内阁的五年计划制订小组成员之一平原谈到"P. D."这一术语时说："比起来，叫作'P. D.'不如叫作'物的流通'更好。"1965 年，日本在政府文件中正式采用"物的流通"这个术语，简称为"物流"。1981 年，日本综合研究所编著的《物流手册》对物流的表述是："物质资料从供给者向需要者的物理性移动，是创造时间性、场所性价值的经济活动。从物流的范畴来看，包括包装、装卸、保管、库存管理、流通加工、运输、配送等活动。"

1979 年，我国开始使用"物流"一词。1979 年 6 月，我国物资工作者代表团赴日本参加第三届国际物流会议，回国后在考察报告中第一次引用和使用"物流"这一术语并介绍了日本物流的发展情况。但当时有一段小的波折，当时商业部（国内贸易部）提出建立物流中心的问题，曾有人认为"物流"一词来自日本，有崇洋之嫌，于是改为建立储运中心。其实，储存和运输虽是物流的主体，但物流有更广的外延，而且物流是日本引用的汉语，物流作为实物流通的简称，提法既科学合理，又确切易懂。故国内的储运中心不久就恢复为物流中心。1988 年，我国台湾地区也开始使用"物流"这一概念。1989 年 4 月，第八届国际物流会议在北京召开，"物流"一词的使用日益普遍。

2. 物流概念的发展

物流概念的发展主要指从传统物流的概念向现代物流的概念转变。

（1）传统物流的概念

在第二次世界大战期间，美国对军火等进行的战时供应中，首先采取了后勤管理这一名词，对军火等战略物资的运输、补给、储存等进行全面管理，以求战略物资给的费用更低，速度更快，服务更好。从此，后勤逐渐成为单独的学科，并不断发展为后勤工程、后勤管理和后勤分配。后勤管理的方法后被引入商业部门，被人称为商业后勤。商业后勤（Business Logistics）被定义为"包括原材料的流通、产品分配、运输、购买与库存控制、储存、客户服务等业务活动"，其领域包括原材料物流、生产物流和销售物流。

20 世纪 50 年代到 20 世纪 70 年代期间，人们研究的对象主要是狭义的物流，是与商品销售有关的物流活动，是流通过程中的商品实体运动，也就是传统物流。

（2）现代物流的概念

现代物流的概念是在传统物流的概念基础上的发展。

1986 年，美国物流管理协会（National Council of Physical Distribution Management，NCPDM）改名为 CLM，即 The Council of Logistics Management。之所以将 Physical Distribution 改为 Logistics，是因为 Physical Distribution 的领域较狭窄，Logistics 的概念则较宽广、连贯、整体。

Logistics 与 Physical Distribution 的不同在于，Logistics 已突破了商品流通的范围，把物流活动扩大到生产领域。物流已不仅仅从产品出厂开始，而是包括从原材料采购、加工生产到产品销售、售后服务，直到废旧产品回收等整个物理性的流通过程。这是因为随着生产的发展，社会分工越来越细，大型制造商往往把产品零部件的生产任务外包给其他专业制造商，自己只对这些零部件进行组装，而这些专业制造商可能位于世界上原材料成本、劳动力成本都比较低的地方。在这种情况下，物流不但与流通系统维持密切的关系，同时与生产系统也产生了密切的关系。这样，将物流、商流和生产三个方面结合在一起，就能产生更高的效率和效益。近年来，日、美的进口批发及连锁零售业等运用这种观念积累了不少成功的经验。

很多学者都提出过现代物流的概念。美国哈佛大学商学院教授 J. L. 赫斯凯特给出的概念是："现代物流是指对支持货物移动的各种活动进行的管理，以及通过创造物品的时间与空间价值以调节供给与需求。"美国物流管理协会（CLM）将现代物流的概念定义为："以满足客户需求为目的，对原材料、半成品、成品以及与此相关的信息由产出地到消费地的有效且成本效果最佳的流动与保管进行计划、执行与控制。"

但是，美国对现代物流的定义强调的是物流活动的"有效性"，以及对物流活动的"计划、执行与控制"。这些概念实际上混合了物流管理的内容，而不是物流本身的概念。

Logistics 一词的出现，是世界经济和科学技术发展的必然结果。当前物流业正在向全球化、信息化、一体化方向发展。一个国家的市场开放与发展必将要求物流的开放与发展。随着世界商品市场的形成，从各个市场到最终市场的物流日趋全球化；信息技术的发展使信息系统得以贯穿于不同的企业之间，使物流的功能发生了质变，大大提高了物流效率，同时也为物流一体化创造了条件；一体化意味着需求、配送和库存管理的一体化。所有这些已成为国际物流业发展的方向。

📄 **小资料**

物流术语

物流是指根据实际需要，将运输、储存、装卸、搬运、包装、流通加工、配送、信息处理等基本功能实施有机结合，使货物从供应地向接收地进行实体流动的过程。这个概念基本上是"中性"的，既没有强调物流的"有效性"，也没有涉及对物流活动的"计划、执行或控制"，因此，该概念预示着物流与物流管理的侧重点是不同的。事实也的确如此，在国家标准 GB/T 18354—2021《物流术语》中，除物流的概念外，还另外确定了物流管理的概念。本书所指的物流一般指现代物流。

2021 年 8 月 20 日，国家市场监督管理总局、国家标准化管理委员会发布《中华人民共和国国家标准公告》2021 年第 11 号，其中国家标准 GB/T 18354—2021《物流术语》已获批准发布，并于 2021 年 12 月 1 日正式实施。

国家标准 GB/T 18354—2021《物流术语》由全国物流标准化技术委员会（SAC/TC269）提出，由全国物流标准化技术委员会（SAC/TC269）、全国物流信息管理标准化技术委员会（SAC/TC267）归口。

文件内容包括范围、规范性引用文件、物流基础术语、物流作业服务术语、物流技术与设施设备术语、物流信息术语、物流管理术语、国际物流术语八个部分。

标准主要起草单位为中国物流与采购联合会、北京物资学院、深圳市深中原科技有限公司、深圳顺丰泰森控股（集团）有限公司、北京交通大学、中国物资储运协会、西安交通大学、天津大学、上海海事大学、中国物品编码中心、华中科技大学、湖北物资流通技术研究所、北京工商大学、广州大学、湖南工商大学、上海第二工业大学、一汽物流有限公司。

（3）传统物流与现代物流的区别

传统物流与现代物流的区别主要有如下四点：

第一，服务功能和物流组织上的差异。一般传统物流的服务功能是对相对独立的单一环节的管理，因此不具备控制整个供应链的功能；而现代物流强调的是对供应链的全面管理和有效控制，强调物流功能的整合和系统优化。

第二，物流服务模式的差异。传统物流服务模式只提供简单的位移，与客户的关系是建立短期合约，以价格竞争和标准服务赢得客户；现代物流服务模式，提供增值服务，与客户通常是战略合作伙伴的关系，通常以降低成本、提供增值和定制物流服务满足客户的需要。

第三，信息系统建设的差异。传统物流实行人工控制，无外部整合系统，只有有限的（或没有）电子数据交换联系，更没有全球卫星定位系统；而现代物流实施信息系统，广泛运用电子数据交换系统及全球卫星定位系统。

第四，物流企业管理的差异。传统物流无统一服务标准，企业通常采用分散的、传统的、人工的管理方式，侧重点到点或线到线的服务；而现代物流，企业通常实施标准化服务，采用的是现代化、信息化、全面质量管理系统的管理方式，强调构建全球服务网络。

📄 **小资料**

关于"物"的专业名词

物资：物质资源的简称，既包括自然界直接提供的物质财富，又包括经过人的劳动所取得的劳动产品；既包括直接满足人们需要的生活资料，又包括间接满足人们需要的生产资料。

物品：经济与社会活动中实体流动的物质资料。

物料：我国生产领域中的一个专门概念。生产企业习惯将最终产品之外的、在生产领域流转的一切材料（不论其来自生产资料还是生活资料）、燃料、零部件、半成品、外协件，以及生产过程中必然产生的边角余料、废料和各种废物统称为物料。

材料：一般是指人类用于制造物品、器件、构件、机器或其他产品的物质。

货物：有形动产，包括电力、热力、气体在内供出售的物品。

半成品：经过一定生产过程并已检验合格交付半成品仓库保管，但尚未制造完工成为产成品，仍需进一步加工的中间产品。

成品：做好了的、可供使用或出售的、企业在报告期内生产的、经检验合格并已包装入库的产品，或虽未入库，但已办理入库手续的产品。

产品：能够供给市场，被人们使用和消费，并能满足人们某种需求的东西，包括有形的物品、无形的服务、组织、观念或它们的组合。

1.1.2　物流的特征

物流的特征包括物流过程一体化、物流技术专业化、物流作业智慧化、物流服务社会化和物流活动国际化五个方面。

1．物流过程一体化

物流具有系统综合和总成本控制的思想，它将经济活动中所有供应、生产、库存、销售、运输及相关的信息流动等活动视为一个动态的整体，关注的是整个系统的运行效能与费用。物流过程一体化的一个重要表现是供应链概念的出现，供应链把整个物流系统从采购开始，经过生产、仓储、运输及配送到达客户的整个过程看作一条环环相扣的"链"。

2．物流技术专业化

物流技术专业化表现为智能化、智慧化技术在物流活动中得到了广泛的应用。典型的物流技术如条码与自动识别技术、物流电子数据交换技术、智慧机器人技术、无人汽车技术和无人机技术等。

3．物流作业智慧化

智慧物流是指以物联网技术为基础，综合运用大数据、云计算、区块链及相关信息技术，通过全面感知、识别、跟踪物流作业状态，实现实时应对、智能优化决策的物流服务系统。智慧导引车、物流机器人、无人叉车等智慧型设备在大数据、云计算等的支持下，使得物流作业的效率和效果得到了大幅提升。

4．物流服务社会化

物流服务社会化突出表现为第三方物流、第四方物流的迅猛发展。随着社会分工的深化和市场需求的日益复杂，生产经营对物流技术和物流管理的要求也越来越高。众多企业逐渐认识到依靠企业自身的力量不可能在每一个领域都获得竞争优势，于是更倾向于采用资源外取的方式，将本企业不擅长的物流作业交由专业物流企业，或者在企业内部设立相对独立的物流专业部门，而将有限的资源集中于自身真正的优势领域。专业物流企业具有人才优势、技术优势和信息优势，可以采用更为先进的物流技术和管理方式，取得规模经济效益，从而达到物流合理化——货物从供应方到需求方的全过程中，达到环节最少、时间最短、路程最短、费用最省的目的。

5．物流活动国际化

在产业全球化的浪潮中，跨国公司普遍采取全球战略，在全世界范围内选择原材料、零部件，选择产品和服务的销售市场。因此，其物流的选择和配置也超出国界，着眼于全球大市场。跨国公司普遍的做法是选择一个适应全球分配的物流中心以及关键供应货物的仓库；在获得原材料以及分配货物时使用当地已有的物流网络，并且把先进的物流技术和物流管理方法推广到新的地区。

1.1.3 物流的分类

根据不同的分类标准，物流的分类有多种方式，具体如表 1-1 所示。

表 1-1　物流的分类

分类标准	物流种类
物流的主体	第一方物流、第二方物流、第三方物流、第四方物流
物流的作用和功能	供应物流、生产物流、销售物流、回收物流、废弃物物流
物流活动的空间范围	国际物流、国民经济物流、区域物流、城市物流、企业物流
物流组织的特征	虚拟物流、定制物流、精益物流、绿色物流
物流的研究范围	宏观物流、中观物流、微观物流

1．按照物流的主体划分

（1）第一方物流

第一方物流是指卖方、生产者或供应方组织的物流活动。卖方、生产者或供应方的主要业务是生产和供应商品，但为了其自身生产和销售的需要还进行物流网络及设备的投资、经营与管理。

（2）第二方物流

第二方物流是指买方、销售者或流通企业组织的物流活动。买方、销售者或流通企业的核心业务是采购并销售货物，为了销售业务，他们需要投资建设物流网络、物流设施和设备，还需要进行具体的物流业务运作组织和管理。严格来说，从事第二方物流的公司属于分销商。

（3）第三方物流

第三方物流是指由独立于物流服务供需双方且以物流服务为主营业务的组织提供物流服务的模式。

（4）第四方物流

第四方物流是一个供应链集成商，它调集和管理组织自己的以及具有互补性的服务提供商的资源、能力和技术，以提供一套综合的供应链解决方案。

2. 按照物流的作用和功能划分

（1）供应物流

供应物流是指为企业供应生产所需原材料、零部件、燃料、辅助材料的物流活动。

（2）生产物流

生产物流是指伴随着企业生产工艺的物流活动。生产物流一般从企业物资供应仓库开始，按照生产进度和要求，对物资进行分类、装卸搬运，向各个生产环节和作业场所配送。

（3）销售物流

销售物流是指伴随企业销售活动，将产品转送给客户的物流活动。具体包括仓储、分类、包装、装卸、运输和售后服务。

（4）回收物流

回收物流是指企业在供应、生产、销售过程中产生的可再利用物资的回收活动。具体包括供应物流过程和销售物流过程产生的可再利用的包装物、衬垫物等的回收；生产过程产生的可再利用的边角余料的回收；各种报废的生产工具、设施以及失去部分使用价值的辅助材料和低值易耗品的收集、分类、加工，转化为新的生产要素。可再利用物资的回收物流，不但有利于降低成本，而且关系到企业的生产环境和生产效率。

（5）废弃物物流

废弃物物流是指企业在供应、生产、销售过程中对产生的废弃物品的收集、处理和再生的物流活动。

3. 按照物流活动的空间范围划分

（1）国际物流

国际物流是指跨越不同国家（地区）的物流活动。

（2）国民经济物流

国民经济物流是指在一国范围内由国家统一计划、组织或指导的物流活动，是宏观物流。

（3）区域物流

区域物流是指为全面支撑区域可持续发展总体目标而建立的适应区域环境特征，提供区域物流功能，满足区域经济、政治、自然、军事等发展需要，具有合理空间结构和服务规模，实现有效组织与管理的物流活动体系。

（4）城市物流

城市物流是指物品在城市内部的实体流动、城市与外部区域的货物集散以及城市废弃物清理的过程。城市物流以城市为主体，服务于城市企业生产和城市居民生活需求。

（5）企业物流

企业物流是指生产和流通企业围绕其经营活动所进行的物流活动。

4．按照物流组织的特征划分

（1）虚拟物流

虚拟物流是指利用计算机网络技术进行物流运作与管理，实现企业间物流资源共享和优化配置的物流方式。

（2）定制物流

定制物流是指根据客户的个性化要求而为其专门设计的物流服务模式。

（3）精益物流

精益物流是指消除物流过程中的无效和非增值作业，用尽量少的投入满足客户需求，并获得高效率、高效益的物流活动。

（4）绿色物流

绿色物流是指在物流过程中抑制物流对环境造成危害的同时，实现对物流环境的净化，使物流资料得到充分利用。

5．按照物流的规模划分

（1）宏观物流

宏观物流又称社会物流，是指社会再生产总体的物流活动，也就是产业或领域的物流活动和物流行为。宏观物流的主要特点是综观性和全局性。

（2）中观物流

中观物流又称城市物流，是一种中观尺度的物流，介于宏观物流与微观物流之间，是区域性社会再生产过程中的区域性物流，是从区域上的经济社会来认识和研究物流的。

（3）微观物流

微观物流也称企业物流，是指生产者、消费者所从事的实际的、具体的物流活动。

1.1.4 物流的构成要素

1．基础要素

基础要素是物流活动得以运行的基本条件，没有这些基本条件，物流活动就无法发生，也无法运行。这些基础要素就是与物流活动有关的"人、财、物"三要素。

（1）"人"的要素

"人"的要素是指与物流活动相关的人力资源，包括物流管理人员与物流作业人员。物流活动的开展首先要有一定的物流人力资源作为保障，物流人力资源的状况决定物流活动效率的高低。

（2）"财"的要素

"财"的要素是指与物流活动相关的资金。物流活动的开展需要相应的资金投入，这是物流活动得以正常运行的必要条件。

（3）"物"的要素

"物"的要素是指与物流活动相关的设施、设备与工具。物流设施指用于物流活动所需的、不可移动的建筑物、构筑物及场所，如库房、货棚等。物流设备是指物流活动所需的装备及器具的总称，如货架、叉车等。物流工具是指物流工作开展时所需的器具，也指为完成或促进某一物流活动的手段，如铁锤、老虎钳等。"物"的要素是开展物流活动的必要条件。

2．活动（功能）要素

活动（功能）要素是指与物流有关的各种作业活动（功能），包括运输、储存、装卸搬运、包装、流通加工、配送及物流信息处理等。

（1）运输

运输是指利用载运工具、设施设备及人力等运力资源，使货物在较大空间上产生位置移动的活动。

（2）储存

储存是指贮藏、保护、管理货物。

（3）装卸搬运

装卸是指物品在指定地点以人力或机械装入或卸出运输工具的作业过程。搬运是指在同一场所内，对物品进行空间移动的作业过程。装卸与搬运是密不可分的，两者是伴随发生的。装卸搬运是指在某一物流节点范围内进行的，以改变货物的存放状态和空间位置为主要内容和目的的活动。

（4）包装

包装是指为在流通过程中保护产品、方便储运、促进销售，按一定技术方法而采用的容器、材料及辅助物等的总体名称。也指为了达到上述目的而在采用容器、材料和辅助物的过程中施加一定技术方法的操作活动。

（5）流通加工

流通加工是指根据客户的需要，在流通过程中对产品实施的简单加工作业活动（如包装、分割、计量、分拣、刷标签、贴标签、组装等）的总称。

（6）配送

配送是指根据客户要求，对货物进行分类、拣选、集货、包装、组配等作业活动，并按时送达指定地点的物流活动。

（7）物流信息处理

信息是能反映事物内在本质的外在表现，如图像、声音、文件、语言等，是事物内容、形式和发展变化的反映。物流信息是指反映物流活动内容的知识、资料、图像、数据的总称。物流信息是物流活动的前提，也是物流管理的基础，只有掌握物流信息，才能进行有效的物流活动。物流信息处理是指按照物流活动的需要，采用一定的方法与手段对物流信息进行采集、存储、传输、加工和输出的总称。

1.2　物流管理的基础知识

1.2.1　物流管理的含义

物流管理是指为达到既定的目标，对物流的全过程进行计划、组织、协调与控制。物流管理的概念可从以下三个层面来进一步理解。

① 物流管理强调从物流活动的整体考虑问题。物流管理强调"对物流的全过程进行计划、组织、协调与控制"，而不是只考虑物流的某一个环节或某几个环节。

② 物流管理的对象是物流活动。物流活动包括运输、储存、包装、装卸搬运、流通加工、配送及物流信息处理等。物流活动的范围不只局限于企业内部，而且涉及社会的各个层面乃至国家之间，物流活动的范围大、涉及面广，影响因素众多、复杂多变，决定了物流管理的复杂性、动态性、关联性和系统性。

③ 物流管理的职能是计划、组织、协调与控制。物流管理的使命就是要通过有效的计划、组织、协调与控制手段，合理地组织物流活动中各种要素的搭配，以客户满意为目标实现整体优化。

1.2.2　物流管理的特征

物流管理的特征主要表现在以下六个方面：

1．以提高客户满意度为第一目标

物流起源于客户需求，离开了客户需求，物的流动就会变得盲目。因此，在客户需求的驱动下，物沿着供应链从上游的供应商向下游的客户流动。客户需求成为驱动物流的原动力。

2．着重整个流通渠道的物流运动

物流管理的主要对象从传统的包含采购、生产和销售物流的企业物流，扩展成包含退货物流和废弃物物流等逆向物流的社会物流。物流管理的范围已包括整个流通渠道。

3．以整体最优为目的

通过企业各个部门的理论的分析可以感受到现代物流综合了企业各个部门的职能，以实现整个企业和整个流通渠道资源的最优化为目标。

4．不仅重视效率而且重视效益

物流管理不仅追求物流系统中的增值能力，而且注重物流活动过程中的增值服务能力，把客户满意度作为衡量物流运营能力的标准。

5．以信息为中心的实需对应型的商品供应体系

在信息的驱动下，物流的效率和效益达到了最大化。同时，它改变了传统的由预测驱动物流的方式，因为现代物流是由客户的订货单驱动的。

6．对商品运动的一元化管理

伴随着商品实体的运动，必然会出现"场所移动"和"提前期"这两种物理现象。其中"提前期"在当今产销紧密联系、物流一体化、网络化的过程中已经成为一种重要的经营资源。"场所移动"和"提前期"分别表达了从订货到交货的场所和从订货到交货的时间内涵，突出了准时的思想。

1.2.3　物流管理的作用

物流管理的作用集中体现在以下三个方面：

1．物流管理对商品价值的贡献巨大

通过企业运作，低价值的原材料转化成高价值的商品，实现了价值增值。在这一过程

中，商品表现出四种效用。

① 形态效用：通过生产加工，使原材料改变形状形态。

② 占有效用：通过营销、销售等方式使商品的所有权发生转移。

③ 空间效用：通过运输、仓储、配送等方式，使商品到达客户的收货地点。

④ 时间效用：通过运输、仓储、配送等方式，使商品在特定时间到达客户的收货地点。

在这四种效用中，与物流相关的两种效用是空间效用和时间效用。可见，物流管理在商品价值的实现过程中不仅充当着不可或缺的角色，而且物流管理水平的高低直接影响商品的成本、价格，物流服务的好坏还影响商品的销售量。由此可见，物流管理对商品的价值实现影响巨大。

2. 降低物流费用空间巨大

根据中国物流信息中心的数据，2012—2022 年我国全社会物流总费用占国内生产总值（Gross Domestic Product，GDP）的比重如表 1-2 所示。

表 1-2　2012—2022 年我国全社会物流总费用占国内生产总值的比重

年度	比重
2012	17.4%
2013	17.1%
2014	16.5%
2015	15.7%
2016	14.9%
2017	14.7%
2018	14.8%
2019	14.7%
2020	14.7%
2021	14.6%
2022	14.7%

2022 年，全社会物流总费用 17.8 万亿元，同比增长 4.4%，全社会物流总费用占 GDP 的比重为 14.7%，比 2021 年提高 0.1 个百分点。

课程思政

党的十八大以来我国现代物流发展成就

党的十八大以来，我国全社会物流总额由 2012 年的 177.3 万亿元增长到 2021 年的 335.2 万亿元，年均增长达到 7.2%，我国已经成为全球最大物流市场；我国全社会物流总费用占 GDP 的比重由 2012 年的 17.4% 下降到 2021 年的 14.6%，10 年间累计下降 2.8 个百分点。截至 2021 年年底，我国 A 级物流企业接近 8000 家，其中，代表国内最高水平的 5A 级物流企业超过 400 家。2018 年第 4 次经济普查数据显示，我国交通运输、仓储和邮政业法人单位近 60 万家，个体经营户 580 多万个，物流相关市场主体超过 600 万个，就业人数超过 5000 万人。

我国正经历由"物流大国"迈向"物流强国"的关键时期和战略机遇期，我国现代物流全系统要坚持以习近平新时代中国特色社会主义思想为指导，立足新发展阶段、贯彻新发展理念、构建新发展格局，推动高质量发展，积极投身现代物流体系建设，致力于推动物流强国的发展。

3．改进物流管理对企业经营绩效影响巨大

企业的生产经营过程一般包含供应、生产、销售三个基本环节，而物流活动，如采购、运输、装卸、仓储、包装、配送、售后回收等，贯穿于生产经营过程的始终。物流在整个企业经营中，对企业营销活动的成本产生重要影响，物流成本是企业成本的重要组成部分。据统计，企业物流成本是除原材料成本外的最大的成本项目，而我国物流成本一般占总成本的 30%～40%，鲜活产品占到 60% 左右，甚至更多。有效的物流管理可以节省 15%～30% 的物流成本，并且大大地减少库存和运输成本。在国外，发达国家的物流成本一般控制在 10% 左右。物流管理对资金周转率的影响：资金周转率=［年销售额/（库存成本+固定资产）］× 100%。可见，在年销售额与固定资产不变的情况下，库存成本越大，资金周转率越小。假如 2 万元资金周转一次，利润为 1000 元，如果单位时间内 2 万元资金周转 10 次，则利润为 1 万元。可见，资金周转率越高，利润就越高。因此，企业通过物流合理化、现代化提高了物流管理水平，提升了资金周转率，进而提高了企业的效益。

1.2.4　物流管理的内容

物流管理的内容包括物流作业管理、物流战略管理、物流成本管理、物流服务管理、物流组织管理与供应链管理六个方面的内容。

1．物流作业管理

物流作业管理是对具体的物流作业展开一系列的管理工作，强调低成本、高质量和快速响应。在作业分析的基础上，对物流作业流程进行改善，实行有效的作业管理，从而实现物流总成本最低和作业流程最优的目标。

2．物流战略管理

物流战略管理是指通过物流战略设计、战略实施、战略评价与控制等环节，调节物流资源、组织结构等，最终实现物流系统宗旨和战略目标的一系列动态过程的总和。

3．物流成本管理

物流成本是指物流活动中所消耗的物化劳动和活劳动的货币表现。物流成本管理由三部分构成：第一，伴随着货物的物理性活动发生的费用以及从事这些活动所必需的设备、设施的费用；第二，伴随着物流信息的传送和处理活动发生的费用以及从事这些活动所必需的设备和设施的费用；第三，对上述活动进行综合管理的费用。

4．物流服务管理

物流服务管理是物流管理的重要内容，以客户满意为最终目标，其本质在于满足客户需求。在许多发达国家，现代的物流管理已经不仅仅局限在降低物流成本上，而是通过最

适宜的物流服务实现企业效益最大化。物流服务已成为企业打造核心竞争力，实现经营和发展目标的重要手段。

5. 物流组织管理

物流组织一般指物流管理组织，物流管理组织是指从事物流管理的机构设置、管理权限及范围划分的组织形式。物流管理组织的主体是物流管理人员，行为准则是健全的规章制度，媒介是企业物流信息。物流管理组织的建立遵循精简、统一、自主、高效的原则。

企业根据物流活动在企业业务中的重要程度及年度物流总金额的大小，结合企业的组织结构，建立适宜的物流组织，将企业物流的各项活动整合起来进行统一管理。物流组织的设计、建立和运行，必须和企业具体的物流管理活动结合起来。

6. 供应链管理

供应链管理是指从供应链整体目标出发，对供应链中采购、生产、销售各环节的商流、物流、信息流及资金流进行统一计划、组织、协调、控制的活动和过程。有效的供应链管理可以实现缩短现金周转时间，降低企业面临的风险，实现盈利增长，提供可预测收入等目标。

1.2.5　物流管理的目标

物流管理的目标简单地说就是通过将适当数量（Right Quantity）的适当产品（Right Product），在适当的时间（Right Time）和适当的地点（Right Place），以适当的条件（Right Condition）、适当的质量（Right Quality）和适当的成本（Right Cost）交付客户。上述 7 个"适当"简称"7R"，这 7 个"适当"就是物流管理的工作目标。

物流管理的目标应着重在以下三个方面：

1. 客户满意

物流管理以实现客户满意为第一目标。这里的客户不仅指物资的需求方，还包括物流服务的接受方，即物流业务的委托方。客户满意是一个综合指标，具体包括效率、质量、速度、成本、安全等。

现代物流管理是在企业经营战略的基础上从客户服务目标设定开始，进而追求客户服务的差别化战略。在现代物流管理中，客户服务的设定优先于其他各项活动。为了使物流客户服务能够有效地开展，信息系统、作业系统和组织结构等是其保障的条件。而这些条件的具备、完善与综合利用都属于管理的范畴。

2. 整体最优

现代物流管理以系统整体最优为目的。现代物流所追求的费用最省、效益最高，是针对物流系统而言的。这里的整体最优表现为对运输、储存、装卸、搬运、库存、配送、信息等基本功能要素实施优化管理，处理好物流各要素之间的"二律背反"关系，在保证物流系统效率、质量与成本的前提下，实现物流系统整体效益的最佳。

3. 更重效果

现代物流管理既重视效率更重视效益。传统物流以提高效率、降低成本为重点，而现代物流不仅重视效率方面的因素，更强调整个流通过程中的物流效果，也就是说，从成果

13

的角度来看，有些活动虽然使成本上升，但如果它有利于整个企业战略的实现，那么这种物流活动仍然是可取的。比如在确保整体最优的基础上充分重视环保等因素，积极发展符合可持续发展的绿色物流等。

实现物流管理的三个目标，需要围绕和树立起以下三个核心的指导思想。

（1）客户至上观念

客户至上就是把客户的需要和利益放在最高的位置，看得高于一切。这是由于企业从一诞生就和客户紧紧地联系在一起，没有客户就没有企业产品的市场；没有客户的购买行为，企业的收入、员工的工资、企业的利润都无来源，企业也就失去了它存在的意义。企业的发展壮大，更是离不开客户的忠诚与持续支持。随着市场竞争的加剧，重视客户、理解客户、服务客户，进而赢得客户，已经成为企业成功的基础，而这一切都离不开客户至上观念的指导。但是，不少企业对于客户至上还是流于形式，只停留在了口头上。客户至上不是一句空泛的口号就能解决的问题。为了使客户满意，企业必须树立客户至上的观念并付诸行动。

首先，"客户至上"理念需要全体员工共同遵守。企业是一个有机整体，虽然每个部门、每个人员在企业中各自扮演着不同的角色，但都直接或间接地与客户产生联系，都会影响客户对企业的信任，最终影响企业产品的市场。企业每个部门、每位人员的所有工作最终都要接受客户的检验。因此，要改变那种客户关系只是营销人员的工作的传统观点，全体员工要拧成一股绳，共同打好"客户至上"这张牌。

其次，"客户至上"理念需要全体员工具备良好的业务能力。理念需要行动的有力支撑。一流企业与普通企业最大的区别就在于：一流企业围绕市场所开展的各项工作都非常到位，他们能够在市场信息、创意、产品、质量、服务等方面比别人高出一筹，通过上佳的表现让客户信赖和依靠。企业每位员工的工作质量都会影响客户对企业的信心。很难想象一个仅有好的态度、好的作风，而没有好的业务水平的员工能够真正令客户满意和信赖。每个部门、每位员工，都要用一流的业务水平，恪尽职守地、出色地完成本部门、本岗位的工作，用实际行动体现"客户至上"的理念。当然，在服务于客户的过程中，用心与不用心做事，其效果相去甚远。有些时候，一件不经意的小事处理不当就有可能使公司丢失客户、丢掉市场。企业员工必须以饱满的热情、认真的态度、细致的作风妥善处理好与客户相关的每一份订单、每一个要求、每一条投诉，只有这样才能真正落实"客户至上"理念，才能提高客户的满意度，从而提高企业的市场份额。

最后，"客户至上"理念需要建立起权责明晰的管理体系。权责明晰才能做到管理有序；权责不清必然导致相互推诿和管理的混乱。大凡稍微规范的企业都有明确的部门职责及岗位职责，但职责划分是否科学、管理边界是否清晰、管理职能是否涵盖等都会影响企业整体功效的发挥，影响员工对职能的理解。如果员工对岗位职责内涵的认识本身就模棱两可、界定不清，遇到事情小则影响落实的力度，大则产生推诿扯皮，甚至造成人际关系的恶化。每位员工的岗位职责，都与市场和客户有着千丝万缕的联系，尽心尽责地做好本职工作，出色地完成好自己的工作任务，就是对履行"客户至上"理念的最好定位。

"客户至上"不是美丽的口号，不是华丽的装饰，而是企业搏击市场实实在在的经营理念，它关系到企业的经营发展，关系到每位员工的切身利益。企业员工都应将"客户至上"的理念融于每个人的行动之中。

（2）系统管理观念

为了整体最优，企业必须树立系统管理观念。系统管理观念是指导企业实现整体最优的根本指导思想。系统管理观念将在本书第 10 章详细讲解。

（3）总成本的观念

企业的生产经营过程，是由供应、生产、销售等各个环节组成的，各经营环节又是由不同的部门所承担的。企业的各经营环节会产生相应的成本，如运输成本、库存成本、生产成本、销售成本等，而各个部门又有各自的利益和追求的成本目标。生产部门往往追求的是低生产成本、长生产周期和高生产质量；市场销售部门力求提高销售收入、提高产品现货供应水平；而财务部门则要追求低投资、低成本，缩减存货。树立总成本概念就是要求以降低总成本为工作目标，而不是只追求降低单个环节或单个部门的成本。为了实现企业最好的经营效果，必须树立降低总成本的观念。

物流总成本是物流管理运作的重要指标，是指企业进行采购、销售、生产等与物流相关活动的成本总和。优化部分物流成本可以减少本身的单项物流成本，但可能会增加另一部分的成本，从而造成物流总成本的增加。例如，减少库存据点并尽量减少库存，势必使库存补充变得频繁，增加运输次数；简化包装，节约了包装成本，但因包装强度降低，仓库里的货物就不能堆放过高，这又降低了保管效率，而且在装卸和运输过程中容易出现破损，破损率上升以致搬运效率下降。服务水平与总成本也存在矛盾：客户总希望少付费用而满足自己所有的服务要求，供应商则希望在高质量服务时能够得到高的效益回报，而一般来讲，高质量的商品一定是与较高的价格相关联的。提高质量要求，价格随之上升；提高物流服务水平，物流成本随之上升。降低物流成本必须在一定服务水平的前提下考虑，从这个意义上说，物流服务水平是降低物流成本的依据。一味强调降低成本是毫无意义的，应当在维持物流服务水平的前提下降低物流成本。因此，企业必须把物流看成一个整体的系统，以减少物流总成本为目标来管理物流运作。

重要概念

物流	物流管理	第一方物流	第二方物流
国际物流	国民经济物流	区域物流	城市物流
企业物流	虚拟物流	定制物流	精益物流

本章小结

☑ 传统物流和现代物流的区别主要表现在：服务功能和物流组织上的差异、物流服务模式的差异、信息系统建设的差异、物流企业管理的差异四个方面；物流的特征包括物流过程一体化、物流技术专业化、物流作业智慧化、物流服务社会化和物流活动国际化五个方面；物流按照物流的主体、企业中物流的作用和功能、物流活动的空间范围、物流组织的特征、物流的规模五种分类标准进行分类；物流的构成要素是基础要素和活动（功能）要素。

☑ 物流管理的特征主要包括以提高客户满意度为第一目标，着重整个流通渠道的物流运动，以整体最优为目的，不仅重视效率而且重视效益，以信息为中心的实需对应型的商品供应体系，对商品运动的一元化管理六个方面；物流管理的作用包括物流管理对商品价值的贡献巨大，降低物流费用空间巨大，改进物流管理对企业经营绩效影响巨大三个方面；物流管理的内容包括物流作业管理、物流战略管理、物流成本管理、物流服务管理、物流组织管理与供应链管理六个方面；物流管理的目标应着重在客户满意、整体最优、更重效果三个方面。

复习思考题

一、填空题

1. 物流是指根据实际需要，将（　　　）、（　　　）、（　　　）、（　　　）、（　　　）、（　　　）、（　　　）、（　　　）等基本功能实施有机结合，使货物从供应地向接收地进行实体流动的过程。

2. 物流的特征包括（　　　）、（　　　）、（　　　）、（　　　）和（　　　）五个方面。

3. 物流管理指为达到既定的目标，从物流全过程出发，对相关物流活动进行的（　　　）、（　　　）、（　　　）与（　　　）。

4. 产品的四种效用中，与物流相关的包括（　　　）、（　　　）这两种。

5. 物流战略管理是指通过（　　　）、（　　　）、（　　　）等环节，调节物流资源、组织结构等，最终实现物流系统宗旨和战略目标的一系列动态过程的总和。

6. 物流管理的工作目标应着重（　　　）、（　　　）、（　　　）三个方面。

7. 实现物流管理的三个目标，需要围绕和树立起（　　　）、（　　　）、（　　　）三个核心的指导思想。

8. "客户至上"理念需要（　　　）、（　　　）、（　　　）。

二、单项选择题

1. 物流的概念最早是在（　　　）产生的。
A. 日本　　　　　B. 英国　　　　　C. 美国　　　　　D. 德国

2. 我国物流的概念是从（　　　）引进的。
A. 日本　　　　　B. 英国　　　　　C. 美国　　　　　D. 德国

3. （　　　）指由独立于物流服务供需双方且以物流服务为主营业务的组织提供物流服务务的模式。
A. 第一方物流　　　B. 第二方物流　　　C. 第三方物流　　　D. 第四方物流

4. （　　　）属于微观物流。
A. 国民经济物流　　B. 区域物流　　　C. 城市物流　　　D. 企业物流

5. （　　　）不属于物流构成要素中的基础要素。
A. 人　　　　　　B. 财　　　　　　C. 物　　　　　　D. 信息

6. （　　　）不属于储存的活动。
A. 加工　　　　　B. 贮藏　　　　　C. 保护　　　　　D. 管理

7. （　　　）对商品的形态效用产生作用。

A. 营销、销售　　　　B. 生产加工　　　　C. 运输、配送　　　　D. 仓储

8. （　　）不属于物流管理的目标。

A. 客户满意　　　　B. 整体最优　　　　C. 成本最低　　　　D. 更重效果

三、判断题

1. 物流的定义基本上是"中性"的，既没有强调物流的"有效性"，也没有涉及对物流活动的"计划、执行或控制"。（　　）

2. 废弃物物流属于逆向物流。（　　）

3. 城市物流属于微观物流。（　　）

4. 精益物流指消除物流过程中的无效和非增值作业，用尽量少的投入满足客户需求，并获得高效率、高效益的物流活动。（　　）

5. 物流构成要素中的基础要素就是与物流活动有关的"人、财、物"三要素。（　　）

6. 装卸与搬运的含义相同。（　　）

7. 我国全社会物流总费用占国内生产总值的比重居世界前列。（　　）

8. 现代物流管理以系统整体最优为目标。（　　）

四、简述

1. 简述现代物流的特点。

2. 简述物流的构成要素。

3. 简述物流管理的特征。

4. 简述物流管理的作用。

5. 简述物流管理的内容。

6. 简述物流管理的目标"7R"。

第 2 章

采购管理

学习目标

◆ 了解采购的概念和作用;

◆ 了解采购计划的概念、分类和作用;

◆ 了解采购预算的含义、编制依据;

◆ 了解招标采购与非招标采购的概念和种类;

◆ 掌握采购的程序与采购计划的编制;

◆ 掌握采购预算编制的流程及内容,以及招标采购与非招标采购的流程;

◆ 能够在实际中制订采购计划、采购预算,运用招标采购及非招标采购进行采购。

课程思政

"创新采购方式"——一种新的政府采购方式

2020 年 12 月 4 日财政部就《中华人民共和国政府采购法(修订草案征求意见稿)》向社会公开征求意见,其中最令人瞩目的改变是,增加了一种新的政府采购方式,即创新采购方式。

创新采购方式主要用于市场没有商业化销售且供应商不会主动研发生产的产品的采购。在市场经济的环境下,一般只要有需求就会有供给,甚至有的制造商还会主动创造需求,以便增加供给。但是对于技术特殊、不会形成持续性市场需求的产品,制造商是不会主动进行研发生产的。例如,政府为了治疗特殊职业病而需要的药品,如果没有政府的支持和购买,一般医药公司是不会去主动研发的,因为这种药品的市场太小,没有商业价值。再比如,汽车制造厂为了保持行业领先地位,需要专门研制一款汽车发动机供其新款汽车专用,这样的研制只能由汽车制造厂与发动机制造商合作研发,研发成功后专供汽车制造厂使用。在进行以上药品的研发时,医药公司与政府合作进行研发,双方共担风险,而且研发产品由政府全部购买。由于政府采购的公益性质,如果研发的药品有其他采购人愿意购买,政府则予以支持和鼓励。

创新采购是根据政府采购的新变化应运而生的。传统的政府采购内容包括工程、货物和服务,通常都是成熟产品。现行《中华人民共和国政府采购法》的七种采购方式都是为市场上现有可供购买的产品销售，或者采购人可以通过专门定制购买而设计的。如果采购人需要专门研发某种产品，且研发的产品除采购人外不会再有其他销售对象时，现有的七种采购方式就都不能满足要求。创新采购方式正好填补了以上空白，对创新产品、政府职能转变、技术进步以及新增政府采购主体等的需要而产生的采购具有重要的意义。

2.1　采购与采购管理概述

2.1.1　采购概述

1. 采购的概念

采购由两层含义组成：一是"采"，就是要有选择；二是"购"，就是通过商品交易的手段，将选中的对象的所有权从其所有者手中转移到自己手中。"采"指采集、采摘，是从众多的对象中选择若干个之意；"购"指购买，是通过商品交易手段把所选定的对象从对方手中转移到自己手中。因此，采购一般是指采购方基于生产、销售、消费等目的，从多个对象中选择购买所需要的货物的交易行为。这里所说的对象指的是厂家、商店等。

一般而言，采购有狭义和广义之分。狭义的采购是指，通过商品交换和物流手段从资源市场取得资源的过程，具体指企业需求部门提出计划，主管部门审核计划并批准后，物流部门选择供应商并与选定的供应商进行商务谈判，确定价格、交货时间和地点等相关条件，最终签订合同并按要求收货付款的过程。

广义的采购是指，除以购买的方式占有货物外，还可以通过下列途径获得货物，如租赁、交换及外包等。

① 租赁。租赁指一方以支付租金的方式取得货物的使用权，使用完毕或租期期满后将货物归还给物主的一种非永久性行为。企业在生产经营过程中经常租赁的货物有车辆、设备、仪器、周转材料等。

② 交换。交换指通过以物易物的方式取得货物的所有权或使用权。这种方式有很多优点，企业不仅可以取得所需的货物，还可以盘活闲置或多余的货物。

③ 外包。外包指企业将一些与企业核心业务关联性不强的业务包给其他专业的企业，以取得专业优势，从而降低成本的一种新型采购方式。这种方式的优势很明显，能有效地降低资金的占用率，化解投入大量资金建设生产线或购买各种货物所引起的高额投资风险，有利于提高企业的核心竞争力。

2. 采购的作用

随着市场经济的发展、技术的进步、竞争的日益激烈，采购已由单纯的货物买卖发展成为一种可以为企业节省成本、增加利润、获取服务的职能，在企业的经营管理中起着极其重要的作用。

（1）采购是保证企业生产经营正常进行的必要前提

企业的生产经营活动必须在原材料、零配件等齐备的基础上进行，而原材料、零配件要想按时、按质到达生产经营的地点，就必须先通过企业的采购活动实现。因此，采购是保证企业生产经营正常进行的必要前提。

（2）采购是保证企业生产经营的产品质量的重要环节

采购活动通过对市场上所购买货物的信息进行分析，并对提供同类货物的供应商进行比较选择，再对拟购货物其他客户使用的情况进行调查等手段来保证所采购货物的质量，从而保证企业生产经营的产品的质量。

（3）采购是控制成本的主要手段之一

通过对市场上同类货物的比较，以及不同供应商之间的竞争，可以有效地降低所采购货物的价格，同时，根据所采购货物的数量合理选择采购的方式，也可有效降低采购过程中的订货费、购进费等成本。

（4）采购可以帮助企业洞察市场的变化趋势

采购部门与市场的接触可以为企业其他部门提供有效信息。主要包括价格、货物的可用性、新供应源、新产品及新技术的信息，这些信息对企业中其他部门非常有价值。供应商所采用的新营销技术和配送体系很可能对营销部门也大有益处；而关于投资、合并、兼并对象及当前和潜在的客户等方面的信息，对营销、财务、研发和高层管理都有一定的意义。

（5）采购是科学管理的开端

生产型企业的生产活动一般按以下流程进行：采购→仓储→生产→仓储→销售→配送。流通型企业的商业活动的流程如下：采购→仓储→销售→配送。无论是生产型企业还是流通型企业，采购活动都是其生产活动或商业活动的开端，因而也是企业进行科学管理的开端，有利于帮助企业实现管理的规范化、科学化、现代化。

（6）采购决定着企业产品周转的速度

采购是企业生产活动或商业活动的开端，采购时间的长短决定着企业产品周转的时间，采购时间越短，企业产品周转的时间就越短，那么单位时间内（如一年内）企业产品周转的速度就越快；反之，采购时间越长，企业产品周转的时间就越长，那么单位时间内（如一年内）企业产品周转的速度就越慢。因此，采购对企业产品的周转速度具有深刻的影响。

（7）做好采购工作可以合理利用货物资源

根据每种货物的需求时间和数量分批进行采购，可以在保证企业生产和销售的前提下尽量降低库存成本，减少资金积压和资金风险，并提升企业的整体效益。

3．采购的程序

（1）提出需求

首先由企业需求部门提出具体需求，如果是生产型企业，一般由生产部门提出需求；如果是商业型企业，一般由销售部门提出需求。

（2）描述需求货物

需求部门要对货物进行详细的描述。

（3）选择供应商并评价

采购部门在市场上寻找合适的供应商，一般要选择三家以上的供应商，然后对候选的供应商进行评价，经过比较后选定最适宜的1～2家供应商。

（4）确定适宜的价格

与选定的供应商进行洽谈，签订采购合同，确定采购货物的价格，同时确定数量、配送时间、配送地点等。

（5）发出采购订单

当生产型企业需要进行生产，商业型企业库存不足时，就会向选定的供应商发出订单。

（6）订单跟踪与催货

发出订单后，对订单的执行情况进行跟踪，如供应商是否收到订单、订单履行的进度等，如果供应商未按要求履行订单，则要催促供应商尽快履行订单。

（7）货物检验

供应商将货物送到指定的地点后，采购企业要按合同约定的标准对货物进行规格、数量、质量等方面的检验。

（8）退货处理

如果货物的规格、质量不符合合同上约定的标准，采购方有权对不符合要求的货物进行退货处理，由此产生的损失由供应商承担。

（9）结案

如货物各项标准符合合同的规定，采购方收到货物后，通知财务支付货款，完成采购流程。

（10）记录与归档

采购流程结束后，对采购货物的信息、供应商的表现等进行记录，并将采购计划、采购合同、货物验收单等资料整理归档，形成完整的采购档案。

采购的程序如图 2-1 所示。

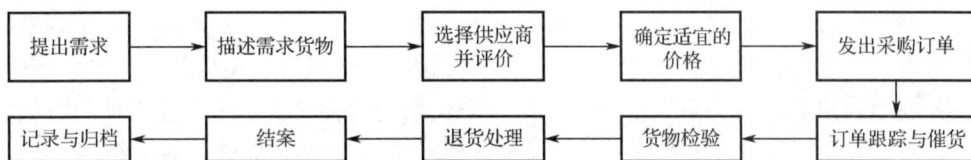

图 2-1　采购的程序

2.1.2　采购管理概述

1. 采购管理的概念

采购管理指对企业的采购计划进行制订和管理，以采购单为源头，对确认订单、发货、到货、检验、入库等采购订单流转的各个环节进行准确的跟踪，实现全过程管理，以便为企业提供及时、准确的采购计划和执行路线。

采购与采购管理的区别主要表现在：采购是实施采购行为，而采购管理是对实施的采购行为进行的一系列管理活动。

具体而言，采购与采购管理的区别表现在性质、责任人、使命和权利四个方面。

① 性质。采购的性质是业务活动；采购管理的性质是管理活动。

② 责任人。采购的责任人是实施具体采购活动的人员；采购管理的责任人是对采购活动进行协调、控制的管理人员。

③ 使命。采购人员的使命是，完成管理人员布置的采购货物的任务；采购管理的使命是，面向整个企业开展采购活动，使企业的利益最大化。

④ 权利。采购的权利指的是，实施采购活动的采购人员的权利，仅是管理人员分配的

有限权利和资源；而采购管理的权利是，调动整个企业的资源为采购管理活动服务。

采购与采购管理的区别，具体如表 2-1 所示。

表 2-1　采购与采购管理的区别

方面	采购	采购管理
性质	业务活动	管理活动
责任人	实施具体采购活动的人员	对采购活动进行协调、控制的管理人员
使命	采购人员完成管理人员布置的采购货物的任务	面向整个企业的采购活动，使企业的利益最大化
权利	实施采购活动的采购人员的权利，仅是管理人员分配的有限权利和资源	调动整个企业的资源为采购管理活动服务

2．采购管理的内容

采购管理的内容主要包括采购市场分析、采购制度建设、采购组织管理、采购合同管理、采购战略管理、采购流程管理六个方面。

（1）采购市场分析

采购市场分析包括采购对象的市场供求分析、供应商分析等，进而制定适宜的采购策略和价格策略。

（2）采购制度建设

采购制度指以文字的形式对采购组织工作与采购具体活动的行为准则、业务规范等做出的具体规定。采购制度居于上层建筑的范围，体现一定的生产力与生产关系的发展要求。企业采购制度的建立不是一蹴而就的，而是一个长期的过程，它应由企业管理层所倡导，能被广大采购人员认可。在实际工作中，企业的采购制度往往是集体智慧的结晶。

采购制度建设包括制定采购工作管理目标、供应商选择制度、价格管理制度、采购作业制度等，用制度规范采购程序、采购人员行为可以使采购运行机制科学化、合理化。

（3）采购组织管理

企业根据采购活动在企业业务中的重要程度及年度采购总金额的大小，并结合企业的组织结构，建立适宜的采购组织，将企业采购的各项活动整合起来进行统一管理。采购组织的设计、建立和运行，必须和物流管理与供应链管理结合起来考虑。

（4）采购合同管理

采购合同管理包括加强采购合同签订的管理、建立合同管理机构和管理制度、处理好合同纠纷、信守合同并树立企业良好形象等方面的内容。

（5）采购战略管理

采购战略管理包括采购品种战略决策、供应商战略决策、采购方式及其选择、跨国采购战略等方面的内容。

（6）采购流程管理

为了使采购科学化、合理化、透明化，必须对采购流程实施全程监控管理，确保采购流程按照企业制定的标准规范地运行。

3．采购管理的发展趋势

（1）采购过程电子化

随着互联网的高速发展，电子采购所占比重越来越高。电子采购相对传统采购，具有简单、快捷、高效、低成本等优点。

（2）采购货物多元化

现在的生产模式已经从"推式生产"发展到"拉式生产"，即根据客户的需求进行生产。"拉式生产"不再像"推式生产"那样进行大规模的、标准化的生产，而是根据客户的需求进行个性化、定制化的生产，这也使企业转变了产品生产与实现模式。在"拉式生产"模式下，生产产品的种类比较多，每种产品的数量比较有限，这都促进了采购货物多元化的发展趋势。

（3）采购技术规范化

企业必须建立一套完整的采购手册，其中系统描述采购战略、采购流程、采购团队、绩效考核、价值反馈等内容，阐释企业采购规则，并深入到采购人员的日常工作事务中。再从采购精神、采购绩效、采购操守和采购组织四个维度构建采购技术与规范。

📖 课程思政

加强采购从业人员职业道德建设的措施

采购从业人员的职业道德建设必须动员多方面的力量，齐抓共管，内外结合，多措并举。

一是地方要重视。要求相关部门制订计划、落实责任，建立长效的监管机制，以切实提高采购从业人员的道德水平。

二是要督促提高。采购监管部门必须将采购从业人员应具备的职业道德制定成规章制度，供采购从业人员学习、遵守、执行，并通过定期组织交流、定期考核评比等活动，进一步督促采购从业人员自觉提高其道德水平。

三是要警示教育。公开曝光或处罚一批违法采购案例的当事人，用深刻的教训来教育其他采购从业人员，以进一步提高他们的思想觉悟，达到防患于未然的目的和效果。

四是要监督检查。采购监管部门会同有关执法部门对各种违反采购规章制度的行为给予严重的处罚。

⏱ 2.2　采购计划与采购预算

2.2.1　采购计划

采购计划是企业管理人员在了解市场供求情况、认识企业生产经营活动过程及掌握货物消耗规律的基础上，对计划期内货物采购活动所做的预见性安排和部署。作为采购管理的第一步，采购计划起到指导采购部门的实际工作、保证产销活动的正常运行和提高企业经济效益的作用。

1．采购计划的特征、类型和作用

（1）采购计划的特征

采购计划的特征包括目的性、主导性、经济性三个方面。

① 目的性。配合企业生产计划、销售计划与资金调度，使采购部门事先准备，选择有利时机购入所需的货物。

② 主导性。采购计划是生产制造和销售的前提，通过采购计划预计货物需用时间、数量和地点，防止供应中断，影响产销活动。

③ 经济性。经济性指要讲究效率，即要考虑投入与产出之间的比例。制订合理的采购计划可以避免货物储存过多，积压资金，以及占用堆积的空间，以便管理货物的购入数量和成本。

（2）采购计划的类型

采购计划可从以下三个角度进行分类。

① 按计划期长短，可以把采购计划分为年度物资采购计划、季度物资采购计划、月度物资采购计划等。

② 按物资的自然属性，可以把采购计划分为金属材料采购计划、机电产品材料采购计划、非金属材料采购计划等。

③ 按物资使用方向，可以把采购计划分为生产用物资采购计划、维修用物资采购计划、基本建设用物资采购计划、技术改造措施用物资采购计划、科研用物资采购计划等。

（3）采购计划的作用

俗话说"好的计划是成功的一半"，制订合理的采购计划对于整个采购活动的成功具有非常重要的作用。

① 能有效地规避风险、减少损失。采购计划是面向未来的，企业在编制采购计划时，已经对未来因素进行了深入的分析和预测，能够做到有备无患，既保证了企业正常经营所需要的货物，又降低了库存水平，减少了风险。

② 为企业组织采购提供依据。采购计划具体安排了采购货物的活动，企业管理者就可以按照采购计划安排组织采购。

③ 有利于合理配置资源以取得最佳的经济效益。采购计划选择经营决策的具体化和数量化来保证资源分配的高效率，对未来货物供应进行科学筹划有利于合理利用资金，能最大限度地发挥各种资源的作用，从而获得最佳效益。

2．采购计划编制的流程

编制采购计划一般包含以下六个流程。

（1）选择需要采购的货物

这里所指的货物包括供企业生产的原材料和供企业直接销售的商品，简单地说，就是选定"企业或者客户需要的货物"，这样的选定要在企业制订的生产计划和销售计划中的"货物选择计划"中标明。

（2）计划适当的货物数量

同选定适当的货物一样，选择适当的货物数量也要在采购计划中实现，也就是要预测每种货物在某段时间内的使用和销售情况，在设定时尽可能地细化、量化，这样在与生产计划、销售计划上的数量比较时，所产生的误差就会较小，从而减少企业的库存数量。

（3）设定合理的价格

企业在制订生产计划与销售计划时，要根据所瞄准的客户层次设定各种货物的适当价格，采购计划中要制定合理的采购价格，不能因为采购价格过高，导致最终的产品定价过高而降低产品的竞争力。

（4）确定采购周期

错过最佳采购时机带来的不仅是价格上的劣势，更是销售上的劣势，这将使之前的所有努力化为泡影，以致企业浪费大量的采购成本。因此，确定合适的采购周期显得异常重要。

（5）慎重选择供应商

选择合适的供应商是采购过程中重要的一环，随着市场需求的个性化、多样化，采购的货物种类也越来越多，对各种货物的质量、数量以及供应的时间等要求也越来越高，因此，必须选择信誉度高、实力强、服务好的供应商。

（6）选择合适的采购方式

企业针对所采购货物的种类、数量、价值等进行分析，确定合适的采购方式，在生产与销售正常进行的前提下，确保采购货物的质量符合要求及采购价格在计划之内。

课程思政

采购从业人员编制采购计划需具备的素质

① 编制采购计划时，全程要细心，每个要点都不能疏忽；

② 具有市场洞察力，善于预测市场动态，用发展的眼光看待问题，具备长远的思维；

③ 要有较强的执行力，制订的采购计划能够贯彻执行。

2.2.2　采购预算

采购预算是一种以货币和数量表示的采购计划，实现了采购计划的具体化，为采购资金的控制提供了明确的控制标准。一般来说，企业编制采购预算主要是为了促进企业采购计划工作的开展与完善、降低企业的采购风险与合理安排有限资源、保证资源配置的高效性、进行成本控制等。

1．采购预算编制的原则

采购预算编制应遵循以下三个原则：

① 应实事求是地编制采购预算。要以企业所确定的经营目标为前提，先确定销售预算，再确定生产计划，然后再制订采购计划。

② 应积极稳妥、留有余地地编制采购预算。既要保证采购预算指标的先进性，又要保证采购预算指标的可操作性，充分发挥采购预算指标的指导和控制作用。

③ 需比质比价编制采购预算。在编制采购预算时，应广泛收集采购物资的质量、价格等市场信息，掌握主要采购物资信息的变化，根据市场信息对比质量和价格确定所要采购的货物。

2．采购预算编制的依据

采购预算编制的依据应包含以下三方面的内容：

① 货物标准成本。在编制采购预算时，对将来拟购货物的价格预测不容易，所以多以标准成本替代。如果该标准成本的设定缺乏过去的采购资料等依据，也无技术人员精确地计算其原材料、人工、制造费用等组合或生产的总成本，则标准成本的设定就有一定的困难。因而，标准成本与实际购入价格的差额，即采购预算准确性的评估指标。

② 生产效率。生产效率的高低会使预计的货物需求量与实际的耗用量产生误差。货物的生产效率降低会导致原货物的单位耗用量提高，从而使采购预算中的预计数量低于生产所需。当生产效率有降低趋势时，采购预算必须将这部分额外的耗用率计算进去，这样才不会发生原货物短缺的情况。

③ 价格预期。在编制采购预算时，经常需要对货物价格涨跌幅度、市场景气情况、汇率变动等加以预测，因为采购人员主观的判定与事实的演变常有差异，会导致采购预算出现偏差。此外，季节性的需求变化等因素也会使采购数量与实际需求数量不符。企业财务状况的好坏也影响着采购数量，这也会对采购预算的准确性产生影响。

采购预算编制之后应常与生产部门和销售部门保持密切联系，并针对实际情况做出必要的调整，达成维持正常产销活动的目标，并协助财务部门妥善规划资金的使用。

3．采购预算的内容

采购预算包括原材料预算、MRO 预算、资产预算以及采购费用预算四个方面的内容。

（1）原材料预算

原材料预算指采购活动中发生的原材料费用预算，涉及企业生产或销售所需要的原材料，依据是生产或销售的预期水平和未来原材料的估计价格。通常原材料采购预算是年度或更短的计划，除了那些耗资高、生产周期长的复杂产品（如飞机或电厂就需要长期预算）。

📄 **小资料**

编制采购预算的注意事项

传统的采购预算只代表当期应支付的采购资金，而非真正的采购现金支出预算（非现金流），这种预算对财务人员的资金筹划并无太大益处。为了使采购预算对实际的资金调度有意义，采购预算应以现金为基础进行编制，也就是说，采购预算应以本期付款的金额为基础进行编制，而不是以本期采购金额为基础进行编制。

（2）MRO 预算

MRO（Maintenance 维护，Repair 维修，Operation 运行）通常指在实际的生产过程中不直接构成产品，只用于维护、维修、运行设备的货物和服务。MRO 预算为所有的维护、维修及辅助用料提供采购计划，通常为 12 个月，通过使用过去的数据来完成。例如，过去的维护、维修及辅助用料成本依据对库存和总的价格水平的预测变化而进行调整。

（3）资产预算

资产预算指采购活动中发生的固定资产费用预算，如购买大型机器设备的费用。制定资产预算时，不仅要考虑资产的初始成本，还要考虑维护成本、能源消耗成本及备用部件成本等。

（4）采购费用预算

采购费用预算指采购活动中发生的各项费用预算，如通信费、差旅费、工资和购买办公用品等费用，通常按照预期的业务和行政工作量来计算。

4．采购预算编制的流程
① 审查企业以及部门的战略目标，确认采购的方向。
② 制订明确的工作计划，形成采购项目大类。
③ 确定所需的资源，明确到每一种原材料。
④ 提出准确的预算数字。
⑤ 汇总并编制总预算。
⑥ 修改并提交预算。

2.3　采购方式

采购方式是各类主体（包括政府、企业、事业单位、个人、组织、团体等）在采购中运用的方法和形式的总称。常见的采购方式主要有招标采购和非招标采购。

2.3.1　招标采购

招标采购是由招标方提出招标条件和合同条件，许多供应商同时投标报价。通过招标，招标方能够获得价格更合理、条件更优惠的物资供应。

招标采购充分体现了公平、公开、公正、合理、择优的原则，一般用于企业寻找战略合作供应商，或单次采购批量大及金额高的情况。

1．招标采购的方式
根据招标范围可将招标采购的方式分为公开招标采购、选择性（邀请）招标采购和限制性招标采购三种。

（1）公开招标采购

《中华人民共和国招标投标法》第十条规定："公开招标，是指招标人以招标公告的方式邀请不特定的法人或者其他组织投标。"公开招标采购又称为竞争性招标采购，即由招标人在报刊、电子网络或其他媒体上发布招标公告，吸引众多企业参加投标竞争，招标人从中选择中标企业的招标方式。

按接受投标人的范围，公开招标采购又分为国际竞争性招标采购和国内竞争性招标采购两种方式。

① 国际竞争性招标采购。

国际竞争性招标采购一般由招标人在世界范围内进行招标，是一种采购金额很大的采购方式，国内外符合要求的供应商均可以投标。

国际竞争性招标采购要求制作完整的英文标书，并通过各种宣传媒介在国际上刊登招标公告，公开出售标书，公开开标。

国际竞争性招标采购的特点是高效、经济、公平，而且采购合同金额较大。

② 国内竞争性招标采购。

国内竞争性招标采购一般由招标人在招标方所属国范围内进行招标，是一种采购金额比较大的采购方式，所属国内符合要求的供应商均可以投标。

国内竞争性招标采购由招标人用本国语言编写标书，只在所属国内各种宣传媒介上刊登招标公告，公开出售标书，公开开标。

国内竞争性招标采购通常用于合同金额比较大、采购品种比较分散、分批交货时间较长、劳动密集型产品、当地价格明显低于国际市场价格等情况。相较于国际竞争性招标采购，国内竞争性招标采购可以节约大量的时间。

如果外国企业愿意参加国内竞争性招标采购，则应该允许他们参加投标，不应人为设置障碍，妨碍其公平参加竞争。国内竞争性招标采购的程序大致与国际竞争性招标采购相同。由于国内竞争性招标采购限制了竞争范围，通常国外供应商得不到有关投标的信息，这与招标采购的原则不符，所以有关国际组织对国内竞争性招标采购都加以限制。

（2）选择性（邀请）招标采购

选择性（邀请）招标采购也称为有限竞争性招标采购，是指通过公开程序，邀请企业提供资格审查文件，只有通过资格审查的企业才能参加后续招标采购；或者通过公开程序，确定特定采购项目在一定期限内的候选企业，作为后续采购活动的邀请对象。选择性（邀请）招标采购确定有资格的企业时，应平等对待所有企业。

由于选择性（邀请）招标采购邀请参加投标的企业有限，所以其不仅可以节约招标费用，而且能够提高每个投标企业的中标机会。然而，由于选择性（邀请）招标采购限制了充分的竞争，因此，招标投标法规一般都规定招标人应采用公开招标的方式。

① 选择性（邀请）招标采购的特点。

招标人在一定范围内邀请特定的供应商投标。与公开招标采购不同，选择性（邀请）招标采购不用向不特定的企业发出邀请，但为了保证招标的竞争性，选择性（邀请）招标采购的特定对象也应当有一定的范围，招标人应当向三个以上的潜在投标企业发出邀请，一般选择 3～10 家企业参加较为适宜。

选择性（邀请）招标采购可以节约招标投标费用，提高效率。选择性（邀请）招标采购不需要发布公告，招标人只要向特定的供应商发出投标邀请书即可，接受邀请的企业才有资格参加投标，其他企业无权索要招标文件，不得参加投标。应当指出，选择性（邀请）招标采购虽然在潜在投标人的选择上和通知形式上与公开招标采购有所不同，但其所适用的程序和原则与公开招标采购是相同的，其在开标、评标标准等方面都是公开的，因此，选择性（邀请）招标采购仍不失其公开性。选择性（邀请）招标采购可以采取两个阶段进行，当招标人对采购货物缺乏足够的经验，对其技术指标尚无把握时，可以通过技术交流会等方式广泛摸底，博采众议，在收集了大量的技术信息并进行评价后，再向选中的特定企业发出招标邀请书，邀请被选中的特定企业提出详细的报价信息。

② 选择性（邀请）招标采购的基本要求。

采用选择性（邀请）招标采购的前提条件是，能够充分了解市场供给情况、供应商情况。在此基础上，还要考虑采购货物的具体情况：招标采购的货物的技术新而且复杂，以及专业性很强，只能从有限范围的供应商中选择；招标采购货物的价值并不高，招标人只能通过限制投标企业来达到节约和提高效率的目的。因此，选择性（邀请）招标采购是允许采用的，而且在实际中有其较大的适用性。

应当对选择性（邀请）招标采购的对象所具备的条件做出限定，以防止出现假招标。

一般向其发出投标邀请书的企业应不少于 3 家；而且这些企业资信良好，具备承担招标采购货物供应的能力。前者是对选择性（邀请）招标采购范围的最低限度要求，以保证适当程度的竞争性；后者是对投标人资格和能力的要求，招标人对此进行资格审查，以确定投标人是否达到这方面的要求。

投标邀请书与招标公告一样，是向作为供应商的企业发出的关于招标事宜的初步基本文件。为了提高效率和透明度，选择性（邀请）招标采购邀请书必须载明必要的招标信息，使供应商能够确定所招标的条件是否为他们所接受，并了解参与投标的程序。

（3）限制性招标采购

限制性招标采购指不通过预先刊登公告程序，直接邀请一家或两家以上的供应商参加投标。

限制性招标采购应具备的条件：公开招标采购或选择性（邀请）招标采购后没有供应商参加投标、无合格标；供应商只有一家，无其他替代选择；出现了无法预见的紧急情况；向原供应商采购替换零配件；因扩充原有采购项目需要考虑到配套要求；属于研究用的试验品、试验性服务；追加货物，必须由原供应商办理，且金额未超过原合同金额的 50%；与原采购货物类似的后续物资，并在第一次招标文件已做出规定的采购等。

2. 招标采购的程序

招标采购分为 2 个阶段，即准备阶段和招投标阶段。

（1）准备阶段

在准备阶段，要对招标采购活动的整个过程做出具体安排，包括制定总体实施方案、项目综合分析、确定招标采购方案、编制招标文件、组建评标委员会、邀请有关人员。

① 制定总体实施方案。

对招标工作做出总体安排，包括确定招标采购的实施机构和负责人、具体的时间安排、招标费用测算、采购风险预测以及相应措施等。

② 项目综合分析。

应根据采购人提出的采购需求（或采购方案），从资金、技术、生产、市场等几个方面对项目进行全方位分析，为确定最终的采购方案及其清单提供依据。

③ 确定招标采购方案。

根据具体要求确定最佳采购方案，主要包括所采购货物的技术规格、标准及主要商务条款，以及货物的采购清单等。

④ 编制招标文件。

招标人根据招标采购的要求和招标采购方案编制招标文件。招标文件一般应包括招标公告（投标邀请函）、招标采购要求、投标人须知、合同格式、投标文件格式 5 个部分。

⑤ 组建评标委员会。

评标委员会由招标单位的代表及其技术、经济、法律等有关方面的专家组成，总人数一般为 5 人以上的单数，其中专家不得少于总人数的 2/3。与投标人有利害关系的人员不得进入评标委员会，在招标结果确定之前，评标委员会成员名单应绝对保密。

⑥ 邀请有关人员。

评标委员会主要是邀请有关方面的领导和来宾参加开标仪式，邀请监督机关（或公证机关）派代表进行现场监督。

（2）招投标阶段

在招投标阶段，应按照招标、投标、开标、评标、定标、签订合同6个步骤组织实施。

① 招标。

发布招标公告（或投标邀请函）。公开招标应当发布招标公告（邀请招标应发布投标邀请函）。招标公告必须在财政部门指定的报刊或者媒体上发布。

资格审查。招标人可以对有兴趣投标的供应商进行资格审查。资格审查的办法和程序可以在招标公告（或投标邀请函）中载明，或者通过指定报刊、媒体发布资格预审公告，由潜在的供应商向招标人提交资格证明文件，招标人根据资格预审文件规定对潜在的投标进行资格审查。

发售招标文件。在招标公告（或投标邀请函）规定的时间、地点向有兴趣投标且经过审查符合资格要求的单位发售招标文件。

招标文件的澄清、修改。对已售出的招标文件需要进行澄清或者非实质性修改的，招标人一般应当在提交投标文件截止日期15天前以书面形式通知所有招标文件的购买者，该澄清或修改内容为招标文件的组成部分。

② 投标。

投标人应当按照招标文件的规定编制投标文件，投标文件应载明的事项有投标函、投标人资格、资信证明文件、投标项目方案及说明、投标价格、投标保证金或者其他形式的担保以及招标文件要求具备的其他内容。投标文件应在规定的截止时间前密封送达投标地点。

招标公告发布或投标邀请函发出之日到提交投标文件截止之日，一般不得少于20天，即等标期最少为20天。

③ 开标。

招标人应当按照招标公告（或投标邀请函）规定的时间、地点和程序以公开方式举行开标仪式。开标由招标人主持，邀请采购人、投标人代表和监督机关（或公证机关）及有关单位代表参加。评标委员会成员不参加开标仪式。

④ 评标。

开标仪式结束后，由招标人召集评标委员会，向评标委员会移交投标人递交的投标文件。评标应当按照招标文件的规定进行。评标由评标委员会独立进行，包括审查投标文件的有效性，对投标文件的技术方案和商务方案进行审查等。

询标。评标委员会可以要求投标人对投标文件中含义不明确的地方进行必要的澄清，但澄清不得超过投标文件记载的范围或改变投标文件的实质性内容。

综合评审。评标委员会依据招标文件的规定和评标标准、办法对投标文件进行综合评审和比较。

评标结论。评标委员会根据综合评审和比较情况，得出评标结论。评标结论中应具体说明收到的投标文件数、符合要求的投标文件数、无效的投标文件数及其无效的原因、评标过程的有关情况、最终的评审结论等，并向招标人推荐1～3个中标候选人（应注明排列顺序并说明按这种顺序排列的原因以及最终方案的优劣比较等）。

⑤ 定标。

招标人对评标委员会提交的评标结论进行审查，按照招标文件规定的定标原则，在规定时间内从评标委员会推荐的中标候选人中确定中标人，在确定中标后应将中标结果书面通知所有投标人。

　　⑥ 签订合同。

　　中标人应当按照中标通知书的规定，并依据招标文件的规定与投标人签订合同。中标通知书、招标文件及其修改和澄清部分、中标人的投标文件及其补充部分是签订合同的重要依据。

　　随着电子商务的发展，为了节省时间和成本，很多企业选择电子招标采购。电子招标采购指以数据电文形式完成的招标采购活动，即部分或者全部抛弃纸质文件，借助计算机和网络完成招标采购活动。电子招标采购的流程与传统招标采购的流程大体一致，只是所有的活动均在网络上进行。

📄 **小资料**

传统招标采购与电子招标采购的区别

（1）招标公告和采购文件备案环节

传统招标采购：采购部门负责编制招标公告和采购文件。

电子招标采购：采购部门根据《电子招标投标办法》编制电子招标公告和采购文件。

（2）招标公告发布环节

传统招标采购：在政府官方媒体上发布招标公告。

电子招标采购：在政府官网上和企业网站上发布招标公告。

（3）招标文件发出环节

传统招标采购：在政府采购相关官方媒体上发布招标文件。

电子招标采购：在政府官网和企业网站上发布招标文件。

（4）资格预审或招标文件的澄清、修改环节

传统招标采购：需组织标前答疑会，并逐个通知供应商。

电子招标采购：在政府官网和企业网站上公告澄清或修改的内容，并逐个通知供应商。

（5）投标环节

传统招标采购：供应商准备多份纸质投标文件，并手签、盖章、现场投递。

电子招标采购：供应商制作电子投标文件，并进行电子签章、网上投递。

（6）开标环节

传统招标采购：现场开标，纸质投标文件送至开标现场，并检查每份投标文件的密封情况。

电子招标采购：网上开标，检查每份电子投标文件的电子铅封情况。

（7）评标环节

传统招标采购：人工制作评标表格，评标委员会审阅纸质标书并打分，最后人工汇总分值。

电子招标采购：评标委员会在依法设立的招标投标交易场所登录电子交易平台进行评标。

（8）定标环节

传统招标采购：手工编制评标报告，由专人发布中标（成交）公告，并以传真、电话的形式通知中标人。

电子招标采购：系统自动生成评标报告、中标公告等，并通过邮件、短信的形式发送给中标人。

2.3.2 非招标采购

非招标采购指以招标采购之外的方式取得货物、服务所采用的采购方式。非招标采购的方式主要有询价采购、比价采购等形式。

1．询价采购

询价采购指采购者同时向多个目标供应商发出询价通知书，根据各个供应商的报价情况选定合作供应商的采购模式。

（1）询价采购特点

① 邀请报价的供应商数量至少为3家。

② 只允许供应商提供一个报价，而且不允许改变其报价。报价的提交形式可以采用电传或传真的形式。

③ 报价的评审应按照采购人的惯例进行。采购合同一般授予符合采购人需求的最低报价的供应商。

（2）询价采购适用条件

① 采购现成的并非按采购实体的特定规格特别制造的货物或提供的服务。

② 采购合同的估计价值低于采购条例规定的数额。

（3）询价采购的流程

为了使询价采购能充分体现公开、公平、公正、竞争和效益原则，完整的询价采购过程一般应分为询价准备阶段、询价及评价阶段2个阶段进行。

① 询价准备阶段。

在询价准备阶段，要做以下工作：要对采购物资从资金、技术、生产、市场等几个方面进行全方位综合分析，为确定科学的采购方案和完整的采购货物清单做好准备；编制采购方案，确定采购货物清单；编制询价书，根据对采购货物的分析、论证情况和采购货物清单及有关技术要求编制询价书；询价书编制完成后须送采购部门审核确认，经采购部门负责人签字并加盖公章后，方可生效；邀请符合要求的供应商报价，向其发出询价书；成立询价小组，一般由需求部门代表、物流部门代表、财务部门代表等人员组成；制定评价标准、确定成交原则等。

② 询价及评价阶段。

在询价及评价阶段，应按以下步骤进行：

第一，公开报价。各供应商应在规定的时间内向采购方提交报价文件，报价文件中应一次报出一个不可更改的最终报价，以确保公平竞争；报价文件要求密封报送，一般不应接受传真或电话报价；报价文件提交后，供应商不得对报价文件进行修改。

第二，询价小组审阅报价文件。询价小组全体成员审阅各供应商的报价文件，主要审查各报价文件的完整性、对采购方案的完全响应性、报价单位资格及资质的符合性等，以判定报价文件的有效性。

第三，询价小组进行综合评价。询价小组要对各供应商的报价进行综合评价，评价的依据主要是询价书、评价办法和文件及事先制定的评定成交的标准等，并确保公平地对待每一个报价供应商提交的报价。在审阅报价文件及对报价文件进行综合评价的过程中，询价小组不得同任何一个供应商就其报价进行谈判。

小资料

某机械公司询价作业实例

① 已有固定供应商的采购品,采购人员依照请购单,以填发订单及电话联络的方式与供应商洽谈。需要注意的是,必须定期比价,至少每三个月核查一次。

② 初次采购的货物,采购人员应洽询三家以上的厂商予以比价。

③ 价格的选定以合乎品质要求且最低为原则,并将厂商的交货期限、付款条件、信用状况、品质水准等条件作为选择的参考。

④ 采购中心询价完毕后,第一联请购单由请购单位存查。

询价小组推荐预成交供应商。询价小组根据综合评价情况,推选预成交供应商名单。在一般情况下,成交供应商应是符合采购要求、质量和服务相等且报价最低的供应商。

询价小组出具询价结果报告。询价结果报告主要包括询价公告(报价邀请函)发出的日期、方式,响应询价及获取询价书的供应商名单,报价及评价日期和地点,询价小组成员及工作人员名单,报价记录,评价方法和标准,报价资格性、符合性审阅情况及报价无效的供应商名单及原因说明,评价记录,综合评价情况,询价小组所确定预成交的建议等。

确定成交供应商。采购部门根据询价小组的询价结果报告及其推选的预成交供应商名单,依照询价书、评价办法和文件、事先制定的确定成交的原则,确定最终成交的供应商。

签发询价结果通知书。采购机构向成交供应商签发询价结果通知书(成交通知书),并将评标结论通知所有参与报价的供应商。

签订采购合同。采购企业与选定的供应商进行技术和商务交流,协商签订采购合同。

2. 比价采购

比价采购指采购单位邀请数家供应商提供价格后,从中加以比价之后,确定供应商并进行采购。

(1)比价采购实施的注意事项

在比价采购实施中应该注意以下 3 点:

① 要注重货物的性价比,切勿一味追求低价。在竞争加剧的市场里,随意定价的结果要么是价格大大高于价值而失去购买者,要么是价格低于价值而失去企业应有的利润空间。显而易见,这两种情况都是供应商不愿看到的。对于购买货物的企业来说,性价比是关键,有些辅助材料,价格是高些,但它经久耐用,从使用时效上考虑,其总成本反而显得低些。有些企业为了控制生产成本,一味压低供应商的供货价格,须知在供应商难以维持的时候就会迫不得已地采用改变配方、寻找低价替代品等最终影响货物质量的办法,这显然是不可取的。

② 选择合格企业作为供应商,同一货物的可选供应商应该保证在两家以上。比价采购的关键是在采购工作中引进竞争机制,这种竞争不仅应该存在于供应商的选择阶段,而且应该始终保持在双方往来的过程中,这样做最大的好处是,使供应商始终承受着压力,鞭策供应商不断提高货物质量,不断关注售后服务,不得随意做出提价决定。

③ 企业大型设备的技术改造，不仅应该选择多家供应商作报价比较，而且应该倾听专家意见。一般设备的购置尽管不用经过招投标程序，但不仅要听供应商的介绍，还要到已经使用了该设备的部门去考察，甚至请有关专家根据本企业的实际需要提出建议，这样做的好处是保证花钱购买的设备物有所值。

（2）比价采购的优势

比价采购具有以下 3 个方面的优势：

① 比价采购扩大了企业选择供应商的范围，提高了供应商的整体水平。通过比价采购，采购方可以低成本获得更好的供应商，还可以降低原有供应市场的季节性波动，便于寻找到更稳定的供应源组合。

② 比价采购提高了交易效率。比价采购节约了采供各方协商谈判时间，提高了采购决策速度，减少了采购管理费用，减小了存货水平，缩短了采购时间，加快了现金流动。与传统采购过程相比，管理费用大幅下降。研究发现，比价采购通常能节约 5%~20% 的采购成本和 25%~35% 的管理成本。

③ 比价采购增强了采购方对供应商的控制力。采购方由于有些货物采购金额小，采购周期短，在与供应商的谈判中常常处于劣势地位，不得不接受供应商的高价。但随着网络的普及，采购方可以对不同的供应商的报价进行充分比较，在同等质量下，选择报价更低的供应商。在下一轮采购中，如果供应商的报价不占优势，可以选择报价更低的供应商。这种情况下，可以迫使供应商为了取得供应权，在保证货物质量的基础上，用更低的价格进行供应。这样可以使采购方处于主导地位。

课程思政

"阳光采购"工作原则和工作目标

（1）工作原则

① 公平、公正、公开、透明；

② 质量优先、价格合理；

③ 统一、规范、简捷、高效。

（2）工作目标

① 规范采购行为，提高供应质量、采购效率，降低成本；

② 推进采购信息化建设进程，对采购全程实行有效监督；

③ 推行阳光采购工作机制，遏制违规违纪行为。

"阳光采购"可以有效防止采购中的腐败行为，对降低采购过程的费用，降低采购货物的价格，提升采购货物的质量具有重要意义。

2.4 采购绩效评估

绩效指组织、团队或个人，在一定的资源、条件和环境下，完成任务的出色程度，是对目标实现程度及达成效率的衡量与反馈。采购绩效指采购产出与相应的投入之间的对比关系，它是对采购效率进行的全面整体的评价。采购绩效评估指通过建立科学、合理的评估指标体系，全面反映和评估采购政策功能目标和经济有效性目标实现程序的过程。采购绩效的评估对象可以是个人、团队，或者某个项目，是一种全方位、多角度的整体评价体系。

采购绩效评估一般首先建立采购绩效评估指标体系，再通过指标体系中的各个指标进行逐项评估，最后对评估的结果进行综合。

2.4.1　采购绩效评估指标体系

采购绩效评估指标体系一般包括质量绩效指标、数量绩效指标、价格与成本指标、采购效率指标、管理类指标、综合指标以及企划指标七个方面。

1. 质量绩效指标

质量绩效指标主要是指供应商的质量水平以及供应商所提供的产品或服务的质量表现，包括供应商质量体系、服务质量等方面。

（1）质量体系

质量体系包括通过 ISO 国际质量体系认证的供应商比例、开展专项质量改进的供应商数目及比例、参与本企业质量改进小组的供应商数量及供应商比例等。

（2）服务质量

服务质量包括订单及时交付率、破损率、电子数据交换（Electronic Data Interchange，EDI）准确性及其他指标等。

① 订单及时交付率。

订单及时交付率是按时交付订单的数量与需要交付订单的数量的比值，即订单及时交付率 =（按时交付订单的数量/需要交付订单的数量）×100%。订单及时交付率一般分为两种：一种是净订单及时交付率，用于衡量供应商原因造成的不达标，有些企业倾向于对这种不达标采取罚款的方式，还有一些企业倾向于用书面的改正计划代替罚款，以期找到深层原因，从长期的角度提高订单及时交付率；另一种是毛订单及时交付率，用来衡量由于采购方的原因造成的不达标，并作为改进的基础数据和依据。

② 破损率。

破损率是破损物资数量与总送货数量的比值，即破损率=（破损物资数量/总送货数量）×100%。破损率会直接影响企业及其保险公司之间的保单条款，如果破损率持续上升，一般保险公司会提高免赔额或者增加保费，这就相应地增加了企业的成本。

③ 电子数据交换准确性。

具有一定规模的物流企业都具备和客户进行电子数据交换的能力。数据传输的准确性、数据传输容量和速度，以及可以承载多少有效信息都是应该被纳入衡量范围的。

④ 其他指标。

其他指标如供应商发票的准确性和及时性，供应商网站是否支持实时查询，处理危险品的能力等。

2. 数量绩效指标

数量绩效指标主要是用来考察采购人员的工作量以及工作处理能力的指标。这个指标往往要结合采购效率指标一起来进行综合评估，互为参考。单一的数量指标往往不能真实地反映被评估人员的情况。常用的数量绩效指标包括总采购金额、处理过程对象（PO）的数量、新供应商开发个数、错误采购次数四个指标。

3．价格与成本指标

价格与成本指标包括参考性指标和控制性指标。参考性指标主要有采购总额、供应商采购额、物品采购基价等。它们一般作为计算采购相关指标的基础，同时也是体现采购规模、了解采购人员及供应商负荷的参考数据，是进行采购过程控制的依据和出发点，常提供给公司管理层参考。而控制性指标则是体现采购改进过程及其成果的指标，如采购降价幅度、本地化比率等。

4．采购效率指标

采购效率指标指与采购能力如人员、系统等相关的指标。采购效率指标也是发掘员工潜力、完善培训和晋升制度的一个有效的参考指标。

一般来讲，绝大多数的采购申报都符合帕累托定律，即公司80%的采购交易量占了全部采购金额的20%，所以采购人员就要集中优势资源管理占采购金额20%的那80%的采购交易量，这是提高采购效率的关键。这可以通过下面几个指标来反映：

① 采购金额占销售收入的百分比。

② 采购人员，包括采购部总人数、战略采购前期采购、后期采购人员的比例、采购人员的年龄和工作经验等教育水平结构、采购人员培训目标及实施情况、采购部人员流失率等。

③ 采购部的费用，包括出差费用、培训费用等。

④ 采购完成率（包括降价承诺完成率）。

⑤ 订单处理时间。

5．管理类指标

管理类指标包括采购人员的工作时间使用结构（处理文件、访问供应商、合同招标周期等）及比例，采购人员的纪律执行情况（考勤等），采购人员的工资级别及费用情况，采购行政管理制度的完整性，供应商管理程序的完整性。

6．综合指标

综合指标包括供应商总数、采购的物资种类数、供应商平均供应的物资种类数、通过ISO 国际质量体系认证的供应商数量、独家供应的供应商数量及比例、伙伴型供应商及优先型供应商的数量及比例等。

7．企划指标

企划指标指供应商在实现接收订单过程、交货过程中的表现及其运作水平，包括交货周期、交货可靠性以及采购运作的表现等。

2.4.2　采购人员和团队绩效评估

1．采购人员绩效评估

（1）采购人员绩效评估组织

① 采购部门主管。

由于采购部门主管对采购人员最熟悉且所有工作任务的指派或工作绩效的好坏，均在其直接督导之下，因此，由采购部门主管负责评估采购人员的绩效，既可注意采购人员的个别表现，又可同时收到监督与训练的效果。

②财务部门。

财务部门掌握企业产销成本数据，对资金的取得与支出进行全盘管制，因而可以参与评估采购部门的工作绩效。

③制造部门或销售部门。

对于制造型企业，如果采购物资的品质及数量对企业的最终产出影响重大，则可主要由制造部门评估采购部门的绩效；对于批发或零售型企业，如果采购物资的品质及数量对企业的销售影响重大，则可主要由销售部门评估采购部门的绩效。

④供应商。

企业通过正式或非正式渠道，向供应商探询其对采购部门或人员的意见，以间接了解采购作业的绩效和采购人员的素质。

⑤外界的采购专家或管理顾问。

为避免企业各部门之间的本位主义或门户之见，可以特别聘请外界的采购专家或管理顾问，针对采购制度、组织、人员及工作绩效做出客观的分析与建议。

（2）采购人员绩效评估方式

采购人员绩效评估方式包括定期评估和不定期评估。

①定期评估。

定期评估是配合企业年度人事考核制度进行的。一般而言，定期评估以"人"的表现，如工作态度、学习能力、协调精神、忠诚程度等为评估内容，对采购人员的激励及工作绩效的提升并无太大作用。若能以目标管理的方式，即从各种工作绩效指标中，选择当年重要程度比较高的 3～7 个项目为目标，年终按实际达成程度加以考核，则必能提升个人或部门的采购绩效，并且因为除了"人"的抽象因素，以"事"的具体成就为考核重点，也比较客观、公正。

②不定期评估。

不定期评估以专案方式进行。例如，企业要求某项特定物资的采购成本降低 10%，当设定结束期限时，评估实际的成果是高于 10%还是低于 10%，并就此成果给予采购人员适当的奖惩。这种评估方式对采购人员的士气有相当大的提升作用。不定期评估特别适于新产品开发计划、资本支出预算、成本降低专案等的评估。

（3）影响采购人员绩效评估的因素

影响采购人员绩效评估的一个重要因素是，管理人员怎样看待采购业务的重要性及其在企业中所处的地位。关于采购业务，目前主要有下面 4 种管理观点：

①业务管理活动的观点。

这种观点认为，评估采购业务的绩效主要取决于与现行采购业务有关的一些参数，比如订货量、订货周期、积压数量、现行市价等。

②商业活动的观点。

这种观点认为，采购业务可看作一种商业活动，管理人员主要关注采购所能实现的潜在节约额。采购部门的主要目的是降低价格以减少成本的支出。采购时要关注供应商的竞争性报价，以便保持一个满意的价位。采用的主要参数是采购中的总体节约量（通常用每一组物资和每一个客户表示）、市价的高低、差异报告、通货膨胀报告等。

③ 追求供货可信度的观点。

这种观点认为，管理人员清楚片面追求低价格有一定的风险，可能导致决策失衡，而且太关注价格会有诱导客户之嫌从而因小失大。降低产品的价格通常会使供应商觉得产品的质量可能会降低，并会降低供应的可信度。因此，管理人员要向供应商介绍产品质量改进目标情况，尽量减少到货时间并提高供应商的供货可靠度。

④ 战略性活动的观点。

这种观点认为，采购业务对于决定公司的核心业务及提高公司的竞争力将产生积极的作用，因为采购业务也积极地参与到产品是自制还是外购的决策当中。地区性供应商已卷入国际竞争之中，在这种情况下，管理人员评估采购绩效主要考虑以下三个方面：基本供应量的变化数量（通常是减少量）、新的有联系的（国际）供应商（已签订合同的）的数量及已实现的节约额对底线的贡献大小等。

根据目前比较流行的观点，在企业结构体系中，采购部门所处的地位不同，用于评估采购绩效的方法也有很大的区别。当把采购看作一项业务职能时，采购绩效的评估方法要从特征上进行定量的管理性分析；当采购被看作一项策略时，这时会采用更具定性和评判性的方法，这种情况下，通常使用复杂的程序和指导体系来监控采购过程，提高采购效率，防止背离特定的采购计划。

总之，由于每个企业的采购人员绩效评估方法不同，形成一个统一的方法评估系统来评估采购人员绩效难度很大。

课程思政

采购人员职业道德

① 爱岗敬业。这是做好采购工作的出发点。

② 诚实守信。这是做好采购工作的根本前提。

③ 廉洁自律。采购人员要做到清正廉洁，自觉构筑思想防线。

④ 客观公正。这是采购人员的职业灵魂。

⑤ 坚持原则。这是采购人员必须具备的基本素质。

⑥ 优质服务。采购人员要更好地完成采购工作。

采购人员的职业道德的好坏对开展采购活动起着决定性作用，采购人员具有良好的职业道德可以保证采购工作的公正、公平，确保国家利益、企业利益。

2. 采购团队绩效评估

采购团队绩效评估的过程比较复杂，有三种方法可供选择：

（1）直接主管评估所管理的每个成员

这种方法的弱点是，管理者也许不参与团队的任何具体活动，因此它是间隔一段距离来评估的，并且不同的管理者由于主观原因可能对相似的绩效评估不同。在评估同一团队成员时，缺乏一致性将会降低团队成员的凝聚力和斗志。

（2）团队成员互相评估

这种方法可以确保密切参与团队活动的人参与评估。然而，由于团队成员对团队其他成员的工作内容不一定能够准确把握，以及专业知识方面的限制，团队成员在互评时，效果并不乐观。

（3）360 度综合评估

团队成员自己、上司、直接下属、同事及客户等从各个角度来评估团队绩效的方法。评估内容包括沟通技巧、人际关系、领导能力、行政能力等，可用来评估团队整体绩效或者成果。相比较而言，这是一种比较能够全面反映团队成绩，发现团队问题的方法。

重要概念

采购	采购管理	采购计划	采购预算
招标采购	非招标采购	采购绩效	采购绩效评估

本章小结

☑ 采购有狭义和广义之分。采购的作用包括采购是保证企业生产经营正常进行的必要前提，采购是保证企业生产经营的产品质量的重要环节，采购是控制成本的主要手段之一，采购可以帮助企业洞察市场的变化趋势，采购是科学管理的开端，采购决定着企业产品周转的速度，做好采购工作可以合理利用货物资源七个方面。采购的程序包括提出需求，描述需求货物，选择供应商并评价，确定适宜的价格，发出采购订单，订单跟踪与催货，货物检验，退货处理，结案，记录与档案。采购管理的内容包括采购市场分析，采购制度建设，采购组织管理，采购合同管理，采购战略管理，采购流程管理。采购管理的发展趋势包括采购过程电子化，采购货物多元化，采购技术规范化。

☑ 采购计划的特征包括目的性、主导性、经济性三个方面。采购计划可以从计划期长短、物资的自然属性、物资使用方向三个方面进行分类。采购计划的作用包括能有效地规避风险、减少损失，为企业组织采购提供依据，有利于合理配置资源以取得最佳的经济效益三个方面。采购预算编制应遵循实事求是、积极稳妥且留有余地、比质比价原则。采购预算编制的依据包含货物标准成本，生产效率，价格预期三个方面。采购预算的内容包括原材料预算、MRO 预算、资产预算以及采购费用预算四个方面。

☑ 招标采购的方式分为公开招标采购、选择性（邀请）招标采购和限制性招标采购三种。非招标采购的方式主要有询价采购、比价采购两种。

☑ 采购绩效评估指标体系一般包括质量绩效指标、数量绩效指标、价格与成本指标、采购效率指标、管理类指标、综合指标以及企划指标七个方面。采购人员和团队绩效评估包括采购人员绩效评估、采购团队绩效评估两个方面。

复习思考题

一、填空题

1. 广义的采购指除以购买的方式占有货物外，还可以用（　　　）、（　　　）、（　　　）等途径取得物资的使用权。

2. 采购与采购管理的区别表现在（　　　）、（　　　）、（　　　）和（　　　）四个方面。

3. 采购计划的特征包括（　　　）、（　　　）、（　　　）三个方面。

4. 采购预算编制的依据包括（　　　）、（　　　）、（　　　）三个方面的内容。

5. 招标采购充分体现了（　　　）、（　　　）、（　　　）、（　　　）的原则。

6. 非招标采购主要有（　　　）、（　　　）等形式。

7. 评价团队绩效的过程是复杂的，有（　　　）、（　　　）、（　　　）三种方法可供选择。

8. 采购绩效评估方式可分为（　　　）和（　　　）。

二、单项选择题

1. 从学术上看，（　　　）不属于采购包含的三个方面的基本含义。

A. 采购是从资源市场获取资源的过程　　B. 采购是商流过程和物流过程的统一

C. 采购是一种经济活动　　D. 采购是科学管理的开端

2. （　　　）不属于采购管理的发展趋势。

A. 采购方式公开化　　B. 采购过程电子化

C. 采购货物多元化　　D. 采购技术规范化

3. （　　　）不属于采购计划的特征。

A. 目的性　　B. 主导性　　C. 多样性　　D. 经济性

4. （　　　）不属于采购预算编制的依据。

A. 货物标准成本　　B. 货物周转率　　C. 生产效率　　D. 价格预期

5. （　　　）不属于 MRO 预算的内容。

A. 维护　　B. 维修　　C. 服务　　D. 运行

6. 从招标公告发布或投标邀请函发出之日到提交投标文件截止之日，一般不得少于（　　　）天。

A. 10　　B. 15　　C. 20　　D. 30

7. （　　　）不属于比价采购的优势。

A. 比价采购扩展了企业选择供应商的范围

B. 比价采购提高了交易效率

C. 比价采购增强了采购方对供应商的控制力

D. 比价采购以追求最低价为目标

8. （　　　）不属于评估团队绩效的方法。

A. 团队外的领导对团队成员进行评估　　B. 直接主管评估所管理的每个成员

C. 团队成员互相评估　　D. 360 度综合评估

三、判断题

1. 一般而言，采购有狭义和广义之分。（　　　）

2. 采购与采购管理的区别主要表现在：采购是实施采购行为，而采购管理是对实施的采购行为进行的一系列管理活动。（　　　）

3. 采购战略管理包括采购品种战略决策、供应商战略决策、采购方式及其选择、跨国采购战略等方面的内容。（　　　）

4. 按计划期长短，可以把采购计划分为年度物资采购计划、季度物资采购计划、月份物资采购计划等。（　　　）

5. 应该积极稳妥、不留有余地地编制采购预算。（　　　）

6. 一般而言，达到一定金额的采购项目，应采用招标采购方式。（　　　）

7. 外国企业不能参加国内竞争性招标采购。（　　　）

8. 采购人员绩效评估方式可分为定期评估方式和不定期评估方式。（　　　）

四、简述

1. 简述采购的程序。

2. 简述采购管理的内容。

3. 简述采购计划编制的流程。

4. 简述采购预算的编制流程。

5. 简述招标采购的一般程序。

6. 简述影响采购人员绩效评估的因素。

第 **3** 章

仓储管理

学习目标

- ◆ 了解仓库、仓储、仓储管理、仓储设施、库房、货棚、货场、货架、托盘、叉车、堆码、垫垛、苫盖、盘点、库存控制、ABC 分类法、基本经济订货批量模型的概念；
- ◆ 掌握仓库、货架、托盘、叉车的分类及每一类的特点和适用范围；
- ◆ 掌握堆码、垫垛、苫盖、盘点的方法及适用范围，以及入库作业管理与出库作业管理的流程；
- ◆ 能够在实际中运用盘点的方法、ABC 分类法、基本经济订货批量模型解决实际问题。

课程思政

中国粮食仓储条件总体达世界较先进水平

2021 年 1 月 12 日，中国粮食和物资储备工作视频会议召开。中国国家粮食和物资储备局相关负责人在会上透露，中国绿色储粮技术已达世界先进水平，粮食仓储条件总体达世界较先进水平。

"十三五"时期，全国粮食和物资储备系统深入实施国家粮食安全战略，中国粮食储备、流通能力持续增强、粮食库存充实、供应充裕、市场稳定，粮食安全形势持续向好，为国民经济健康发展奠定了雄厚的物质基础。

国家粮食和物资储备局办公室主任方进介绍说，"目前，中国绿色储粮技术已达世界先进水平。曾获国家科技进步一等奖的机械通风、谷物冷却、环流熏蒸、粮情测控等储粮'四合一'技术已成为国有粮库标配，横向通风等升级技术，低温储粮等新技术应用持续扩大。通过气体传感器、高清摄像设备和算法、专用害虫传感器、气体传感器等，推进仓储保管技术数字化。中国标准粮食仓房仓容达到 6.8 亿吨，'十三五'时期较'十二五'时期末增加 1.2 亿吨，仓储条件总体达到世界较先进水平。"

"十三五"时期，中国粮食市场运行调控成效明显。中央储备粮规模保持稳定，地方储备能够满足产区三个月、销区六个月、产销平衡区四个半月的市场供应量，36 个大中城市建立了一定数量的成品粮油储备，粮食储备体系不断健全，有效发挥了守底线、稳预期、保安全的关键作用。

　　粮食事关国运民生，粮食安全是国家安全的重要基础。提升粮食储存能力是把住粮食安全主动权的客观要求，也是防范化解风险挑战的必然选择。我国要不断提高粮食仓储条件，确保粮食安全，把"饭碗"牢牢端在自己手中。

3.1　仓储与仓储管理概述

3.1.1　仓储概述

1. 仓储的概念

　　仓储是指利用仓库及相关设施设备进行物品的入库、储存、出库的活动。"仓"指仓库，是存放物品的建筑物或场地，它可以是房屋建筑、特定的场所、洞穴或大型容器等，具备存放和保护物品的功能；"储"即储存、储备，表示收存以备使用，具有收存、保管、交付使用的意思。

　　仓库是保管、储存物品的建筑物和场所的总称，如库房、货棚、货场等。也可以理解为用来存放货物（包括商品、生产资料、工具或其他财产）并对其数量和状态进行保管的场所或建筑物等设施，还包括用于减少或防止货物损伤而进行作业的土地或水面。

　　仓库的分类方法有很多，但按仓库建筑物的构造分类和按仓库自动化程度分类是现在比较常见的两种分类方法。

　　（1）按仓库建筑物的构造分类

　　① 平房仓库。平房仓库指只有一层楼的仓库，构造比较简单，建筑费用便宜，操作比较方便。平房仓库如图 3-1 所示。

　　② 楼房仓库。楼房仓库指二层楼以上的仓库，可以减少土地占用面积，作业一般需采用半机械化或机械化方式。楼房仓库如图 3-2 所示。

图 3-1　平房仓库　　　　　　　　　　图 3-2　楼房仓库

　　③ 罐式仓库。罐式仓库指以各种罐体为储存库的大型容器型仓库，如球罐库、柱罐库等。罐式仓库如图 3-3 所示。

　　④ 简易仓库。简易仓库构造简单、造价低廉，一般是在仓库不足而又不能及时建库的情况下采用的临时代用办法，包括一些固定的或活动的简易货棚等。简易仓库如图 3-4 所示。

　　（2）按仓库自动化程度分类

　　① 普通仓库。普通仓库指用于储存不需要特殊保管条件的一般日用工业品或农副产品的仓库。普通仓库如图 3-5 所示。

图 3-3　罐式仓库

图 3-4　简易仓库

② 立体仓库。立体仓库指采用高层货架，可借助机械化或自动化等手段立体储存货物的仓库。立体仓库如图 3-6 所示。

图 3-5　普通仓库

图 3-6　立体仓库

③ 智能仓库。智能仓库指货物进出库的验放、存取、分拣、配货、配送、统计、结算等操作，全部自动化，利用计算机系统操作，所以又称为"无人仓库"。智能仓库如图 3-7 所示。

④ 智慧仓库。智慧仓库指利用仓储管理信息系统、装卸搬运机器人、自动立体货架完成仓库作业活动的无人化仓库。智慧仓库如图 3-8 所示。

图 3-7　智能仓库

图 3-8　智慧仓库

2．仓储的功能

仓储的功能主要包括基本功能、增值功能、社会功能三个方面。

（1）基本功能

① 储存功能。

储存指贮藏、保护、管理货物。现代社会生产的一个重要特征就是专业化和规模化生产，劳动生产率极高，产量巨大，绝大多数产品都不能被及时消费，需要经过仓储手段进行储存，这样才能避免生产过程堵塞，保证生产过程继续进行。另外，对于生产过程来说，适当的原材料、半成品的储存，可以防止因缺货造成的生产停顿。而对于销售过程来说，储存尤其是季节性储存可以为企业的市场营销创造良机。适当的储存是市场营销的一种战略，它为市场营销中特别的产品需求提供了缓冲和有力的支持。

② 保管功能。

保管指对货物进行储存，并对其进行保护和管理的活动。生产出的产品在消费之前必须保持其使用价值，否则将会被废弃。这项任务就需要由仓储来承担，在仓储过程中对产品进行保护、管理，防止损坏而丧失价值。

③ 集拼功能。

集拼指将不同货主且流向相同的小批量货物集中起来，分类整理并拼装至同一集装单元器具或同一载运工具的业务活动。仓库接收来自一系列制造工厂指定的送给某一特定客户的材料，然后把它们集拼成单一的一票装运，其优点是，有可能实现最低的运输费率并降低在收货站台处发生拥塞的概率。

④ 分类和转运功能。

分类就是将来自制造商的组合订货分类或分割成个别订货，然后安排适当的运力运送到制造商指定的个别客户那里。转运就是仓库从多个制造商处运来整车的货物，在收到货物后，如果货物有标签，就按客户要求进行分类；如果没有标签，就按地点分类，然后货物不在仓库停留，直接装到运输车辆上，装满后运往指定的零售店。

（2）增值功能

增值功能能给仓储带来比较好的效益，是仓储应该努力扩展的功能，加工服务、信息的传递等都属于仓储的增值功能。

① 加工服务。货物在保管期间，保管人根据客户的要求对保管货物的外观、形状、尺寸等进行处理，使之发生所期望的变化。

② 信息的传递。仓储环节所获得的市场信息虽然比销售信息滞后，但更为准确和集中，且信息成本较低。现代企业生产特别重视仓储环节的信息反馈，将仓储量的变化作为决定生产的依据之一。仓储信息的收集和反映是现代物流管理特别重要的一环。

（3）社会功能

社会功能包括时间调整功能、价格调整功能、衔接商品流通的功能等。

① 时间调整功能。

一般情况下，生产与消费之间会产生时间差，通过储存可以克服货物产销在时间上的隔离（如季节生产，但需全年消费的大米）。

② 价格调整功能。

生产和消费之间也会产生价格差，供过于求、供不应求都会对价格产生影响，因此通过仓储可以克服货物在产销量上的不平衡，达到调控价格的效果。

③ 衔接商品流通的功能。

商品仓储是商品流通的必要条件，为保证商品流通过程连续进行，就必须有仓储活动。通过仓储，可以防范突发事件，保证商品顺利流通。

3．仓储的分类

仓储按照不同的标准有不同的分类方法，比较常用的是按仓储对象划分和按仓储活动的运作方式划分。

（1）按仓储对象划分

① 普通物品仓储。普通物品仓储是不需要特殊保管条件的物品仓储。例如，一般的生

产物资、普通生活用品、普通工具等杂类物品，不需要针对物品设置特殊的保管条件，存放在无特殊装备的通用仓库或货物即可。

② 特殊物品仓储。特殊物品仓储是在保管中有特殊要求和需要满足特殊条件的物品仓储，如危险品仓储、冷库仓储等。特殊物品仓储一般为专用仓储，须按照物品的物理、化学、生物特性，以及法律规定进行仓库建设和实施管理。

（2）按仓储活动的运作方式划分

① 自有仓储。自有仓储指企业投资修建，自行进行管理的仓储。

优点：可以根据企业的特点进行仓储管理，并依照企业的需要选择地址并修建仓储设施，长期仓储管理的成本低，为企业树立良好形象。

缺点：存在位置和结构的局限性，企业的部分资金被长期占用。

② 公共仓储。公共仓储指企业租用不属于自身的仓库或一定数量的库位，满足自身的仓储服务需要，并支付相应的租金。

优点：需要保管货物时，保证有场所，不需要保管时，不用承担仓库场地空闲的无形损失；有专门的仓库管理员进行入库、保管和出库的工作；无须仓库建设资金；可以根据市场需求灵活选择仓库的地点和租用面积。

缺点：当货物周转量大时，仓储保管费与自有仓储相比较高；所保管的货物需遵守公共仓储的各种限制规则。

③ 第三方仓储。第三方仓储也称合同仓储，指企业将仓储业务转包给外部专业物流企业，由外部专业物流企业为货主提供仓储管理服务。第三方仓储不同于一般的租赁仓储，它能够提供专业化的、高效的、经济的和准确的仓储服务。第三方仓储与传统仓储相比，能为货主提供个性化需求的仓储服务。

优点：有利于企业有效利用资源并扩大市场，有利于企业进行新市场的测试并降低配送成本。

缺点：企业把所有的仓储业务全部外包给专业的物流企业，可能会使企业对仓储管理活动失去直接控制。

3.1.2 仓储管理概述

1. 仓储管理的概念

仓储管理指对仓储及相关作业进行的计划、组织、控制和协调的过程。从广义上看，仓储管理是对物流过程中货物的储存及由此带来的包装、分拣、整理等活动进行的管理。

仓储管理的内涵随着其在社会经济领域中的作用不断扩大而变化。仓储管理已从单纯意义上的对货物存储的管理成为物流过程中的中心环节，它的功能已不是单纯的货物存储，还兼有包装、分拣、整理、简单装配等多种辅助性功能。因此，广义的仓储管理应包括对这些工作的管理。

2. 仓储管理的内容

仓储管理的对象是仓库及库存货物，具体包括如下三个方面：

① 仓库的选址和建筑问题。包括仓库的选址方法、仓库建筑面积的确定、库内作业区域的布置等。

② 仓库设备的选择与配置问题。包括根据仓库作业特点和所储存货物的种类及其理化特性科学地选择仓储设备及应配备的数量，并对这些仓储设备进行管理等。

③ 仓库的业务管理问题。包括合理组织货物入库与出库，并采用合适的方法对在库货物进行保管，制定各类货物的合理的库存水平等。

此外，仓储的组织问题、仓储的绩效分析问题、仓储的成本控制问题、仓储的安全问题，以及新技术、新方法在仓储管理中的应用问题等，都是仓储管理所涉及的内容。

3. 仓储管理的任务

仓储管理的任务包括积极开展商务活动、合理组织仓储生产、努力提高仓储管理水平三个方面。

① 积极开展商务活动。仓储商务是经营仓储生存和发展的关键工作，是经营收入和仓储资源充分利用的保证。从功能上看，商务管理是为了实现收益最大化，仓储管理必须遵循不断满足社会生产和人民生活需要的原则，最大限度地提供仓储产品，满足市场需求。

② 合理组织仓储生产。仓储生产包括货物入库、储存、出库等。仓储生产的组织遵循高效、低耗的原则，充分利用机械设备、先进的保管技术、有效的管理手段，提高仓储利用率，降低成本，不发生差、损、错事故，保持连续、稳定的生产。

③ 努力提高仓储管理水平。仓储管理需要在管理实践中不断补充、修正、完善、提高，实行动态的仓储管理并在动态的仓储管理中根据实际情况实施制度性的变革管理。仓储管理的动态化可以促进管理水平的提高，提高仓储效益。而在仓储管理的实践中，应该通过科学的论证，广泛吸取先进管理经验，针对本企业仓储管理的客观实际进行管理以及制度性的变革管理。

📖 课程思政

中国一流、亚洲领先的自动化仓储标杆项目

湖北省超市龙头——中百控股集团股份有限公司（以下简称中百集团）拥有中百仓储、中百超市、中百百货、中百工贸电器、中百罗森、中百大厨房等品牌，随着业务的发展，近年来面临多业态融合、小批量多批次配送、拆零比例大、收发存区域面积不足、门店易缺货等难题，物流作业过程中软件及硬件瓶颈问题越来越凸显。

面对新零售时代机遇，中百集团构建了一个物理世界+数字世界完美融合的综合解决方案。

为抓住转型升级机遇，中百集团耗资数亿元，打造了一期项目：中央仓立库，由 4 层楼房仓库构成，总面积 6.5 万平方米，用于常温商品存储和发货。

整个中央仓立库物流自动化技术先进：库内配置了运行速度高达 200 米/分钟、载重高达 1500 千克的自动立体货架，有近 2 万个托盘位；采用高精度定位技术的滑块式高速分拣机，线体重复定位精度小于 1 毫米，分拣速度可达 10 000 件/小时，可以轻松提供近 100 个货物出口；单巷道约 400 箱/小时的自动补货系统；还应用了四向穿梭车、补货穿梭小车、自动导向车（Automated Guided Vehicle，AGV）、传输线、电子标签等多项设备。

中百集团成就了一个中国一流、亚洲领先的自动化仓储标杆项目，能满足日均出库量 4 万～5 万箱，峰值出库量 12 万箱，覆盖 1200+仓储、超市和便利店等业态的订单配送需求。

3.2 仓储设施与仓储设备

3.2.1 仓储设施

仓储设施指用于仓储的库场建筑物，由仓库的主体建筑、辅助建筑和辅助设施三部分组成。

1. 仓库的主体建筑

仓库的主体建筑包括库房、货棚和货场等。

① 库房。库房指在仓库中用于储存、保管货物的封闭式建筑物。库房主要由库房基础、地坪、墙壁、库门、库窗、柱、站台、雨棚等部分组成。库房如图 3-9 所示。

② 货棚。货棚是一种简易的仓库，为半封闭式建筑。相比库房，货棚的结构较简单、建造时间短，但性能差，使用年限短。主要用于存放受自然温度、湿度影响较小的笨重货物及经得起风吹日晒的货物。货棚如图 3-10 所示。

图 3-9　库房

图 3-10　货棚

图 3-11　货场

③ 货场。货场指用于储存和保管货物、办理货物运输并具有货物进出通道和装卸条件的场所。货场比库房、货棚用料省、建造快、花钱少、容量大，只要地面平整就可存放货物，但对自然条件的适应能力差，储存货物的种类有一定局限性。货场如图 3-11 所示。

2. 仓库的辅助建筑

仓库的辅助建筑指办公室、车库、修理间、员工休息间、装卸工具储存间等建筑。这些建筑一般设置在生活区，并与存货区保持一定的安全间隔。仓库办公室和员工休息间分别如图 3-12、图 3-13 所示。

图 3-12　仓库办公室

图 3-13　员工休息间

3．仓库的辅助设施

仓库的辅助设施主要包括通风设施、照明设施、取暖设施、提升设施（电梯等）、地磅及避雷设施等。仓库的通风设施如图 3-14 所示，仓库的照明设施如图 3-15 所示，仓库的地磅如图 3-16 所示，仓库的避雷设施如图 3-17 所示。

图 3-14　仓库的通风设施

图 3-15　仓库的照明设施

图 3-16　仓库的地磅

图 3-17　仓库的避雷设施

3.2.2　仓储设备

仓储设备主要包括货架、托盘两类。

1．货架

（1）货架的概念

货架（见图 3-18）指用立柱、隔板或横梁等组成的立体储存物品的设施。货架既能有效保护货物，也能方便货物的存取，还能提高仓库空间的利用率。

（2）货架的种类

随着仓库智能化、智慧化程度的不断发展，货架技术也在不断提高，除传统的层架式货架、悬臂式货架等依然发挥着重要作用外，新型货架如托盘式货架、重力式货架、移动式货架、阁楼式货架等也越来越普遍。

图 3-18　货架

① 层架式货架。

层架式货架结构简单，适用范围非常广泛，是最普通的，也是最常见到的一种货架。

层架式货架主要有两种划分方法。一种是按层架式货架存放货物的重量等级划分，可分为轻型层架式货架、中型层架式货架和重型层架式货架，其中轻型层架式货架如图 3-19 所示；另一种是按结构特点划分，可分为抽屉式货架和层格式货架，其中抽屉式货架如图 3-20 所示。

层架式货架的特点：

● 中型层架式货架和重型层架式货架一般采用固定式，坚固、结实，承载能力强；轻型层架式货架一般采用装配式，较灵活，结构简单，承载能力较差。

● 中型层架式货架和重型层架式货架适于储存大件或中、重型货物，配合叉车等设备使用能充分利用仓容，提高仓储能力；轻型层架式货架适于储存人工作业的轻型或小件货物，储存货物数量有限。

● 抽屉式货架一般储存比较贵重或怕尘土、怕潮湿的小件货物；层格式货架主要用于储存规格复杂多样、必须互相间隔开的货物。

图 3-19　轻型层架式货架

图 3-20　抽屉式货架

② 悬臂式货架。

悬臂式货架是通过在立柱上装设悬臂而成的。悬臂可以是固定的，也可以是移动的；可以是单面的，也可以是双面的。悬臂式货架如图 3-21 所示。

悬臂式货架的特点：

● 主要用于空间小、密度低的库房中，一般高度在 6 米以下，空间利用率较低；

● 适于储存长货物、环形货物、板材、管材及不规则货物，存放货物方便、快速。

③ 托盘式货架。

托盘式货架专门用于存放堆码在托盘上的货物，每个托盘占用货架上的一个货位，其基本形式与层架式货架相似，常和叉车结合在一起完成作业。托盘式货架如图 3-22 所示。

图 3-21　悬臂式货架

图 3-22　托盘式货架

托盘式货架的特点：

● 结构简单，可调整组合，安装简易，费用较低；

● 存取方便，拣取效率高；

● 需要较多的通道，存取密度较低，出入库不必先进先出；

● 用于品种数量适中、批量不大的货物储存，通常应用在 6 米以下的 3～5 层的仓储系统中。

④ 重力式货架。

重力式货架的层间间隔由重力滚轮和滚筒输送装置组成，并且与水平面呈一定的倾斜角度，低端作为出货端，而高端作为入货端。这样托盘便会因重力作用自动向低端滑移，还可以在滚轮下埋设充气软管控制倾斜角度，以调整货物滑移的速度。重力式货架如图 3-23 所示。

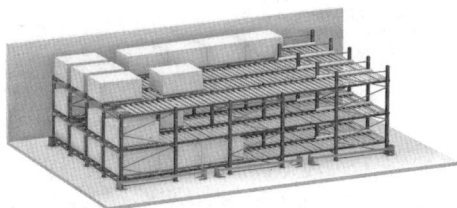

图 3-23　重力式货架

重力式货架的特点：

● 可大规模密集存放货物，减少通道数量，有效节约仓库面积；
● 固定了出入库位置，减少了出入库工具的运行距离，专业性强、安全性高；
● 保证货物先进先出，适于大批量、少品种且不易长期积压货物的储存；
● 货架成本高、承载力有限制、对环境清洁程度要求高。

⑤ 移动式货架。

移动式货架由多排货架相连而成，底部装有滚轮，每排货架可沿货架下的轨道滑动，在存取货物时，移动货架让出一条必要宽度的通道即可进行作业。移动式货架如图 3-24 所示。

移动式货架的特点：

● 减少了通道数，地面使用率达 80%，储存能力比一般货架大；
● 可直接存取每一件货物，不受先进先出的限制，但需要移动货架，因此比一般货架存取时间长，机电装置较多，建造成本较高，维护比较困难；
● 适于少品种、大批量、低拣选频率的货物储存。

⑥ 阁楼式货架。

阁楼式货架通常以中型搁板式货架或重型搁板式货架为主体支撑，再加上楼板构成，楼板根据货架单元的总负载来决定选用何种材料，通常选用冷轧钢楼板、花纹钢楼板或钢格栅楼板等。阁楼式货架如图 3-25 所示。

图 3-24　移动式货架

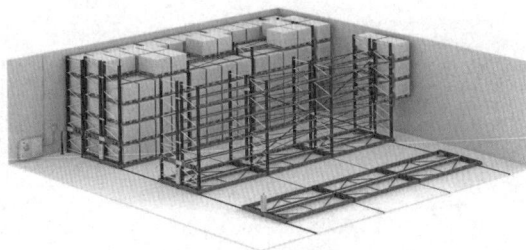

图 3-25　阁楼式货架

阁楼式货架的特点：

● 有效地增加了空间利用率；
● 上层一般存放轻泡货物或储存期较长的中小件货物，不适合使用重型装卸搬运设备；
● 适于仓库场地有限而存放货物种类较多的仓库。

京东无人超市的智能货架

京东无人超市坐落于北京亦庄京东总部 B 座内，虽然整体面积不大，但是五脏俱全。在京东无人超市的门口，有一台平板电脑，消费者第一次进店之前，打开京东 App 扫描屏幕上的二维码录入面部信息就能完成人脸绑定的过程。之后再进店时，消费者将脸对准屏幕上的摄像头，即可解锁开门。进入店面后，商品货架的正面都设有摄像头。这些带有摄像头的货架就是智能货架，装有智能传感器，消费者从货架上拿走商品后，触发智能感应器及人脸识别摄像头，实现人货绑定，不仅能有效减少盗窃事件，还能方便记录消费者更喜欢哪些商品，哪些商品销售最快，方便商家进行补货和推送。智能货架上的价签均采用电子墨水屏，上面具有相关的信息并与线上商品同步，不会让消费者多花一分钱。每个商品上都贴有 RFID 标签，消费者选择自己所喜欢的商品，放在框里，然后进行结账买单。

京东无人超市的智能货架不仅提高了销售的速度，而且提高了准确性，也便于零售商及生产商准确掌握市场信息做出正确的决策。

2. 托盘

托盘指在运输、搬运和存储的过程中，将物品规整为货物单元时，作为承载面并包括承载面上辅助结构件的装置，如图 3-26 所示。

托盘作为物流运作过程中重要的装卸、储存和运输设备，与叉车配套使用，在仓储管理中发挥着巨大的作用。

（1）托盘的种类

① 按材料分类。

● 木托盘：木托盘是以天然木材为原料制造的托盘。木托盘如图 3-27 所示。

优点：价格较便宜，维修相对简单。

缺点：不防火、不防水、易受潮、易生虫、易腐烂。

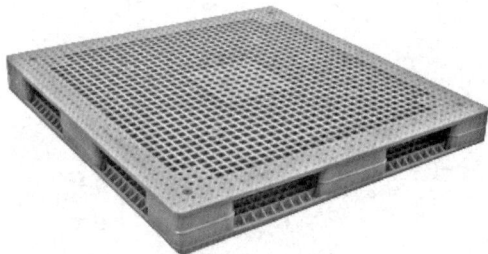

图 3-26 托盘

图 3-27 木托盘

● 钢托盘：钢托盘又称金属托盘或铁托盘，用钢材或镀锌板制作而成。钢托盘如图 3-28 所示。

优点：免熏蒸，结构坚固，承载力大，抗冲击力强。

缺点：自重大、易生锈、易腐蚀、价格昂贵，只能在特定行业中使用。

● 胶合板托盘：胶合板托盘又称复合托盘、免熏蒸托盘，是由胶合板或复合板材质制成的。胶合板托盘如图 3-29 所示。

优点：无虫蛀、免熏蒸、免消毒，不受时间限制。

缺点：承载力小，不防火、不防水，大量用胶，无法在对甲醛排放要求严格的市场使用。

图 3-28　钢托盘

图 3-29　胶合板托盘

● 竹托盘：竹托盘是以天然竹为原材料，经过加工制作而成的环保型免熏蒸托盘。竹托盘如图 3-30 所示。

优点：免熏蒸、可回收、易维修、产品的价格竞争力很强，防水、防霉、防虫，绿色建材，使用性能、承载能力高于木托盘，加工定制便利。

缺点：外观整洁度有待提高，边角易出现毛刺，难于大规模、大批量化生产。

● 塑料托盘：塑料托盘是用 PP（聚丙烯）和 HDPE（高密度聚乙烯）两种环保材料注塑和吹塑成型的托盘。塑料托盘如图 3-31 所示。

优点：免熏蒸、外观整洁、易清洗、易消毒；使用寿命非人为损坏可达 5 年，可以回收重新利用，可以定制规格尺寸。

图 3-30　竹托盘

图 3-31　塑料托盘

缺点：一些传统的塑料托盘成本高、强度低、抗冲性能差，在尺寸和结构上有一些缺陷，对使用环境的温度有一定的要求。

● 塑木托盘：塑木托盘是采用木塑复合材料（WPC），通过组装而成的各种规格的托盘。塑木托盘如图 3-32 所示。

优点：免熏蒸、整体美观、易清洗、强度高、抗酸碱、不受潮、不霉变、防虫抗菌、可回收利用。

缺点：价格较高。

● 纸托盘：纸托盘是将蜂窝纸板经特殊的冲压设备及模具冲压而成的托盘。纸托盘如图 3-33 所示。

优点：免熏蒸、百分之百回收、重量轻、强度高、减震、吸音、无钉、无蛀虫、刚性好、表面平整、缓冲性好、用料少。

缺点：承载量少，防潮性及防撞性差，不可循环利用。

图 3-32　塑木托盘

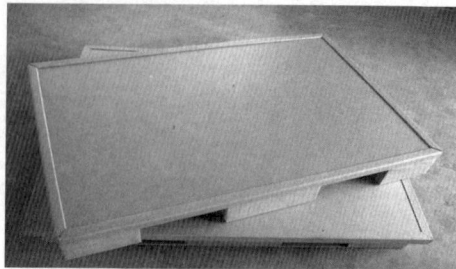

图 3-33　纸托盘

② 根据结构分类。

● 平板托盘：平板托盘又称平托盘，存放货物的表面是一个平面，是使用量最大的一种通用托盘。

平板托盘的特点：结构简单、价格便宜、操作方便。

● 立柱式托盘：立柱式托盘没有侧板，在托盘上部的四个角有固定式、折叠式或可拆卸式的立柱，有的柱与柱之间有连接的横梁，使柱子呈门框形。

类型：立柱式托盘分为固定立柱式托盘、折叠立柱式托盘、可拆卸立柱式托盘三种，如图 3-34、图 3-35、图 3-36 所示。

图 3-34　固定立柱式托盘

图 3-35　折叠立柱式托盘

图 3-36　可拆卸立柱式托盘

立柱式托盘的特点：适于装运袋装货物，防止托盘上放置的货物在运输、装卸过程中滑落；利用柱子加固四角，支撑承重，提高托盘上放置货物的堆码高度，既可扩大容积，又不用担心压坏托盘上的货物。

● 箱式托盘：箱式托盘的托盘上带有箱式容器，基本结构是沿托盘四个边有板式、栅式、网式等各种平面组成箱体，有些箱体有顶板。

类型：箱式托盘分为固定箱式托盘、折叠箱式托盘、可拆卸箱式托盘三种，如图 3-37、图 3-38、图 3-39 所示。

箱式托盘的特点：箱式托盘的装载量比较大，对货物的保护功能比较强。

（2）托盘标准化

托盘标准化是实现托盘联运的前提，也是实现物理机械和设施标准化的基础及产品包装标准化的依据。托盘标准化有利于加速物流流程、降低物流成本。

图 3-37 固定箱式托盘

图 3-38 折叠箱式托盘

图 3-39 可拆卸箱式托盘

① ISO 标准。

国际标准化组织（International Organization for Standardization，ISO）制定的托盘标准经过了 ISO/TC 51 托盘标准化技术委员会多次分阶段审议，已于 2003 年对 ISO 6780《国际物料搬运 平托盘主要尺寸及公差》标准进行了修订，新增了 1100mm×1100mm，1067mm×1067mm 两种规格，目前共有六种规格：

- 1200mm×1000mm；
- 1200mm×800mm；
- 1219mm×1016mm；
- 1140mm×1140mm；
- 1100mm×1100mm；
- 1067mm×1067mm。

总体而言，在德国、法国等国家，尺寸为 1200mm×800mm 的托盘更为常用；英国、芬兰、荷兰等国家，尺寸为 1200mm×1000mm 的托盘更为常用；美国常用的托盘的尺寸为 1219mm×1016mm。

② 国标（GB/T 2934—2007）。

国家质量监督检验检疫总局和国家标准化管理委员会在 2007 年 10 月批准通过了《联运通用平托盘 主要尺寸及公差》，从 2008 年 3 月 1 日起正式在全国范围内实施，规格主要有以下两种：

- 1200mm×1000mm（优先推荐）；
- 1100mm×1100mm。

托盘集合包装单元体积一般在 $1m^3$ 以上，高度为 1100mm 或 2200mm，载重为 500～2000kg。

📖 小资料

短时间内全球联运平托盘规格难以统一

全球六种联运平托盘规格共存并不是一个理想的结果，究其根源，ISO 6780 中的每种规格都有着不同的来历，是不同地区、不同国家集团利益在托盘标准问题上矛盾的反映。

最初的国际标准规格只有 1200mm 系列（即 1200mm×1000mm 和 1200mm×800mm），这一系列起源于欧洲大陆。一般认为，它是根据欧洲 600mm×400mm 的统一包装基准尺寸制定的，这一标准很快为欧洲各个国家所接受，成为欧洲地区托盘制造和使用的基本规格。但是，美国等国家惯用英制单位，在其强烈要求下，ISO 于 1988 年在 1200mm 系列国际标准的基础上，又增加了以英制为单位的标准规格 48in×40in（in 是英寸的意思），其实这一规格与 1200mm×1000mm 差别不大，长宽相差都不到 2cm，可以说是 1200mm 系列的英制版。但是 1200mm 系列有其无法弥补的弊端，它与随后制定的海运集装箱内部宽度尺寸的国际标准（约 2330mm）并不匹配，这一系列托盘在集装箱中只能是纵横交错地码放，不能最大限度地有效利用空间。

ISO 6780 中还增加了另外一种尺寸为 1140mm×1140mm 的正方形托盘，一般认为，这一规格与集装箱尺寸最为匹配。1140mm×1140mm 规格的确立，可以说是以 1200mm 系列为代表的欧洲各国，与大力推行 1100mm×1100mm 型托盘（简称 T11）的日韩两国长期争论的中间产物。为充分利用集装箱底面积，促使 T11 与 1200mm 系列达成统一，托盘界最终同意将 1100mm 改为 1140mm，首先于 1983 年列入 ISO 3676《包装 单元货物尺寸》，后于 1988 年列入 ISO 6780 的国际标准中。但是，1140mm 规格并没有改变 T11 的国际标准化进程。在日韩托盘标准化组织长期不懈的努力下，2021 年，T11 终于也成为国际标准规格。在六种国际标准规格中还有一种正方形托盘，即澳洲通用的 1067mm×1067mm（42in×40in）型，这一规格的优点与 T11 型有异曲同工之处，在澳洲的应用非常广泛，代表了澳洲的托盘标准化发展水平。

由于托盘规格的标准代表着不同地区和国家集团的经济利益，因此这些规格不可能相互妥协与退让。全球联运托盘的规格统一存在很大的困难，最终 ISO 只能采取兼容并包的态度，使六种托盘的规格并列成为全球通用的国际标准。

3.3 仓储作业管理

仓储作业管理包括入库作业管理、库内作业管理、出库作业管理三个环节。

3.3.1 入库作业管理

入库作业管理包括入库准备、接受检验、办理入库手续三个方面的内容。

1. 入库准备

（1）熟悉入库货物

仓库管理人员应认真查阅入库货物资料，必要时向存货人询问，掌握入库货物的品种、规格、数量、包装状态、单价、体积、到库准确时间、货物存期、货物的理化特性及保管的要求等。

（2）掌握仓库情况

了解在货物入库期间、保管期间仓库的库容、设备和人员的变动情况，以便安排工作。必要时对仓库进行清查，清理归位，以便腾出仓容。对于必须使用重型设备操作的物资一定要事先准备好货位。

（3）妥善安排货位

仓库部门根据入库货物的性能、数量、类别，结合仓库分区分类保管的具体要求，核算货位的大小，确定堆垛方法、苫垫方案等。

（4）准备苫垫材料、作业用具

在货物入库前，根据所确定的苫垫方案，准备相应的材料，并组织衬垫铺设作业。将作业所需的用具准备妥当，以便能及时使用。

（5）验收准备

仓库管理人员根据货物情况和仓库管理制度，确定验收方法，准备验收所需的工具。还要将货物入库所需的各种票据凭证、单证、记录簿（如入库记录、理货检验单、物料卡、残损单等）预填备妥。

2. 接受检验

接受检验包括质量检验、数量检验、送检三个方面的内容。

（1）质量检验

① 质量检验的内容。

质量检验包括外观检验、尺寸检验、机械物理性能检验和化学成分检验四种形式。仓库一般只做外观检验和尺寸检验，后两种检验如果有必要，则由仓库技术管理职能机构取样，委托专门检验机构检验。

② 质量检验的程度。

质量检验按程度分全验和抽验两种方式。

- 全验。当批量小、规格复杂、包装不整齐或要求严格时，可以采用全验的方式。全验需要大量的人力、物力和时间，但是可以保证验收的质量。
- 抽验。当批量大、规格和包装整齐、供货或存货单位的信誉较高，或验收条件有限时，通常采用抽验的方式。随着货物质量和储运管理水平的提高及数理统计方法的发展，为抽验提供了物质条件和理论依据。

货物验收方式应该由存货方和保管方协商，并通过协议在合同中加以明确规定。

③ 质量检验的范围。

带包装的金属材料，抽查率为 5%～10%，无包装的全部查验；

机电设备、仪器仪表、进口货物原则上 100%检查；

供货稳定，信誉、质量较好的厂家采用抽查方式；

易于发霉、变质、受潮、变色、污染、虫蛀、机械性损伤的货物，抽查率为 5%～10%。

凡是经过检验的货物，都应该填写相应的检验记录单，记录检验情况，以便追究责任。

（2）数量检验

数量检验是保证货物数量准确不可缺少的措施。

① 数量检验的方法。

按货物性质和包装情况，数量检验的方法分为计件法、检斤法、检尺求积法。

- 计件法。计件是对按件数供货或以件为计量单位的商品做数量验收时清点件数。计件物资原则上应全部清查件数（带有附件和成套的机电设备须清查主件、部件、零件和工具等）。
- 检斤法。检斤是对按重量供货或以重量为计量单位的商品做数量验收时称重。货物的重量一般有毛重、皮重、净重之分。毛重是指包括包装重量在内的货物实重；皮重仅指货物外包装材料的重量（即运输包装的重量），不包括内包装材料和衬垫物的重量；净重是指货物本身的重量，即毛重减去皮重。仓储管理人员一般根据合同相关条款确定使用具体的重量进行检斤。

- 检尺求积法。检尺求积是对以体积为计量单位的商品（例如木材、竹材、沙石等）先检尺再求体积而做的数量验收。

② 数量检验的范围。

不带包装（散装）的物资的检斤率为100%，不清点件数；有包装的毛检斤率为100%，清点件数100%。

定尺钢材检尺率为10%～20%，非定尺钢材检尺率为100%。

贵重金属材料100%过净重。

大批量、同一包装、符合国家标准且有合格证的货物，抽查率为10%～20%。

（3）送检

送检一般是指仓库没有设备或资质却又要对特定货物的质量进行检验时，委托专门的具有资质的检验机构对特定货物进行检验。常见的需要送检的货物包括钢材、水泥等。

3．办理入库手续

办理入库手续包括登账、立卡、建档三个方面。

（1）登账

货物入库，仓库应建立详细反映货物仓储的明细账，登记货物进库、出库、结存的详细情况，用以记录库存货物动态和入库过程。

（2）立卡

货物入库或上架后，将货物名称、规格、数量或出入状态等内容填在料卡上，称为立卡。

（3）建档

仓库应为所接收的货物或委托人建立存货档案或客户档案，以便货物管理和保持与客户的联系，这也为将来可能发生的争议保留凭证，同时有助于总结和积累保管经验，研究仓储管理规律。存货档案应一货一档设置，将该货物入库、保管、交付的相应单证、报表、记录、作业安排、资料等原件或附件、复印件存档。

📖 课程思政

粮库负责人兼检斤员收购粮食靠"虚"敛财

出于防火、防水、防盗等需要，大型粮仓往往选址于远离闹市的空旷区域，天然形成的隐蔽性，容易留下监管死角，使一些监守自盗的"内鬼"有恃无恐，打起了套取国有资金的鬼主意。

位于安徽省明光市的明光桂花收储库隶属于中储粮安庆直属库。2014年8月至2017年12月，明光桂花收储库原负责人兼检斤员陈为国利用职务之便，伙同他人通过虚开结算凭证、虚增粮食重量等手段，骗取国家粮食收购资金131.4万余元，其中陈为国得款47.4万余元。

2020年6月29日，陈为国终于为自己的所作所为付出了代价。他因涉嫌贪污罪被判处有期徒刑 3 年，并处罚金 28 万元，对其违法所得予以追缴。

从以上案例可知：一方面，仓储必须建立完善的物资验收制度，数量、质量的验收在条件允许的情况下可实行"双检制"，两个仓库管理员同时进行检验，共同签字生效；另一方面，要不断提高仓库管理员的专业素质和思想修养，使其能抵制各种诱惑。

3.3.2　库内作业管理

库内作业管理包括货物堆码、货物垫垛、货物苫盖、盘点作业四个方面。

1. 货物堆码

堆码指将物品整齐、规则地摆放成货垛的作业。货物堆码就是根据货物的包装形状、重量和性能特点，结合地面负荷、储存时间，按一定要求将货物在库房、货棚、货场等场所堆码成各种垛形的操作。

（1）堆码的基本原则

堆码要遵守五个原则。

① 分区分类存放。

分区分类存放是仓库保管的基本要求，是保证货物质量的重要手段。

② 面向通道，不围不堵。

面向通道包括两方面的含义：一是垛码、存放的货物的正面尽可能面向通道，以便查看；二是所有货物的货垛、货位都有一面与通道相连，处在通道旁，以便能对货物进行直接作业。只有所有货位都与通道相通时，才能保证不围不堵。

③ 货物尽可能码高，货垛必须稳固。

在保证底层货物的质量不受到影响的前提下，为了充分利用仓容，存放的货物要尽可能码高，使货物占用最少的地面面积。尽可能码高包括采用码垛码高和使用货架在高处存放。货物堆垛必须稳固，避免倒垛、散垛，要求叠垛整齐、放位准确，必要时采用稳固方法，如垛边、垛头采用纵横交叉叠垛，使用固定物料加固等。同时只有在货垛稳固的情况下才能码高。

④ 适当的搬运活性，摆放整齐。

为了减少作业时间、次数，提高仓库周转速度，根据货物作业的要求，合理选择货物的搬运活性。对于搬运活性高的货物，也应注意摆放整齐，以免堵塞通道、浪费仓容。

⑤ "五五化"堆码。

"五五化"堆码就是以五为单位，堆码成各种总数为五的倍数的货垛，以五或五的倍数在固定区域内堆放，使货物"五五成行、五五成方、五五成包、五五成堆、五五成层"，堆放整齐，上下垂直，过目知数。便于货物的数量控制、清点盘存。

（2）堆码设计

对于有包装（如箱、桶、袋、箩筐、捆、扎等包装）的货物，包括裸装的计件货物，采取堆码的方式储存。堆码方法储存能充分利用仓容，做到仓库内整齐、方便作业和保管。堆码的方式主要有以下六种。

① 重叠式。

重叠式也称直堆法，是逐件、逐层向上重叠堆码，一件压一件的堆码方式。为了保证货垛稳定性，在一定层数后改变方向继续向上堆放，或者长宽各减少一件继续向上堆放。该方法方便作业、计数，但稳定性较差，适于袋装、箱装、箩筐装货物，以及平板、片式货物等。重叠式如图 3-40 所示。

② 纵横交错式。

纵横交错式指每层货物都改变方向向上堆放，适于管材、捆装、长箱装货物等。该方法较为稳定，但操作不便。纵横交错式如图 3-41 所示。

图 3-40　重叠式　　　　　　　　　　图 3-41　纵横交错式

③ 仰伏相间式。

仰伏相间式指将上下两面有大小差别或凹凸的货物（如槽钢、钢轨等）仰放一层，再反面伏放一层，仰伏相向相扣。仰伏相间式堆垛极为稳定，但操作不便。仰伏相间式如图 3-42 所示。

④ 压缝式。

压缝式指将底层并排摆放，上层放在下层的两件货物之间。压缝式堆码可以减少上层货物对下层货物的压力。压缝式如图 3-43 所示。

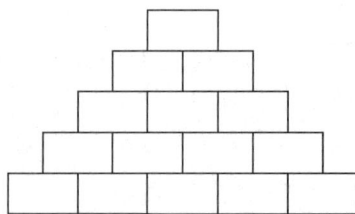

图 3-42　仰伏相间式　　　　　　　　图 3-43　压缝式

⑤ 通风式。

通风式指在对货物进行堆码时，使任意两件相邻的货物之间都留有空隙，以便通风。层与层之间采用压缝式或纵横交错式。通风式堆码可用于所有箱装、桶装及裸装货物，能起到通风、防潮、散湿、散热的作用。通风式如图 3-44 所示。

⑥ 栽柱式。

栽柱式指码放货物前先在堆垛两侧栽上木桩或者铁棒，然后将货物平码在桩柱之间，几层后用铁丝将相对两边的柱拴连，再往上摆放货物。栽柱式堆码适于棒材、管材等长条状货物。栽柱式如图 3-45 所示。

图 3-44　通风式　　　　　　　　　图 3-45　栽柱式

2. 货物垫垛

垫垛指在货物码垛前，在预定的仓位地面位置，使用衬垫材料进行铺垫。常见的衬垫物有枕木、废钢轨、货架板、木板、钢板等。货物垫垛如图 3-46 所示。

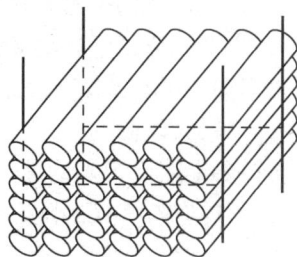

图 3-46　货物垫垛

① 垫垛的目的。
- 使地面平整；
- 使堆垛货物与地面隔开，防止地面潮气和积水浸湿货物；
- 通过强度较大的衬垫物使重物的压力分散，避免损害地坪；
- 使地面杂物、尘土与货物隔开；
- 形成垛底通风层，有利于货垛通风排湿；
- 使货物的泄漏物留存在衬垫之内，防止流动扩散，以便收集和处理。

② 垫垛的基本要求。
- 所使用的衬垫物不会对拟存货物产生不良影响，并具有足够的抗压强度；
- 地面要平整坚实，衬垫物要摆放平整并保持同一方向；
- 衬垫物间距适当,直接接触货物的衬垫面积与货垛底面积相同,衬垫物不伸出货垛外；
- 要有足够的高度，露天堆场要达到 0.3～0.5m，库房内 0.2m 即可。

3. 货物苫盖

苫盖指采用专用苫盖材料对货垛进行遮盖，以减少自然环境中的阳光、雨雪、风沙、尘土等对货物的侵蚀、损害，并使货物由于自身理化性质所造成的自然损耗尽可能地减少，以确保货物存储期内的质量。

常用的苫盖材料有帆布、芦席、竹席、塑料膜、铁皮铁瓦、玻璃钢瓦、塑料瓦等。

（1）苫盖的基本要求

苫盖的目的是给货物遮阳、避雨、挡风、防尘。

苫盖的基本要求如下：

① 选择合适的苫盖材料。选用符合防火、无害的安全苫盖材料；苫盖材料不会对货物产生不良影响；成本低廉，不易损坏，能重复使用；没有破损和霉变。

② 苫盖要牢固。每张苫盖材料都需要牢牢固定，必要时在苫盖物外用绳索、绳网绑扎，或用重物压住，确保大风揭不开。

③ 苫盖接口要紧密。苫盖的接口要有一定深度的互相叠盖，不能迎风叠盖或留空隙；苫盖必须平整，不得有折叠或凹陷，防止积水。

④ 苫盖的底部与垫垛齐平。苫盖不腾空或拖地，并牢固地绑扎在垫垛外侧或地面的绳桩上，衬垫材料不露出垛外，以防雨水顺延渗入垛内。

⑤ 要注意材质和季节。使用旧的苫盖物或在雨水丰沛季节时，垛顶或者风口需要加层苫盖，确保雨淋不透。

（2）苫盖方法

苫盖方法一般有就垛苫盖法、鱼鳞式苫盖法、活动棚苫盖法三种。

① 就垛苫盖法。

就垛苫盖法就是直接将大面积苫盖材料覆盖在货垛上。该方法适于起脊垛或大件包装货物，一般采用大面积的帆布、油布、塑料膜等作苫盖材料。就垛苫盖法操作便利，但通风条件不好。就垛苫盖法如图 3-47 所示。

图 3-47　就垛苫盖法

② 鱼鳞式苫盖法。

鱼鳞式苫盖法是将苫盖材料从货垛的底部开始，自下而上呈鱼鳞式逐层交叠围盖。该法一般采用面积较小的席、瓦等材料苫盖。鱼鳞式苫盖法具有较好的通风条件，但每件苫盖材料都需要固定，操作比较烦琐。鱼鳞式苫盖法如图 3-48 所示。

③ 活动棚苫盖法。

活动棚苫盖法是将苫盖物料制成一定形状的棚架，在货物堆垛完毕后，移动棚架到货垛，加以遮盖；或者采用即时安装活动棚架的方式苫盖。该法较为便捷，具有良好的通风条件，但活动棚本身需要占用仓库位置，也需要较高的购置成本。活动棚苫盖法如图 3-49 所示。

4．盘点作业

盘点指为确定仓库内或其他场所现存物料的实际数量而对物料的现存数量加以清点。仓库中的库存货物始终处于不断的进、存、出动态中，为了对库存货物的实际数量进行有效控制，必须定期或不定期地对各储存场所进行清点和检查。

图 3-48　鱼鳞式苫盖法

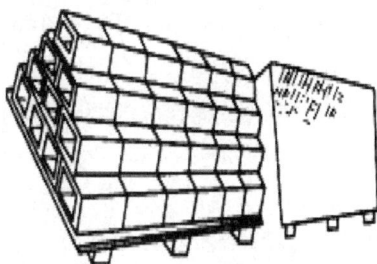

图 3-49　活动棚苫盖法

（1）盘点作业的内容

盘点作业一般要查清货物的数量、质量、保管条件、安全状况四项内容。

① 查数量。通过点数计数查明商品在库的实际数量，核对库存账面资料与实际库存数量是否一致。

② 查质量。检查在库商品质量有无变化，有无超过有效期和保质期，有无长期积压等情况，必要时还必须对其进行技术检验。

③ 查保管条件。检查保管条件是否与各种商品的保管要求相符。如堆码是否合理稳固、库内温度是否符合要求、各类计量器具是否准确等。

④ 查安全状况。检查各种安全措施和消防设备、器材是否符合安全要求，建筑物和设备是否处于安全状态。

（2）盘点作业的基本步骤

盘点作业的基本步骤包括盘点前准备、确定盘点时间、确定盘点方法、盘点人员培训、清理盘点现场和库存资料、现场查验、查清差异原因七个步骤。

① 盘点前准备。

盘点前准备工作内容如下：

明确建立盘点的具体方法和作业程序，进行盘点计划和安排。

确定盘点人员，进行合理分工。

设计、打印盘点单，盘点单如表 3-1 所示。

准备盘点所用的基本工具。

表 3-1　盘点单

盘点日期：　　　　　　　　　　　　　　　　　　　编号：

货物编号	货物名称	存放位置	盘点数量	复查数量	盘点人	复查人

② 确定盘点时间。

一般来说，为保证货账相符，盘点次数越多越好，但因每次实施盘点必须投入人力、物力、财力，成本很大，故很难经常进行盘点。可以根据货物的不同特点、价值、流动速度、重要程度来分别确定不同的盘点时间，盘点时间的间隔可以从每天、每周、每月到每年。

③ 确定盘点方法。

因为不同现场对盘点的要求不同，盘点的方法也会有差异，必须根据实际需要确定盘点方法。

④ 盘点人员培训。

盘点人员的培训分为两部分：针对所有人员进行盘点方法的训练；针对复盘与监盘人员进行认识货物类别的训练。

⑤ 清理盘点现场和库存资料。

在盘点前，必须明确厂商交来的货物数量。如果已验收完成，属于本仓储公司的就应及时整理归库；如果尚未完成验收程序，就应该同厂商应划分清楚，避免混淆。

储存场所在关闭前应通知各需求部门预领所需的物品。

储存场所整理整顿完成，以便计数盘点。

预先鉴定呆料、废品、不良品，以便盘点。

账卡、单据、资料均应整理后加以结清。

⑥ 现场查验。

对仓库所有货物的数量、质量、保管条件进行查验并与账本上的信息进行对照，如有差异应注明。

⑦ 查清差异原因。

当盘点结束后，发现所得数据与账簿资料不符时，应追查差异的主因。查找原因的方向有：是否为记账员素质不高致使货物数目无法确定；是否产生漏盘、重盘、错盘等情况；处理盘点结果。追查清楚导致差异的原因后，应针对主要原因进行适当的调整与处理。

（3）盘点方法

盘点可以根据盘点方式和盘点时间划分为不同的方法。

① 根据盘点方式划分。

● 账面盘点法。账面盘点又称永续盘点，就是把每天入库及出库货物的数量及单价记录在计算机或账簿上，而后不断地累计加总算出账面上的库存量及库存金额。即对每种货物分别设立"存货账卡"，然后将每一种货物的出入库数量及有关信息记录在账面上，逐笔汇总出账面库存结余数，这样随时可以从计算机或账册上查悉货物的出入库信息及库存结余量。账面盘点表如表 3-2 所示。

表 3-2　账面盘点表

货物编号：										
订货点：						经济订购量：				
日期		订购		入库			储存		出库		记录人
月	日	数量	订单号码	数量	单价	总金额	数量	总金额	数量	出库单号	

续表

日期		订购		入库			储存		出库		记录人
月	日	数量	订单号码	数量	单价	总金额	数量	总金额	数量	出库单号	

- 现货盘点法。现货盘点又称实地盘点或实盘，就是先查清仓库内的库存数，再依货物单价计算出实际库存金额的方法。按盘点时间频率的不同又可分为期末盘点和循环盘点。期末盘点是指在会计计算期末统一清点所有货物数量的方法；循环盘点指每天、每周清点一小部分货物，一个循环周期将每种货物至少清点一次的方法。

② 根据盘点时间划分。

- 例行盘点。规定每月的某日为全公司盘点日，逢法定节假日可另行安排。例行盘点不仅是货物管理的需要，也是仓管开展自检自查的过程。

- 临时盘点。企业发生较大人事变动或临时需要时，可以安排临时盘点。常见的开展临时盘点的情况如下：企业仓储管理人员、经理等相关人员离职或工作调动时应组织盘点，以考核其业绩，解决遗留问题，为后续人员接管提供依据；供应商某规格产品停产或销售模式改变等，需按大类、规格等盘点；企业经营业务发生重大变化或发生专门审核等。

- 随机抽盘。根据需要，除例行盘点和临时盘点外，还需要安排人员按照一定的比例进行随机抽盘。

3.3.3　出库作业管理

出库作业管理指仓库按照货主的调拨出库凭证或发货凭证（如提货单、调拨单）所注明的货物名称、型号、规格、数量、收货单位、接货方式等条件，进行的核对凭证、备料、复核、点查、发放等一系列作业和业务管理活动。

出库作业是保管工作的结束，既涉及仓库同货主或收货企业及承运部门的经济联系，又涉及仓库各有关业务部门的作业活动。为了能以合理的物流成本保证出库物资按质、按量、及时、安全地发给客户，满足其生产经营的需要，仓库应主动和货主联系，由货主提供出库计划，这是仓库出库作业的依据，特别是供应异地的货物和大批量出库的货物，更应提前发出通知，以便仓库及时办理流量和流向的运输计划，完成出库任务。

仓库必须建立严格的出库和发运程序，严格遵循"先进先出，推陈储新"的原则，尽量一次完成，防止出错。需托运物资的包装还要符合运输部门的要求。

1．出库依据

出库作业必须由货主的出库通知或请求驱动。仓库一切货物的出库，必须凭有关人员签章的"申请单"或"出货通知单"方可放行。坚决杜绝凭信誉或无正式手续的发货。

出库通知单通常采用四联单：第一联是存根联；第二联由仓库留存；第三联用于财务核算；第四联是提单联，用于提货人提货。

2. 出库准备

出库前要做好两方面的准备工作：一方面是计划工作，即根据货主提出的出库计划或要求，事先做好货物出库的安排，包括货位、机械设备、工具和工作人员等的计划和组织；另一方面是做好出库货物的包装和标志标记工作。发往异地的货物，需经过长途运输，包装必须符合运输部门的规定。在包装上挂签（贴签）、书写编号和发运标记（去向），以免错发和混发。

3. 出库程序

出库程序包括核单备货、复核、包装、点交、登账、现场和档案的清理、逆向物流管理等过程。

（1）核单备货

如属自提货物，首先要审核提货凭证的合法性和真实性；其次要核对品名、型号、规格、单价、数量、收货单位、有效期等。

出库货物应附质量证明书或副本、磅码单、装箱单等，对于机电设备、电子产品等货物，其说明书及合格证应随货同行。备料时应本着"先进先出、推陈储新"的原则，易霉易坏的先出、接近失效期的先出。

备货过程中，凡计重货物，一般以入库验收时标明的重量为准，不再重新计重。需分割或拆捆的应根据情况进行处理。

（2）复核

为了保证出库货物不出差错，备货后应进行复核。出库的复核形式主要有专职复核、交叉复核和环环复核三种。除此之外，在发货作业的各环节上都贯穿着复核工作。例如，理货员核对货单，守护员（门卫）凭票放行，账务员（保管会计）核对账单（票）等。这些分散的复核形式起到分头把关的作用，都有助于提高仓库发货业务的工作质量。

复核的内容包括品名、型号、规格、数量是否同出库单一致；配套是否齐全；技术证件是否齐全；外观质量和包装是否完好。只有加强出库的复核工作，才能防止错发、漏发和重发等事故的发生。

（3）包装

出库货物的包装必须完整、牢固，标记必须正确清楚，如有破损、潮湿、捆扎松散等不能保障运输中安全的，应加固整理，破包破箱不得出库。各类包装容器上若有水渍、油迹、污损，均不能出库。

出库货物如需托运，包装必须符合运输部门的要求，选用适宜的包装材料，其重量和尺寸要便于装卸和搬运，以保证货物在途的安全。

包装是仓库生产过程的一个组成部分。包装时，严禁将互相影响或性能互相抵融的货物混合包装。包装后，要写明收货单位、发货号、本批总件数、发货单位等。

（4）点交

出库货物经过复核和包装后，需要托运和送货的应由仓库保管机构移交调运机构；属于客户自提的，则由保管机构按出库凭证向提货人当面交清。

（5）登账

点交后，保管员应在出库单上填写实发数、发货日期等内容并签名，然后将出库单连同有关证件资料及时交给货主，以便货主办理货款结算。

（6）现场和档案的清理

经过出库的一系列工作程序之后，实物、账目和库存档案等都发生了变化。应彻底清理，使保管工作重新趋于账、物、资金相符的状态。

（7）逆向物流管理

仓库的逆向物流主要是由货物的质量不符合要求、错发货、多发货、周转材料的回收等原因造成的。

① 货物的质量不符合要求。当仓库把货物配送到收货人指定地点，收货人在进行质量验收时，发现货物的质量没有达到要求，必然会要求退货，从而形成逆向物流。

② 错发货。当仓库把货物配送到收货人指定地点，收货人在进行验收时，发现所有货物或部分货物的种类与订单上不一致，这种情况下，收货人必然会要求更换错发的货物，从而形成逆向物流。

③ 多发货。当仓库把货物配送到收货人指定地点，收货人在进行验收时，发现货物的数量比订单上的数量多时，会退回多发的货物，从而形成逆向物流。

④ 周转材料的回收。当仓库把货物配送到收货人指定地点，收货人验收合格后，集装箱、托盘及包装材料等能反复使用的周转材料，会退还给仓库，从而形成逆向物流。

仓库在进行配送时应对配送员强调要求收货人当面点清货物，如果收货人在进行验收时发现以上几种情况，可以把货物交给配送员带回仓库。这是仓库处理逆向物流成本最低的方式。

3.4　库存控制

3.4.1　库存控制的概念与内容

1. 库存控制的概念

库存指储存作为今后按预定目的使用而处于闲置或非生产状态的物品。广义的库存还包括处于制造加工状态和运输状态的物品。

库存控制是仓储管理的一个重要组成部分。它是在满足客户服务要求的前提下通过对库存水平进行控制，力求尽可能降低库存水平、提高物流系统的效率，以提高企业的市场竞争力。库存控制的方法有许多，仓库必须根据实际情况，采取最合适的方法。

库存控制指用尽量少的人力、物力、财力等资源，将库存货物控制在保障供应的最合理的数量范围内所进行的有效管理措施。

2. 库存控制的内容

库存控制的内容主要包含以下三个方面：

（1）确定货物的储存数量与储存结构

每种货物的储存的最小数量要满足市场的需要。储存结构就是库存货物的种类分布要合理。

（2）订货批量和订货周期

订货批量指每次订货的数量。订货周期指从向供应商发出订单到货物送到仓库的时间间隔。

（3）库存动态调整

库存货物的种类和数量不会一成不变，应根据市场的需要和供应商的生产情况进行调整，以获得最大的利润。

3.4.2　库存控制的作用

库存控制的作用主要表现在以下三个方面：

（1）平衡供需关系，维持生产稳定

使库存货物的种类及数量满足生产的需要，使生产能够正常进行。

（2）降低库存成本

使库存货物的数量保持在合理的水平，将管理库存货物的费用控制在合理的数额范围内。

（3）规避风险

防止库存货物数量过多，超出了生产或市场需要的上限，导致货物积压甚至过期，从而损坏或失去原有价值，造成企业的经济损失。

3.4.3　库存控制的方法

1．ABC 分类法

ABC 分类法指将库存货物按照设定的分类标准和要求分为特别重要的库存（A 类）、一般重要的库存（B 类）和不重要的库存（C 类）三个等级，然后针对不同等级分别进行控制的管理方法。

ABC 分类法包括分类和管理两个步骤。

（1）分类

通常按库存某种货物资金占库存所有货物资金的比例，以及库存某种货物品种数占库存所有货物品种总数的比例这两个指标来进行分类。具体而言，A 类库存品种数少但资金占用多，即 A 类库存品种数占库存品种总数的 5%～20%，而其占用资金金额占库存资金总额的 60%～80%；C 类库存品种数多，但资金占用少，即 C 类库存品种数占库存品种总数的 60%～70%，而其占用资金金额占库存资金总额的 15%以下；B 类库存介于两者之间，B 类库存品种数占库存品种总数的 20%～30%，而其占用资金金额占库存资金总额的 20%～30%。

（2）管理

在对库存进行 ABC 分类之后，接着便是根据企业的经营策略对不同级别的库存进行不同的管理和控制。

① A 类库存。这类库存货物数量较少，但其耗用的金额较多，是最需要严格管理和控制的库存。企业必须对这类库存定期进行盘点，详细记录及经常检查分析货物使用、存量增减和品质维持等信息，加强进货、发货、运送管理，在满足企业内部需要和客户需要的前提下，维持尽可能少的经常库存量和安全库存量，加强与供应链上下游企业合作来控制库存水平，既要减少库存，又要防止缺货，加快库存周转。对于 A 类库存货物，一般采用

连续库存管理控制系统。

② B 类库存。这类库存属于一般重要的货物，对它的管理强度介于 A 类库存和 C 类库存之间。通常的做法是，将若干货物合并一起订购，一般需要进行正常的例行管理和控制。

③ C 类库存。这类库存货物数量最多，但其耗用的金额较少。对于这类库存，仅需要进行简单的管理和控制。例如，实行大量采购、大量库存，减少该类库存的管理人员和设施，库存检查时间间隔延长等。对于 C 类库存，通常采用双堆库存管理系统。双堆库存管理系统指用两个货垛（或库位）储存货物的库存管理方法，每一个货垛（或库位）储存量可根据经济订货批量决定，当一个货垛（或库位）的货物发完之后，由另一个货垛（或库位）发货，同时补充第一个货垛（或库位），如此反复进行。

某电脑公司库存信息，如表 3-3 所示。

表 3-3　某电脑公司库存信息

品名	显示器	CPU	主板	DVD	内存条	机箱	网卡	键盘	鼠标
数量（个）	15	15	18	15	50	20	40	45	20
单价（元）	2333	1667	1222	933	240	400	175	110	150

试用 ABC 分类法对该电脑公司仓库中的货物进行分类。

运用 ABC 分类法对该电脑公司仓库中的货物进行分类，具体如表 3-4 所示。

表 3-4　某电脑公司库存 ABC 分类表

品名	单价（元）	数量（个）	品类百分比	品类累计百分比	资金占用额（元）	资金占用百分比	资金占用累计百分比	类别
显示器	2333	15	3.5%	3.5%	35 000	26.7%	26.7%	A
CPU	1667	15	3.5%	7%	25 000	19.1%	45.8%	A
主板	1222	18	4.2%	11.2%	22 000	16.8%	62.6%	A
DVD	933	15	3.5%	14.7%	14 000	10.7%	73.3%	A
内存条	240	50	11.5%	26.2%	12 000	9.2%	82.5%	B
机箱	400	20	4.6%	30.8%	8000	6.1%	88.6%	B
网卡	175	40	9.2%	40.0%	7000	5.3%	93.9%	B
键盘	45	110	25.4%	65.4%	5000	3.8%	97.7%	C
鼠标	20	150	34.6%	100%	3000	2.3%	100%	C
合计		433	100%		131 000	100%		

2. 基本经济订货批量模型

企业每次订货的数量多少直接关系到库存水平和库存总成本的大小。因此，企业都希望找到一个合适的订货数量，从而使它的库存总成本最小。基本经济订货批量模型能满足这一要求。

（1）概念

基本经济订货批量模型就是通过平衡采购进货成本和保管仓储成本，确定一个最佳的订货数量来实现最低总库存成本的方法。经济订货批量的原理是要求总费用（库存费用+采购库存）最小。由于库存的费用随着库存量的增加而增加，但采购成本却随着采购批量的加大而减少（采购批量加大，库存也就增加），因此这是一对矛盾体，不能一味地减少库存，也不能一味地增加采购批量。这就要找到一个合理的订货批量，使总成本（库存成本与采购成本之和）最小，基本经济订货批量模型如图 3-50 所示。经济订货批量模型就是对这个合理订货批量的求解。

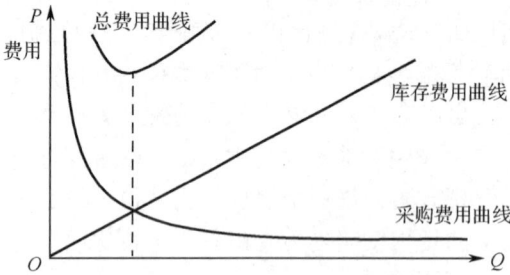

图 3-50　基本经济订货批量模型

（2）假设条件

基本经济订货批量必须满足下列七个假设条件：

① 企业能够及时补充存货，即需要订货时便可立即取得存货；

② 能集中到货，而不是陆续入库；

③ 不允许缺货，即无缺货成本；

④ 需求量稳定，并且能预测，即存货年需求量为已知常量；

⑤ 存货单价不变，不考虑现金折扣，即单价为已知量；

⑥ 企业现金充足，不会因现金短缺影响进货；

⑦ 所需存货市场供应充足，不会因买不到需要的存货而影响其他方面。

（3）模型

以下是该库存模型的计算方法。

基本经济订货批量：

$$Q = \sqrt{\frac{2CD}{H}} = \sqrt{\frac{2CD}{FP}}$$

Q——基本经济订货批量（件）；

C——单位订货费用（元/次）；

D——库存货物的年需求量（件/年）；

H——单位库存保管费（元/件·年）；

F——单位库存保管费与单位货物购买价格的比率（即 H/P）；

P——单位货物购买价格。

例如，某企业每年需用甲材料 250 000 千克，单价 10 元/千克，目前该企业每次订货成本为 400 元，每千克甲材料每年的保管仓储成本为 2 元。

那么，该企业每年的基本经济订货批量 $Q = \sqrt{2 \times 250\,000 \times 400 / 2} = 10\,000$（千克）。

课程思政

仓库管理员为仓库节约增效的方法

仓库管理员在提高仓库管理水平中扮演着重要的角色，为使仓库节约增效，仓库管理员必须使用以下方法：

第一，充分利用现代仓储技术和设备，提高各工作环节的作业效率；

第二，加速企业原料、成品周转，充分发挥库场使用效能，提高仓容利用率；

第三，加强材料、成品在库质量管理，减少保管中的非正常损耗；

第四，采用有效的"先进先出"方式，保证每件被储存货物的储存期不过长；

第五，努力使物流、信息流、资金流保持一致，增强管理的有效性。

同时，必须不断提高仓库管理人员的综合素质：讲诚信、较强的执行力、积极主动、较强的消防安全意识等。进一步降低仓库成本，提高仓库效益。

重要概念

仓库	仓储	仓储管理	仓储设施
库房	货棚	货场	货架
托盘	叉车	堆码	垫垛
苫盖	盘点	库存控制	ABC 分类法
基本经济订货批量模型			

本章小结

☑ 仓储的功能主要包括基本功能、增值功能、社会功能三个方面；比较常用的仓储分类有按仓储对象划分及按仓储活动的运作方式划分这两种；仓储管理的内容包括仓库的选址和建筑问题，仓库设备的选择与配置问题，仓库的业务管理问题等；仓储管理的任务包括积极开展商务活动、合理组织仓储生产、努力提高仓储管理水平三个方面。

☑ 仓储设施由仓库的主体建筑、辅助建筑和辅助设施三个部分组成；仓储设备主要包括货架、托盘两类。

☑ 仓储作业管理包括入库作业管理、库内作业管理、出库作业管理三个环节。

☑ 库存控制的内容包括确定货物的储存数量与储存结构；订货批量和订货周期；库存动态调整。库存控制的作用包括平衡供需关系，维持生产稳定；降低库存成本；规避风险。库存控制的方法包括 ABC 分类法和基本经济订货批量模型。

复习思考题

一、填空题

1. 仓库是（　　）、（　　）货物的建筑物和场所的总称，如库房、货棚、货场等。
2. 仓储是指利用仓库及相关设施设备进行物品的（　　）、（　　）、（　　）的活动。
3. 仓储管理指对仓储及相关作业进行的（　　）、（　　）、（　　）和（　　）过程。

4. 仓储设施指用于仓储的库场建筑物，由仓库的（　　　）、（　　　）和（　　　）三部分组成。

5. 仓储的设备主要包括（　　　）、（　　　）、（　　　）、（　　　）等。

6. 自动装卸搬运设备主要包括（　　　）、（　　　）、（　　　）、（　　　）等。

7. 入库作业管理包括（　　　）、（　　　）、（　　　）三个方面的内容。

8. 库内作业管理包括（　　　）、（　　　）、（　　　）、（　　　）四个方面。

9. 出库程序包括（　　　）、（　　　）、（　　　）、（　　　）、（　　　）、（　　　）和（　　　）等过程。

二、单项选择题

1. （　　　）属于仓储的增值功能。

A. 衔接商品流通功能　　　　　　　　　　B. 信息的传递

C. 集拼功能　　　　　　　　　　　　　　D. 价格调整功能

2. （　　　）不属于仓储管理的任务。

A. 积极开展商务活动　　　　　　　　　　B. 合理组织仓储生产

C. 不断提高仓储管理人员素质　　　　　　D. 努力提高仓储管理水平

3. （　　　）适于储存长货物、环形货物、板材、管材及不规则货物。

A. 层架式货架　　　B. 悬臂式货架　　　C. 重力式货架　　　D. 阁楼式货架

4. （　　　）不属于纸托盘的优点。

A. 免熏蒸　　　　　B. 重量轻　　　　　C. 用料少　　　　　D. 可循环利用

5. （　　　）的货物在入库时需要抽检。

A. 批量大　　　　　　　　　　　　　　　B. 规格复杂

C. 包装不整齐　　　　　　　　　　　　　D. 要求严格质量检验

6. （　　　）适合仰伏相间式堆码。

A. 箱装货物　　　　B. 桶装货物　　　　C. 槽钢　　　　　　D. 捆装货物

7. （　　　）又称永续盘点。

A. 现货盘点　　　　B. 账面盘点　　　　C. 例行盘点　　　　D. 抽盘

8. ABC 分类法中，（　　　）通常采用双堆库存管理系统。

A. A 类货物　　　　B. B 类货物　　　　C. C 类货物　　　　D. 以上都不行

三、判断题

1. 集拼、分类属于仓储的增值功能。（　　　）

2. 库房主要由库房基础、地坪、墙壁、库门、库窗、柱、站台、雨棚等组成。（　　　）

3. 移动式货架储存能力比一般货架大。（　　　）

4. 我国托盘优先推荐使用的尺寸是 1100mm×1100mm。（　　　）

5. 机电设备、仪器仪表、进口货物原则上 100%质量检验。（　　　）

6. 栽柱式堆码适于棒材、管材等长条状货物。（　　　）

7. 出库通知单通常采用三联单：第一联是存根联；第二联由仓库留存；第三联是提单联，用于提货人提货。（　　　）

8. ABC 分类法中的 C 类货物在仓储管理中一般进行正常的例行管理和控制。（　　　）

四、简述

1. 简述仓储的功能。
2. 仓储管理包含哪些内容?
3. 简述移动式货架的特点。
4. 简述入库准备包含的内容。
5. 简述垫垛的基本要求。
6. 简述库存控制的内容。

第4章

运输与配送管理

学习目标

◆ 了解运输、运输方式、运输合理化、配送和配送管理的概念；

◆ 了解配送与运输的关系，以及配送的种类；

◆ 掌握公路运输、铁路运输、水路运输、航空运输和管道运输的技术经济特征；

◆ 掌握组织货物运输的方式和不合理运输的形式，以及运输合理化的影响因素；

◆ 掌握配送的作用和配送管理的内容；

◆ 运用运输合理化的途径解决实际问题。

课程思政

党的十八大以来我国交通运输事业取得巨大成就

党的十八大以来，我国交通运输事业取得了历史性成就、发生了历史性变革，迎来了由交通大国向交通强国的历史性跨越。

我国综合立体交通网加速成型，有力促进了国内国际循环畅通。我国建成了全球最大的高速铁路网、高速公路网、世界级港口群，航空航海通达全球，综合交通网总里程突破600万公里。中国高铁、中国路、中国桥、中国港、中国快递成为靓丽的"中国名片"。铁路、公路共增加里程约110万公里，相当于绕行地球赤道27圈半。高速铁路、高速公路对20万以上人口城市的覆盖率均超过95%。

农村公路网络基本形成。解决了1040个乡镇、10.5万个建制村通硬化路的难题。农村公路的总里程从2011年年底的356.4万公里增加到2021年年底的446.6万公里，十年净增了90多万公里。

"四纵四横"高铁网全面建成，"八纵八横"高铁网加密形成。我国铁路网规模质量大幅提升，到2021年年底，全国铁路营业里程达15万公里，铁路已覆盖81.6%的县。旅客列车开行数量增长了1.4倍，复兴号动车组实现对全国31个省（区、市）的全覆盖。

我国民航运输规模快速增长。航空服务网络覆盖全国92%的地级行政单元、88%的人口、93%的经济总量。京津冀、长三角、粤港澳大湾区和成渝四大世界级机场群建设已初具雏形。目前，每周完成国际货运航班约5000班，通达全球52个国家的123个城市，有力地保障了国家产业链供应链稳定。

我国基本构建了覆盖全国、深入乡村、通达全球的邮政快递网络。快递业务量从 57 亿件增至 1083 亿件，连续 8 年位居世界第一。邮政网络加速下沉，实现了"乡乡设所，村村通邮"。

我国交通运输事业的巨大发展，不仅将"中国制造"及时输送出去，还带动了国内沿线地区的基础建设，实现了"双循环"背景下更深入的商业往来，极大地提升了我国物流的效率，并对降低物流成本发挥了重要的作用。

运输指利用载运工具、设施设备及人力等运力资源，使货物在较大空间上产生位置移动的活动。这里所谓的运力是指由运输设施、路线、设备、工具和人力组成的，具有从事客运、货运活动能力的总称。关于乘客的运输称客运，关于货物的运输称货运，本书中所指的运输专指货运，仅限于运输过程的主要环节，即将货物从一个地点向另一个地点运送的物流活动，而不包括相关的辅助活动，如集货、搬运、装卸等工作。

4.1　运输方式

运输方式是运输业中由于使用不同的运输工具、设备线路，通过不同的组织管理形成的运输形式。运输方式主要包括公路运输、铁路运输、水路运输、航空运输和管道运输五种方式。

4.1.1　公路运输

公路运输是使用公路设备、设施运送客货的一种运输方式。公路运输如图 4-1 所示。

图 4-1　公路运输

1. 公路运输的技术经济特征

① 机动、灵活，可实现"门到门"运输服务。

汽车不仅是其他运输方式的接运工具，还可进行直达运输，不需转运或反复装卸搬运。目前，我国 100%的乡镇和 100%的行政村都已通了公路，为汽车实现"门到门"运输的机动性及灵活性打下了坚实的基础。"门到门"运输服务指运输经营人由发货人的工厂或仓库接收货物，负责将货物送到收货人的工厂或仓库交付的一种运输服务方式。

② 运输速度快。

汽车在各等级公路上的行驶速度如下。高速公路：60～120km/h；一级公路：60～100km/h；二级公路：40～80km/h；三级公路：30～60km/h；四级公路：20～60km/h。其中，高速公路设有最低限速。

汽车在各等级道路上的行驶速度如下。快速路：60～100km/h；主干路：40～60km/h；次干路：30～50km/h；支路：20～40km/h。

小资料

公路与道路的区别

① 范围不同：公路包括路基、路面、桥梁、涵洞、隧道等，是道路的一个分类；道路的范围较大，包括公路、城市道路、乡村道路、厂矿道路、林业道路、考试道路、竞赛道路等。

② 意思不同：公路是按照国家规定的公路工程技术标准修建，并经公路主管部门验收认定的城内、城乡间、乡间能供车辆行驶的公共道路；道路是供各种无轨车辆和行人通行的基础设施。

---

③ 货损货差率降低，安全性高。

公路运输能保证运输质量，及时送达。随着公路网的不断发展和建设，公路的等级也在不断提高，汽车的技术性能不断改善，公路运输的货损货差率不断降低，安全水平不断提高。

④ 原始投资少，资金周转快。

汽车车辆购置费较低，原始投资回收期短。据有关资料表明：公路货运企业每收入 1 美元，仅需投资 0.72 美元，而铁路运输则需投资 2.7 美元。公路运输的资本每年可周转 1～3 次，而铁路运输的资本则需 3～4 年才能周转 1 次。

⑤ 适合中短途运输，不适合长途运输。

公路运输在中短途运输中效果最突出。短途运输通常指运输距离在 50km 以内，中途运输通常指运输距离在 50～200km。汽车运输在担负长途运输中费用过高，这是其主要的缺陷。造成其长途运费高的原因表现在三个方面：其一，耗用燃料多，这也是造成运费高的主要原因；其二，设备磨损大，折旧费高；其三，耗费人力多。

2．公路货运汽车的种类及使用性能指标

（1）公路货运汽车的种类

公路货运汽车包括载货汽车、专用货车、牵引车和挂车等。

图 4-2　厢式货车

① 载货汽车。

根据中华人民共和国公安部发布的行业标准 GA802—2014《机动车类型　术语和定义》中关于"机动车结构术语"的定义，载货汽车中常见的有以下八类。

● 普通货车，载货部位的结构为栏板的载货汽车（包括具有随车起重装置的栏板载货汽车），但不包括具有自动倾卸装置的载货汽车。

● 厢式货车，载货部位的结构为厢体且与驾驶室各自独立的载货汽车。厢式货车如图 4-2 所示。

- 封闭货车，载货部位的结构为封闭厢体且与驾驶室联成一体，车身结构为一厢式或两厢式的载货汽车。封闭货车如图 4-3 所示。
- 罐式货车，载货部位的结构为封闭罐体的载货汽车。罐式货车如图 4-4 所示。

图 4-3　封闭货车

图 4-4　罐式货车

- 平板货车，载货部位的地板为平板结构且无栏板的载货汽车。平板货车如图 4-5 所示。
- 集装箱车，载货部位为框架结构，专门运输集装箱的载货汽车。集装箱车如图 4-6 所示。

图 4-5　平板货车

图 4-6　集装箱车

- 自卸货车，载货部位具有自动倾卸装置的载货汽车。自卸货车如图 4-7 所示。
- 特殊结构货车，载货部位为特殊结构、专门运输特定物品的载货汽车，如混凝土搅拌运输车（见图 4-8）。

图 4-7　自卸货车

图 4-8　混凝土搅拌运输车

② 专用货车。

专用货车指专门用于某种特殊领域的载货汽车，如冷藏货车（见图 4-9）、危险品货车（见图 4-10）。

③ 牵引车。

牵引车指具有牵引装置，用于牵引挂车的商用车辆。牵引车如图 4-11 所示。

④ 挂车。

挂车指设计和制造上需由汽车或拖拉机牵引，才能在道路上正常使用的无动力道路车辆，包括牵引杆挂车、中置轴挂车和半挂车，用于载运货物、专项作业。挂车如图4-12所示。

图4-9　冷藏货车

图4-10　危险品货车

图4-11　牵引车

图4 12　挂车

📖 **小资料**

自动驾驶

2022年8月，科技部发布了《关于支持建设新一代人工智能示范应用场景的通知》，首批支持建设十个示范应用场景，其中包括自动驾驶。

针对自动驾驶从特定道路向常规道路进一步拓展需求，运用车端与路端传感器融合的高准确环境感知与超视距信息共享、车路云一体化的协同决策与控制等关键技术，开展交叉路口、环岛、匝道等复杂行车条件下自动驾驶场景示范应用，推动高速公路无人物流、高级别自动驾驶汽车、智能网联公交车、自主代客泊车等场景发展。

（2）公路货运汽车的使用性能指标

① 动力性。动力性指公路货运汽车在规定条件下能够达到的最高车速、进行加速以及爬坡的能力。

② 燃油经济性。燃油经济性指公路货运汽车以最小的燃油消耗量完成单位运输工作量的能力。

③ 操纵性。操纵性指公路货运汽车对驾驶员转向指令的响应能力，直接影响行车安全。

④ 制动性。制动性指公路货运汽车行驶时能在短时间内停车且维持行驶方向稳定性和在下长坡时能维持一定车速的能力。

⑤ 通过性。通过性指公路货运汽车能以足够高的平均车速通过各种坏路、无路地带和

克服各种障碍的能力。

⑥ 舒适性。舒适性指公路货运汽车在行驶平稳性、噪声控制、空气调节及居住性等方面的内容。

⑦ 行驶安全性。行驶安全性指公路货运汽车在行驶过程中防止发生倾翻、碰撞等交通事故的能力。

⑧ 装卸方便性。装卸方便性指公路货运汽车装卸货物的方便程度。

⑨ 装载能力。装载能力指公路货运汽车能够装载货物的最大重量。通常用额定装载量来表示。

⑩ 环保性。环保性指公路货运汽车排放、汽车噪声和汽车电磁干扰方面的性能。

3. 公路货物运输分类

（1）按货物的营运方式划分

① 整车运输。整车运输指托运人一次托运货物的重量必须在 3 吨（含 3 吨，尺码吨）以上的货物运输。

② 零担运输。零担运输是指托运人一次托运货物的重量不足 3 吨，零担运输一般要求定线路、定班期发运。

③ 联合运输。公路的联合运输指利用公路运输和其他运输方式一起完成货物的运输，常见的方式有公铁联运、公水联运、公航联运等。

④ 集装箱运输。集装箱运输是指将货物集中装入规格化、标准化的集装箱内进行运输，是一种先进的现代化运输方式。

（2）按货物的类别划分

① 普通货物运输。普通货物运输是指对普通货物的运输。普通货物指在运输、保管及装卸过程中没有特殊要求，不必采用专用汽车运输的货物，如煤、砂、粮食及加工品、蔬菜水果、金属矿石等。

② 特种货物运输。特种货物运输是指对特种货物的运输。特种货物指货物的本身性质、体积、质量和价值等方面具有特别之处，在运输、保管或装卸等环节上必须采取特别措施才能保证完好地实现运送的货物，具体包括危险货物、贵重货物、大件货物、易腐货物、冷藏货物、鲜活货物等。

（3）按货物的运送速度划分

① 一般货物运输。一般货物运输指对运输速度没有特别要求的货物的运输形式。

② 快件运输。根据《道路零担货物运输管理办法》的规定，快件货运是指从货物受理的当天 15 时起算，300km 运距内，24h 以内运达；1000km 运距内，48h 以内运达；2000km 运距内，72h 以内运达。一般是由专门从事该项业务的公司和运输公司、航空公司合作，派专人以最快的速度在发件人、货运中转站或机场、收件人之间递送急件。

③ 特快专运。特快专运是指应托运人的要求即托即运，在约定时间内运达。

（4）其他划分方式

① 双班和多班运输。这是按照车辆工作的班次多少来划分的。双班运输是指在一昼夜内车辆工作两个班次的运输形式。多班运输是指在一昼夜内车辆工作两个以上班次的运输形式。采用双班或多班运输的目的是增加车辆的工作时间，从而提高车辆的利用率，降低运输成本。一般情况下，双班运输车辆的利用率比单班运输的利用率高 10%～20%。

② 定时和定点运输。这是分别按照运送货物的时间和地点是否固定来划分的。定时运输指车辆按运行计划中所拟定的行车时刻表进行运输。定点运输指对于固定装货点、固定卸货点,使用固定车队专门完成固定货运任务的运输形式。定点运输适于装卸地点都比较固定、集中的货运任务,也适于装货地点集中而卸货地点分散的固定货运任务。

③ 普通载货汽车运输和拖挂运输。这是根据汽车是否有挂车进行划分的。拖挂运输是利用牵引车和挂车组成的汽车、列车进行运营的一种运输形式,它有定挂运输和甩挂运输两种形式。定挂运输是指牵引车与挂车不分离,一直作为一个整体进行的运输活动。甩挂运输是指载货汽车或牵引车不固定挂车,而是按照一定的运输计划更换挂车运行的形式。甩挂运输有一线两点甩挂,循环甩挂,一线多点、沿途甩挂,多线一点、轮流拖挂等形式。

课程思政

《国家公路网规划》主要内容

《国家公路网规划》共六大部分,分为规划基础、总体要求、规划方案、规划实施、环境影响及对策和保障措施。

一是规划基础,全面梳理国家公路网发展现状、主要问题,分析新形势、新要求。

二是总体要求,明确了规划的指导思想、基本原则和规划目标。到 2035 年,基本建成覆盖广泛、功能完备、集约高效、绿色智能、安全可靠的现代化高质量国家公路网。到本世纪中叶,高水平建成与现代化高质量国家综合立体交通网相匹配、与先进信息网络相融合、与生态文明相协调、与总体国家安全观相统一、与人民美好生活需要相适应的国家公路网,有力支撑全面建成现代化经济体系和社会主义现代化强国。

三是规划方案,从支撑构建新发展格局、推动区域协调发展和新型城镇化、维护国家安全等国家战略实施等方面,对国家公路网布局进行优化和完善。调整后,国家公路网规划总里程约 46.1 万公里。其中,国家高速公路约 16.2 万公里(含远景展望线约 0.8 万公里),普通国道约 29.9 万公里。

四是规划实施,提出未来建设需求及近期实施重点,并提出实施要求。

五是环境影响及对策,主要包括规划实施环境影响分析、影响评价,以及预防和减轻不良环境影响的对策。

六是保障措施,提出保障规划有序实施的措施。

《国家公路网规划》为我国公路网的建设指明了正确的方向。

4.1.2 铁路运输

图 4-13　铁路运输

铁路运输是使用铁路设备、设施运送客货的一种运输方式,如图 4-13 所示。

1.铁路运输的技术经济特征

(1)适应性强

依靠现代科学技术,铁路几乎可以在任何需要的地方修建,可以实现全年、全天候不停止地运输,受地理和气候条件的限制较小。铁路运输具有较强的连续性和可靠性，而且适合长短途各类不同重量和体积货物的双向运输。

（2）运输能力大

铁路是大宗、通用的运输方式，能够承担大量的运输任务。铁路运输能力取决于列车质量和每昼夜线路通过的列车对数。如复线铁路每昼夜通过的列车可达百余对，因而其货物运输能力每年单方向可超过 1 亿吨。

（3）安全程度高

随着铁路广泛采用了电子计算机和自动控制等高新技术，安装了列车自动停车、列车自动控制、设备故障和道口故障报警、灾害防护报警等装置，这有效地防止了列车运行事故的发生。

（4）运送速度较快

常规铁路的列车运行速度一般为每小时 60～80km，少数常规铁路时速可高达 140～160km，高速铁路运行时速可达 210～300km。我国沪宁城际高铁和武广高铁最快时速已达 350km。但速度越快，技术要求也就越高，能耗也越大，经济上不一定划算。

（5）能耗小

铁路运输轮轨之间的摩擦阻力小于汽车车辆和地面之间的摩擦力，铁路机车车辆单位功率所能牵引的质量约比汽车高 10 倍，因此铁路单位运量的能耗也就比汽车运输少得多。

（6）环境污染程度小

工业发达国家在社会及其经济与自然环境之间的平衡受到了严重的破坏，其中运输业在某些方面起到了主要作用。对空气和地表的污染最为明显的是汽车运输、喷气式飞机、超音速飞机等。相比之下，铁路运输对环境和生态平衡的影响程度较小，特别是电气化铁路，这种影响更小。

（7）运输成本较低

在铁路运输成本中，固定资产的折旧费所占比重较大，而且与运输距离长短、运量的大小密切相关。运距越长，运量越大，单位成本越低。一般来说，铁路的单位运输成本比公路运输和航空运输要低得多，有的甚至比内河航运还低。

2．铁路运输的主要技术设施

铁路运输的各种技术设施是组织运输生产的物质基础，可分为固定设备和活动设备。固定设备主要包括线路、车站、通信信号设备、检修设备、给水设备以及电气化铁路的供电设备等。活动设备主要有机车、客车、货车等。

① 线路。线路是列车运行的基础设施，由轨道、路基和桥隧等建筑物构成一个整体的工程结构。

② 机车。机车是牵引和推送车辆运行于铁路线上、本身不能载荷的车辆，主要有蒸汽机车、内燃机车、电力机车。

③ 货车。货车是铁路运输的基本载运工具。传统的货车分为敞车、篷车、平车、罐车和保温车五大类。

④ 车站。车站是办理货物运输业务，编组和解体列车，组织列车始发、到达、交会、通过等作业的基层单位。车站按业务性质可分为客运站、货运站、客货运站、编组站、区段站、中间站等。

3．铁路货物运输分类

① 整车运输。整车运输是指根据被运输物资的数量、形状等，选择合适的车辆，以车厢为单位的运输方法。货车的形式有篷车、敞车、平车、矿石车、散装水泥车等，其规格尺寸和装载量也各不相同。在选用时，必须根据运输货物的具体情况确定货车的类型和吨位。

② 零担运输。零担运输亦可称之为小件货物运输。这种运输办法多在因待运量少而不够一个整车装载量时采用。与整车运输相比，这种运输方法费用较高。

③ 混装运输。混装运输是一种小件运输。一般可以把到达同一地点的若干小件物资分装在一个货车上。不同的物资分装在同一个集装箱中也是一种混装运输。

④ 集装箱运输。集装箱运输指采用集装箱专用列车运输物资。

4.1.3 水路运输

图 4-14 水路运输

水路运输简称水运，是使用船舶在通航水道中进行客货运输的一种运输方式。水路运输如图 4-14 所示。

1．水路运输的技术经济特征

（1）运输能力强

在水路运输中，超巨型油船的载重量达 55 万吨，矿石船的载重量达 35 万吨，集装箱船的载重量达 7 万吨。

（2）运输成本低

水路运输的站场费用极高，这是因为港口建设项目多、费用高，向港口送、取物资都不太方便。水路运输成本之所以能低于其他运输方式，主要是因为其船舶的运载量大、运输里程远、路途运行费用低。

（3）投资省

水路运输利用天然航道，投资省。海上运输航道的开发几乎不需要支付费用。内河虽然有时要一定的开支疏浚河道，但比修筑铁路的费用小得多。

（4）劳动生产率高

水路运输因运载量大，故劳动生产率较高。一艘 20 万吨的油船只需配备 40 名船员，人均运送货物达 5000 吨。在内河运输中，采用顶推分节船队运输，提高了劳动生产率。

（5）航速较低

因为船舶体积较大，水流阻力高，所以航速较低。低速航行所需克服的阻力小，能够节约燃料；反之，如果航速提高，所需克服的阻力则直线上升。

2．船舶的技术指标和船舶的种类

（1）船舶的技术指标

① 船舶的航行性能。船舶为了完成运输任务，经常在风浪、急流等极为危险的环境下航行，因此，要求船舶具有良好的航行性能。航船的航行性能主要包括浮性、稳性、抗沉性、快速性、适航性和操纵性等。

② 船舶的排水量和载重量。排水量是指船舶浮于水面时所排开水的重量。载重量是指

船舶所允许的装载重量。排水量和载重量的计量单位都以吨表示。

③ 船舶的货舱容积和登记吨位。货舱容积是指船舶货舱实际能容纳货物的空间，以立方米或立方英尺表示。登记吨位是指为船舶注册登记而规定的一种根据船舶容积大小而折算出的专门吨位。

④ 船舶的装卸性能。船舶的装卸性能是由船舶的结构、容积和装卸设备所反映的装卸效率指标。船舶装卸效率的高低在很大程度上决定了船舶在港的停泊时间。

（2）船舶的种类

① 客货船。客货船是以载运旅客为主，兼运一定数量货物的船舶，其结构和营运技术特征是多种多样的。客货船如图 4-15 所示。

② 杂货船。杂货船又称普通货船、通用干货船或统货船，主要用于装载一般包装、袋装、箱装和桶装的件杂货物。由于件杂货物的批量较小，杂货船的吨位亦较散货船和油船小，典型的载货量在 1 万～2 万吨，一般为双层甲板。

图 4-15　客货船

这种船航行速度较快，船上配备完善的起卸货设备，船舶构造中有多层甲板把船舱分隔成多层货柜，以适应装载不同货物的需要。杂货船如图 4-16 所示。

③ 散装船。散装船是用以装载无包装的大宗货物的船舶，专用于运送煤炭、矿砂、谷物、化肥、水泥、木材、钢铁等散装货物。目前其数量仅次于油船，特点为：驾驶室和机舱布置在尾部，货舱口宽大；内底板与舷侧与向上倾斜的边板连接，便于货物向货舱中央集中；这种船大都为单甲板，舱内不设支柱，但有的船设有隔板，用以防止在风浪中运载的舱内货物错位移动；有较多的压载水舱用于压载航行。按载运的物资不同，又可分为矿砂船、运煤船、散粮船、散装水泥船、运木船等。散装船如图 4-17 所示。

图 4-16　杂货船

图 4-17　散装船

④ 冷藏船。冷藏船是运送肉、鱼、蔬菜和水果等易腐货物的专用船舶。往往设多层甲板，货舱内通常分隔成若干独立的封闭空间。船上具有大功率的制冷装置，在货舱内设置制冷管或冷风管，以维持冷藏货舱内保持货物所需的适当的温度。按冷藏货物保冷要求，有低温、冷温和常温三种冷藏舱。低温冷藏舱保冷温度在-6℃以下，用以保藏鱼、肉、奶酪品等，舱内货物完全冻结；冷温冷藏舱保冷温度为-5～-1℃，用以保藏冻肉、蛋品、药

品等，舱内货物表面冻结；常温冷藏舱保冷温度为 5～16℃，用以保藏水果、蔬菜、鲜花等。在鱼鲜运输方面，也有在舱内注入 0℃左右的冷海水，将鱼鲜直接浸于其中冷藏。冷藏船一般吨位不大，但航速较高，以尽量减少途中运输时间。此外，还有一种冷藏集装箱船，用于运输要求冷藏的货物兼顾运输集装箱。冷藏船如图 4-18 所示。

图 4-18　冷藏船

⑤ 油船。油船指用来专门装运散装石油（原油及石油产品）类液体货物的船只。目前油船的载重量在 5 万吨以上的已很普遍，大型油船的载重量在 20 万～30 万吨，超大型油船的载重量超过 50 万吨，航速为 15～17 节。油船如图 4-19 所示。

⑥ 液化气船。液化气船是专门用来装运液化了的天然气体和液化了的石油气体的船舶。专门装运液化天然气的船称为液化天然气船；专门装运石油气的船称为液化石油气船。江南造船厂建造的全压式液化气船如图 4-20 所示。

图 4-19　油船

图 4-20　全压式液化气船

⑦ 滚装船。滚装船是利用车辆上下装卸货物的多用途船舶，最初亦称滚上滚下船。它将装有集装箱等大件物资的挂车和装有物资的带轮的托盘作为货运单位，由牵引车或叉车直接进出货舱进行装卸。滚装船本身无须装卸设备，一般在船侧或船的首、尾有开口斜坡连接码头，装卸货物时，或者是汽车，或者是集装箱（装在拖车上的）直接开进或开出船舱。滚装船的优点是不依赖码头上的装卸设备，装卸速度快，可加速船舶周转。滚装船如图 4-21 所示。

⑧ 载驳船。载驳船指专门载运货驳的船舶，又称母子船。其运输方式与集装箱运输方

式相似，因为货驳亦可视为能够浮于水面的集装箱。其运输过程是将货物先装载于统一规格的方形货驳（子船）上，再将货驳装到载驳船（母船）上，载驳船将货驳运抵目的港后将货驳卸至水面，再由拖船分送到各自的目的地。载驳船的特点是不受港口水深限制，不需要占用码头泊位，装卸货物均在锚地进行，装卸效率高，便于海河联运。但由于造价高，货驳的集散组织复杂，其发展也受到了限制。载驳船如图 4-22所示。

图 4-21　滚装船

图 4-22　载驳船

⑨ 集装箱船。集装箱船指专门载运集装箱的船舶。其全部或大部分船舱用来装载集装箱，往往在甲板或舱盖上也可堆放集装箱。集装箱船的货舱口宽而长，货舱的尺寸按载箱的要求规格化。装卸效率高，大大地缩短了停港时间。为获得更好的经济性，其航速一般高于其他载货船舶，可达 30 节以上。集装箱船如图 4-23 所示。

⑩ 内河货船。内河货船本身带有动力，并有货舱可供装货，具有使用方便、调动灵活的优点。但其载重量小、成本高，一般多作为内河定期经营船舶使用。内河货船如图 4-24所示。

图 4-23　集装箱船

图 4-24　内河货船

3．港口的技术经济特征

港口指位于江河、湖泊和海洋沿岸，具有船舶进出、停泊、靠泊，旅客上下，货物装卸、驳运、储存等功能，还是具有相应设备的由一定范围的水域和陆域组成的场所和基地。

（1）港口的分类

① 按港口位置划分。

● 海湾港。海湾港位于海湾内，常有岬角或岛屿等天然屏障作为保护，不需要或只需要较少的人工防护即可防御风浪的侵袭。例如大连港、青岛港等，海湾港如图 4-25所示。

- 河口港。河口港位于入海河流河口段的港口，如上海港、广州港等，河口港如图 4-26 所示。

图 4-25　海湾港

图 4-26　河口港

- 河港。河港是位于沿河两岸并且具有河流水文特性的港口，如南京港、武汉港等，河港如图 4-27 所示。

② 按使用目的划分。

- 存储港。存储港一般地处水陆连接的枢纽，同时又是工商业中心，港口设施完备，便于进出口货物和转口货物的存储、转运。

- 转运港。转运港位于水陆交通衔接处。一方面将陆路货物转由海路运出，另一方面将海运货物疏散，转由陆路运入。转运港本身对货物的需求不多，主要经办转运业务。

- 经过港。经过港地处航道要塞，为往来船舶必经之地，途经船舶如有必要，可作短暂停留，以便补充给养。

③ 按国家政策划分。

- 国内港。国内港指经营国内贸易，专供本国船舶出入的港口，外国船舶除特殊情况外，不得随意出入。

- 国际港。国际港又称开放港，是指进行国际贸易，依照条约或法则开放的港口，任何航行于国际航线的外籍船舶，经办理手续，均准许进出港口，但必须接受当地航政机关和海关的监督。

- 自由港。自由港所有进出港的货物，允许其在港内储存、装配、加工、整理、制造，再转运到他国，均免征关税。只有在转入内地时才收取一定的关税。我国香港地区的自由港如图 4-28 所示。

图 4-27　河港

图 4-28　自由港

（2）现代化港口的条件

港口的生产效率由港口的通过能力来衡量。港口的通过能力是指在一定的时期内港口能够装船、卸船的物品数量，也就是港口的吞吐量。

📖 **小资料**

智能港口

2022 年 8 月，科技部发布了《关于支持建设新一代人工智能示范应用场景的通知》，首批支持建设十个示范应用场景，其中包括智能港口。

针对港口大型码头泊位、岸桥管理以及堆场、配载调度等关键业务环节，运用智能化码头机械、数字孪生集成生产时空管控系统等关键技术，开展船舶自动配载、自动作业路径及泊位计划优化、水平运输车辆及新型轨道交通设备的协同调度、智能堆场选位等场景应用，形成覆盖码头运作、运行监测与设备健康管理的智能化解决方案，打造世界一流水平的超大型智能港口。

---

① 拥有大量的泊位。港口的泊位数取决于港口码头的建设，码头岸线的长度决定了能够停泊船舶的数量。为了适应运量不断发展，防止堵塞现象的发生，要求港口具有大量的泊位数和较长的码头岸线。

② 具有深水航道和深水港区。为了高效率地接纳大型船舶，新建或扩建的现代化港口或港区都建有深水港区。目前，油船泊位已超过 50 万吨级，矿石船泊位达 35 万吨级，集装箱泊位已达 10 万吨级。

③ 具有高效率的专业化装卸设备。港口的装卸设备包括岸上起重机、水上起重机、堆码机械和拖车、抓斗等。集装箱装卸桥作业效率可达 60～70 箱/小时；新型连续式卸粮机可达 100 吨/小时以上；煤炭专业化泊位使用抓斗卸船机最高效率为 4200 吨/小时；输送机输送效率则高达 10 000 吨/小时。

④ 具有畅通的集疏运设施。港口的集疏运设施包含仓储设施、交通设施等。仓储设施包括仓库、货场、货棚、储煤场、储油库等。交通设施则包括陆上交通的铁路与公路，水上交通的驳船、海船等。

⑤ 其他设施。包括供船舶安全通行的航道，防止港外风浪海流袭击的防波堤，安全与助航设备，如灯塔与浮标、海岸电台等。

📖 **课程思政**

全球首个江海铁多式联运全自动化码头投入运行

广州港南沙港区四期全自动化码头地处珠江口，位于联结珠江水系内河网络与深水海港的连接区域，2022 年 7 月 28 日正式投入运行。这是粤港澳大湾区首个全新建造的自动化码头，是江海铁多式联运的自动化码头，建有 4 个 10 万吨级海轮泊位及配套集装箱驳船泊位。码头设计年通过能力 490 万标箱，其中江河运输作业量约 190 万标箱。广州港南沙港区四期全自动化码头如图 4-29 所示。

图 4-29　广州港南沙港区四期全自动化码头

广州港南沙港区四期全自动化码头集北斗导航、5G 通信、人工智能、无人驾驶等技术于一体，从自动化设备硬件到信息化系统，采用全新一代自动化集装箱码头技术路线，取得了 60 多项专利，其中发明专利 31 项，不仅实现了多项"全球首次"，还创下多项"国内首次"纪录。比如，指挥广州港南沙港区四期全自动化码头运作的"超级大脑"是全球首创，完全拥有自主知识产权，而且其最智能的自动化码头信息系统，可为集装箱装卸、堆存、转运、进出闸口等多种作业场景调度最优资源、规划最优路径，从决策端到执行端保障了广州港南沙港区四期全自动化码头的安全性和高效性。

4．水路货物运输分类

（1）国际航运

国际航运的经营方式主要有班轮运输和租船运输两大类。

① 班轮运输。班轮运输又称定期船运输，是指船舶在固定的航线和港口间按事先规定的船期和公布的费率进行的运输。班轮运输具有"四定"的特点，即固定航线、固定港口、固定船期和相对固定的费率。

② 租船运输。租船运输又称不定期运输，是指船舶所有人把船租给租船人，租船人向船东支付租金，完成特定的海上货物运输的业务。租船运输以承运价值较低的大宗货物为主，如粮食、矿砂、煤炭、石油等，而且整船装运。据统计，国际海上货物运输总量中，租船运输量约占五分之四。

国际上使用的租船运输方式主要有三种：

第一种，定程租船。定程租船又称航次租船，是以航程为基础的租船方式。在定程租船方式下，船方必须按租船合同规定的船程完成货运任务，并负责船舶的经营管理及支付航行费用，还须按约定支付租金。

第二种，定期租船。定期租船指由船舶所有人将船舶租给租船人使用一定时期的租船方式。双方约定，在规定的租期内由租船人自行调度与经营管理船舶，租金按月、按每载重吨若干金额计算。

第三种，光船租船。光船租船是定期租船的一种方式，但船主不提供船员，由于船主不放心把光船给租船人，因此此种方式较少使用。

（2）航线营运方式

航线营运方式也称航线形式，即在固定的港口之间，为完成一定的运输任务，配备一定数量的船舶并按一定的程序组织船舶运行活动。在国内的沿海和内河运输中，航线营运方式是主要的运营形式。它定期发送货物，有利于吸收和组织货源，缩短船舶在港时间，提高运输效率并为联运创造条件。

（3）航次运营方式

航次运营方式是指船舶的运行没有固定的出发港和目的港，船舶仅为完成某一特定的运输任务按照预先安排的航次计划运行。其特点是机动灵活，在沿海和内河运输中是一种辅助的也是不可缺少的形式。

（4）客货船运营方式

客货船运营方式是一种客运和货运同船运输的方式。其运营特点是需要定期、定时发船。

（5）多式联运方式

多式联运方式指按照多式联运合同，以至少两种不同的运输方式，由多式联运经营人将货物从一国境内的接管地点运至另一国境内指定交付地点的货物运输方式。

4.1.4　航空运输

航空运输指使用飞机、直升机及其他航空器运送货物的一种运输方式，航空运输如图 4-30 所示。

1. 航空运输的技术经济特征

（1）航空运输的高科技特性

航空运输的主要工具是飞机。当今世界上的波音民用系列飞机可以说是世界先进科学技术及工艺水平的结晶。此外，如通信导航、气象、航空管制、机场建设等无不涉及高科技领域。

（2）航空运输的高速度

图 4-30　航空运输

与其他运输方式相比，高速度是航空运输的显著特征。航空运输的高速度特征在物流业中具有无可替代的价值。现代喷气运输机时速一般在 900km 左右，是火车的 3～4 倍，是海轮的 20～25 倍。

（3）航空运输的灵活性

航空运输不受地形、地貌、山川、河流的局限，只要有机场，有航空设施保证，即可开辟航线。对于自然灾害的紧急救援、各种运输方式的物流都不可到达的地方均可采用飞机空投方式，以满足特殊条件下特殊物流的要求。

（4）航空运输的安全性

航空运输具有平稳、安全的特征，货物在运行中受到的震动、撞击等均小于其他运输方式。尤其当飞机在 10 000m 以上的高空飞行时，将不受低空气流的影响，更能体现出航空运输的安全性。

（5）航空运输的国际性

严格说起来，任何运输方式都具有国际性，都可以在国家间完成运输任务。这里所要体现的国际性是指国家（地区）间的交往航空运输的特殊地位。国际航空运输的飞行标准、航空器适航标准、运输组织管理、航空管制、机场标准等都有国际上统一的规范和章程，否则从一个国家飞到另一个国家，运输就无法组织。

（6）航空运输建设周期短

航空运输建设主要包括飞机、机场和其他辅助保障设施。一般来说，修建机场比修建铁路周期短，投资回报快。

（7）航空运输在物流中占的比重小

航空运输与其他运输方式相比，运输量相对较少。一方面受其运量少的限制，另一方面因其运输成本高，一般的货物运输使用航空运输在经济上不划算。

2. 航空运输的技术经济指标

航空运输把航班的实际载运量与最大载运量之比称为航班载运率，它的计算公式为：

$$航班载运率 = （实际载运量/最大载运量）\times 100\%$$

或者为：

$$航班载运率 = （总周转量/最大周转量）\times 100\%$$

3. 航空港与航空线

图 4-31　北京大兴国际机场

航空港又称机场，是航空线的枢纽，航空港供执行客货运业务和保养维修飞机、起飞、降落使用。航空港按照设备情况可分为基本航空港和中途航空港。前者配备有为货运及其所属机群服务的各种设备，后者是专供飞机作短时间逗留、上下旅客及装卸货物之用。航空港按其下垫面的性质又可分为陆上航空港和水上航空港。前者比较普遍，而后者仅供水上飞机使用。北京大兴国际机场如图 4-31 所示。

航空线是指在一定方向上沿着规定的地球表面飞行，连接两个或几个城市进行运输业务的航空交通线。航班飞行一般分为班期飞行、加班飞行及包机或专机飞行。

航空线按其性质和作用可分为国际航线、国内航空干线和国内地方航线等三种。

① 国际航线。主要根据国家和地区政治、经济和友好往来，通过建立双方的民航协定建立。国际航线是由两个或两个以上的国家共同开通，主要承担国际旅客、邮件、货物的运送。

② 国内航空干线。国内航空干线的布局首先要为国家的政治、经济服务，其次是根据各种运输方式的合理分工，承担长途和边远地区的货物运转任务。

③ 国内地方航线。国内地方航线一般是为省内政治、经济联系服务，主要在一些省区面积大而区内交通不发达的地区和边疆地区。

4.1.5　管道运输

管道运输是借助管道输送气体、液体、固体的运输技术，管道运输如图 4-32 所示。

1．管道运输的特点

（1）运量大

管道能够进行不间断的输送，输送连续性强，运输量大。根据其管径的大小不同，每年的运输量可以达到数百万吨至几千万吨，甚至上亿吨。

（2）占用土地少

管道埋于地下的部分，占管道的 95% 以上。除泵站、首末站占用一些土地外，其他

图 4-32　管道运输

主要部分占用土地少，分别为公路的 3% 左右，铁路的 10% 左右。

（3）高度机械化

管道输送主要依靠每 60～70km 设置的增压站提供压力，设备运行比较简单且易于就地自动化和进行集中遥控。先进的管道增压站已完全做到无人值守。由于节能和高度自动化，人工较少，使运输费用大大降低。

（4）有利于环境保护

管道运输不产生噪声，货物漏失污染少。

（5）局限性

管道运输的灵活性比较差，只适于长期定向、定点输送；输送货物的种类有限，只适合液体、气体及部分固体的输送。

2．管道货物运输分类

管道以所输送的介质命名，如输送原油，称之为原油管道，此外还有成品油管道、天然气管道、煤浆管道等。

（1）原油管道

被开采出来的原油经油气分离、脱水、脱沉淀物和稳定后进入管道。用管道输送时，根据所输送原油的物性及输送要求，采用不同的输送工艺。

原油管道输送工艺可分为加热输送和不加热输送两种。稀质的原油（如中东原油）采用不加热输送，而我国的原油属于易凝高黏原油，须采用加热输送。

（2）成品油管道

成品油管道是输送经炼油厂加工提炼出来、可直接供使用的燃料油，如汽油、煤油、航空煤油、柴油以及液化石油气等。通过炼制加工生产的最轻质到重质的燃料油等，都是成品油管道输送的介质。

成品油管道是等温输送，没有沿途加热的问题。成品油管道的特点在于有众多不同的油品，如煤油、汽油、柴油、航空煤油以及各种不同标号的同类油品，要按顺序输送并要求严格区分，以保证油品质量。由于成品油管道是多来源、多品种顺序输送，其管理的复

杂程度远超过原油管道。成品油管道连通多个炼油厂，所生产的油品可进入同一管道，同时直接向沿线的各大城市及乡镇供应成品油。

（3）天然气管道

天然气管道是将天然气从开采地或处理厂输送到城市配气中心或企业用户的管道。天然气管道与煤气管道的区别在于，煤气管道是用煤作原料转化为气体，运输压力比较小，而天然气则由气田中的气井生产并有较高的压力，可以利用气井的压力长距离输送。早期天然气管道的输送完全是依靠天然气气井的压力，现代天然气管道输送由于输送距离和输送量增加，普遍设增压站，设有利用天然气作燃料的燃气机或燃气轮机，以及驱动各种与动力相配套的压缩机。

（4）煤浆管道

煤浆管道是固体料浆管道的一种，它将固体破碎成粉粒状，然后与适量的液体混合配制成浆液，经管道增压进行长距离输送。固体料浆管道除用于输送煤浆外，还用于输送赤铁矿、铝矾土和石灰石等。

4.2 运输合理化

运输合理化指从物流系统的总体目标出发，运用系统理论和系统工程的原理和方法，选择合理的运输路线和运输工具，组织运输活动，以最少的劳动消耗获得最大的经济效益。

4.2.1 不合理运输的形式

物流不合理运输是相较合理运输而言的。不合理运输指在现有条件下可以达到的运输水平而未达到，从而造成运力浪费、运输时间增加、运输费用超支等问题的运输形式。不合理运输一般有以下 8 种形式。

1．返程或起程空驶

空车无货载行驶，可以说是不合理运输的最严重形式。在实际运输组织中，有时必须调运空车，从管理上不能将其看成不合理运输。但是，因调运不当、货源计划不周、不采用运输社会化而形成的空驶是不合理运输的表现。造成空驶的不合理运输主要有以下 3 种原因：

① 由于工作失误或计划制订不周，造成货源不实，车辆空去空回，导致双程空驶；

② 可以利用社会化的运输系统而不利用，却使用自有车辆进行运输，往往导致单程空驶的不合理运输；

③ 由于车辆过分专用，无法搭运回程货，造成单程空驶。

2．对流运输

对流运输又称相向运输、交错运输，指同一种货物，或彼此间可以互相代用而又不影响管理、技术及效益的货物，在同一线路上或平行线路上做相对方向的运送，而与对方运程的全部或一部分发生重叠交错的运输。已经制定了合理流向图的产品，一般必须按合理流向的方向运输，如果与合理流向图指定的方向相反，也属对流运输。对流运输又分两种情况：一是明显的对流运输，即在同一运输线上对流，如一方面把甲地的货物运往乙地，而另一方面又把乙地的同样货物运往甲地，产生这种情况大都是货主对上述地区市场不熟悉造成的；二是隐蔽性的对流运输，即同种货物采用不同的运输方式在平行的两条路线上朝着相反的方向运输。此外，还有不同时间的对流运输，从发生运输的时间看，并无出现对流，这可能导致错误的判断。

3. 倒流运输

倒流运输指货物从销地或中转地向产地或起运地回流的一种运输方式。其不合理程度要甚于对流运输，原因在于，往返两程的运输都是不必要的，造成了双程的浪费。倒流运输也可以看成隐蔽对流的一种特殊形式。倒流运输主要有两种形式：一是同一货物由销地运回产地或转运地；二是由乙地将甲地能够生产且已消费的同种货物运往甲地，而甲地的同种货物又运往丙地。

4. 迂回运输

迂回运输指不经过最短线路绕道而行、舍近求远的一种不合理的运输方式。迂回运输有一定复杂性，不能简单处之，只有当计划不周、地理不熟、组织不当而发生的迂回，才属于不合理运输。如果最短距离有交通阻塞、道路情况不好或有对噪声、排气等特殊限制而不能使用时发生的迂回，则不能称不合理运输。

5. 重复运输

重复运输指某种货物本来可以从起运地一次直运到达目的地，但由于批发商或仓库设置不当，或计划制订不周导致人为地运到中途地点（例如中转仓库）卸下后，又二次装运的不合理现象。重复运输主要有两种形式：一是可以直接将货物运到目的地，但是在未达目的地之处，或目的地之外的其他场所将货卸下，再重复装运送达目的地，增加了一道中间装卸环节，增加了装卸搬运费用，延长了货物在途时间；二是同品种货物在同一地点一面运进，同时又向外运出。重复运输的最大问题是，增加了非必要的中间环节，这就延缓了流通速度，增加了费用，加大了货损。

6. 过远运输

过远运输指调运货物舍近求远，近处有货源不调而从远处调，这就造成可采取近程运输而未采取，拉长了货物运距的浪费现象。过远运输占用运力时间长、运输工具周转慢、货物占压资金时间长，远距离自然条件相差大，易出现货损，增加了费用支出。

过远运输与迂回运输的区别：过远运输是因为货物供应地舍近求远的选择延长了运输距离；而迂回运输则是因为运输线路的错误选择延长了运输距离。

7. 运力选择不当

选择运输方式时，未能运用其优势，常见的有以下三种情况：

① 弃水走陆。在同时可以利用水运及陆运时，不利用成本较低的水运或水陆联运，而选择成本较高的铁路运输或公路运输，使水运优势不能发挥。

② 铁路运输、水路运输的过近运输。不在铁路运输及水路运输的经济运行里程内，却利用这些运输方式进行运输。这种做法的主要不合理之处在于，铁路运输及水路运输起运及到达目的地的准备、装卸时间长且机动灵活性不足，在过近距离中利用铁路运输发挥不了运速快的优势，而水路运输发挥不了成本低的优势。同时，由于装卸时间长，反而会延长运

输时间。另外，和小型运输设备比较，铁路运输及水路运输装卸难度大、费用也较高。

③ 运输工具承载能力选择不当。不根据承运货物数量及重量选择，而盲目地决定运输工具，造成过分超载、损坏运输工具、运输工具未满载、浪费运力的现象。尤其是"大马拉小车"的现象发生较多。

8．托运方式选择不当

托运方式选择不当是指对于货主而言，可以选择更好的托运方式而未选择，造成运力浪费及费用支出加大的一种不合理运输方式。例如，可以选择整车运输却选择了零担托运，应当选择直达运输却选择了中转运输，应当选择中转运输却选择了直达运输等。

以上各种不合理的运输形式都是在特定条件下表现出来的，进行判断时必须注意其不合理的前提条件，否则就容易出现判断失误的情况。在实践中，必须将其放在物流系统中做综合判断，否则，很可能出现"效益背反"现象。单从一种情况来看，避免了不合理，做到了合理，但这种合理可能使其他部分不合理。只有从物流系统整体的角度综合地进行判断，才能有效避免"效益背反"现象，从而避免不合理运输。

4.2.2　运输合理化的影响因素

影响运输合理化的因素很多，起决定性作用的主要有运输距离、运输环节、运输工具、运输时间、运输成本五个因素，称作合理运输的"五要素"。

1．运输距离

运输距离的长短是运输是否合理的一个最基本的因素。运输过程中，运输时间、运输费用、运输货损、车辆周转等若干技术经济指标都与运输距离有一定的关系。因此，在组织货物运输时，运输距离是必须重点考虑的因素之一，以尽可能实现运输距离优化。

2．运输环节

组织货物运输时，需要进行装卸、搬运、加工等作业，每增加一个作业环节，运输成本就会增加。因此，尽量减少运输环节，尤其是同类运输工具的运输环节，不仅可以节省运输时间，还可以降低运输成本，促进合理运输。

3．运输工具

每种运输工具都有其优点，要根据不同货物的特点、数量、运输目的地，利用不同运输工具的特点，对运输工具进行优化选择，合理选择运输工具并最大限度地发挥运输工具的优势。

4．运输时间

物流过程中运输是花费较多时间的环节，尤其是远程运输，因此，不断缩短运输时间对运输合理化起着重要的作用。此外，缩短运输时间还有利于加速运输工具的周转，充分发挥运力效能，提高运输线路通过能力。

5．运输成本

运输成本在物流成本中占的比重很大，也是衡量物流经济效益的重要指标之一。因此，运输成本的高低在很大程度上决定着物流成本控制的好坏，也决定着物流系统的整体竞争能力。同时，运输成本是判断运输合理化措施是否有效的依据之一。

运输距离、运输环节、运输工具、运输时间、运输成本五个因素相互作用、相互制约，在制定运输合理化措施时要综合考虑，追求整体的最佳效益。其中运输时间、运输成本这两个因素是关键，其集中体现了物流过程中的经济效益。

4.2.3 运输合理化的途径

运输合理化是一个系统分析过程，通常采用定量与定性相结合的方法，对运输的各个环节和总体进行分析研究。

运输合理化的途径主要包括以下 13 种：

1．合理选择运输方式

每种运输方式都有各自的使用范围和不同的技术经济特征，选择时应进行比较和综合分析。不仅要考虑运输成本的高低和运输速度的快慢，还要考虑货物的性质、数量、体积，运输距离的长短，市场需要的缓急及风险程度。

2．合理选择运输工具

根据不同货物的性质、数量选择不同类型、额定吨位及对温度、湿度等有要求的适宜的运输工具。

3．正确选择运输线路

运输线路的选择，一般应尽量安排直达、快速运输，尽可能缩短运输时间，也可安排沿路和循环运输，以提高运输工具的实载率及里程利用率，从而达到节约运输成本的目的。

4．提高货物包装质量

应合理地选择包装材料和包装方法，以提高包装质量。另外，运输线路较短的货物，可以采取特殊放置方法（如熨好的衣服应垂挂）。货物包装质量的改进，对减少货物损失，降低运输成本具有明显的效果。

5．提高运输工具实载率

实载率有两层含义：一是单车实际载重与运距之乘积和核定载重与行驶里程之乘积的比率，这是在安排单车、单船运输时，判断装载合理与否的重要指标；二是车船的统计指标，即一定时期内车船实际完成的物品周转量（以吨/千米计）占车船载重吨位与行驶千米之乘积的百分比。在计算车船行驶的千米数时，不但包括载货行驶路程，而且包括空驶行程。提高实载率的意义在于，充分利用运输工具的额定能力，减少运输工具空驶和不满载行驶的时间，减少资源浪费，从而求得运输的合理化。

6．减少运力投入，提升运输能力

减少运力投入，提升运输能力的要点是少投入、多产出，走高效益之路。配送运输的投入主要是能耗和载运工具的初始投资，在现有的运输能力基础上，大力发展节能型车辆、使用低成本能源可以在一定程度上降低单位运输成本，达到配送运输合理化的目的。

7．开展中短距离铁路公路分流

在公路运输经济里程范围内，应利用公路运输，这种运输合理化的表现主要有两点：一是对于比较紧张的铁路运输，用公路分流后，可以得到一定程度的缓解，从而提升这一区段的运输通过能力；二是充分利用公路运输可以"门到门"和运输速度快且灵活机动的

优势，实现铁路运输难以达到的水平。

8．尽量发展直达运输

直达运输指在组织货物运输过程中，越过交通中转与物流节点环节，把货物从产地或起运地直接运到销地或客户，以减少中间环节。直达运输的优势在一次运输批量和客户一次需求量达到运输工具满载时表现最为突出。另外，在生产资料、生活资料中，通过直达运输，建立稳定的产销关系和运输系统，有利于提高运输的计划水平。近年来，直达运输的比重逐步增加，为减少中间环节创造了条件。需要说明的是，直达运输的合理性也是需要一定的条件的，批量大到一定的程度，直达是合理的；批量比较小时，中转是合理的。货物到达火车站、港口、长途汽车站时，先在火车站、港口、长途汽车站对物资进行分拣并处理，然后再向客户进行配送，这样就减少了货物回到仓库并在仓库的停留时间及其相应的成本。

9．开展配载运输

配载运输指充分利用运输工具载重量和容积，合理安排装载的货物及载运方法以求得合理化的一种运输方式。配载运输往往是轻重货物的合理搭配，在以重货物运输为主的情况下，同时搭载一些轻泡货物，在基本不增加运力的情况下，解决了轻泡货物的搭运问题，效果明显。

10．使用"四就"直拨运输

"四就"直拨指"就厂直拨，就车站、码头直拨，就仓库直拨，就车船过载直拨"等，简称为直拨。具体指在流通过程中组织货物调运时，对当地生产或外地到达的货物，不运进仓库等物流节点，而是采取直拨的办法，把货物直接分拨给零售店或客户，从而减少一道中间环节。

① 就厂直拨。物流部门从制造商处采购货物，在经制造商验收后，不经过中间仓库和不必要的转运环节，直接调拨给销售部门或直接送到车站、码头等运往目的地的方式。

② 就车站、码头直拨。物流部门对从外地送到车站或码头的货物，在交通运输部门容许占用货位的时间内，经交接并验收后，直接分拨或配送给各销售部门或客户。

③ 就仓库直拨。直接从仓库拨给销售部门或客户。

④ 就车船过载直拨。对外地用车、船运入的货物，经交接验收后，不在车站或码头停放，不进库保管，就火车直装汽车，就船直装火车或汽车，就大船过驳小船，应用直拨的措施，把货物直接分拨给基层批发、零售等部门。这种方式可以减少一道中间环节，在时间与成本等方面收到双重的经济效益。

在实际工作中，物流部门可以依据不同的情形，采用合适的直拨运输方式。

11．发展特殊运输技术和运输工具

依靠科技进步是运输合理化的重要途径。例如：专用罐车采用解决了粉状物、液状物运输损耗大、安全性差等问题，大型半挂车采用解决了大型设备整体运输问题，滚装船解决了车载货的运输问题等。

12．进行必要的流通加工

有不少货物由于本身形态及特性问题，很难实现运输的合理化，如果针对货物本身的特性进行适当的加工，就能够有效解决合理运输的问题。例如，将造纸用的木材在产地先加工成纸浆，后压缩体积再进行运输。

13．发展社会化的运输体系

运输社会化指发展运输的大生产优势，实行专业分工，打破物流企业自成运输体系的状况。单个物流企业车辆往往自我服务，不能形成规模且运量需求有限，难于自我调剂，因而经常出现运力空缺、不能满载等不合理的运输现象，而且配套的接、发货设施、装卸搬运设施也很难有效地运行，所以浪费颇大。实行运输社会化，可以统一安排运输工具，避免空驶、倒流、迂回、运力选择不当等多种不合理的运输形式。这样不但可以追求组织效益，而且可以追求规模效益。

课程思政

2021 年我国运输结构优化调整深入推进

① 多式联运示范工程深入实施，完成集装箱多式联运量 620 万标准箱，开通联运线路 450 条。完成港口集装箱铁水联运量 751 万标准箱。

② 加快新能源和清洁能源运输装备应用，铁路电气化率提升至近 73%，绿色货运配送示范城市累计新增城市物流配送新能源车 8.6 万余辆，新能源城市公交车比例超过 66%，实施绿色出行续航工程，新建充电桩 9824 个，大力推进长江经济带、渤海湾船舶使用岸电。

③ 建设 16 个"绿色货运配送示范城市"，加快推广应用标准化物流周转箱，推进快递物流包装绿色转型。

④ 推进 109 个城市开展绿色出行创建行动。

⑤ 深入打好污染防治攻坚战，完成京津冀及周边地区、汾渭平原国三及以下排放标准营运柴油货车淘汰任务；联合多部门建立健全长江经济带船舶和港口污染防治长效机制，船舶水污染物联合监管与服务信息系统已覆盖长江经济带内河码头，基本覆盖到港中国籍营运船舶。

我国运输结构优化调整深入推进有利于加快我国构建安全、便捷、高效、绿色、经济的现代化综合交通体系，更好地服务构建新发展格局，为实现碳达峰、碳中和目标作出贡献。

4.3 配送概述

4.3.1 配送的含义

配送一词属外来语，源于日本，是日本专家在 20 世纪 50 年代对美国进行访问后提出的新名词。我国转学于日本，直接用了配送这一名词。

配送指根据客户要求，对货物进行分类、拣选、集货、包装、组配等作业，并按时送达指定地点的物流活动。

依据以上概念，配送的内涵可概括为以下 3 个方面：

（1）配送提供的是物流服务

配送是从客户利益出发、按客户要求进行的一种活动，因此，在观念上必须明确"客户第一""质量第一"。本内涵可引申出以下内容：

① 由于在买方市场条件下，客户的需求是灵活多变的，消费特点是多品种、小批量的，因此从这个意义上说，配送活动绝不仅仅是简单的送货活动，而应该是建立在市场营销策划基础上的企业经营活动。

② 现有的买方市场条件下，单一的送货功能无法较好地满足广大客户对物流服务的需求，因此配送活动是多项物流活动的统一体。

（2）配送是"配"与"送"的有机结合

所谓"合理地配"，是指在送货活动之前必须依据客户需求对其进行合理的组织与计划。只有"有组织、有计划"地"配"，才能实现现代物流管理中所谓的"低成本、快速度"的"送"，进而有效满足客户的需求。

（3）配送是在一定区域范围内进行的经济合理的送货服务

所谓经济合理，是指既要满足客户的需要，又要有利于实现配送的经济效益。远距离的物品配送批量小、批次多、规模经济性较差、运力浪费严重。因此，配送不宜在大范围内实施，通常仅局限在一个城市或地区范围内进行。

4.3.2　配送与运输的关系

1．配送和运输都是线路活动

物流活动根据物品是否产生位置移动可分为两大类，即线路活动和节点活动，产生位置移动的物流活动称为线路活动，否则为节点活动。节点活动是在一个组织内部的场所中进行，不以创造空间效用为目的，主要是创造时间效用或形质效用。如在工厂、仓库、物流中心或配送中心内进行的装卸、搬运、包装、储存、流通加工等，都是节点活动。

运输活动必须通过运输工具在运输路线上的移动才能实现物品的位置移动，它是一种线路活动。配送以送为主，属运输范畴，也是线路活动。

2．配送与运输的互补关系

运输和配送虽同属线路活动，但由于功能上的差异使它们并不能互相替代，而是形成了相互依存、互为补充的关系。物流系统创造货物空间效用的功能是，要使生产企业制造出来的产品最后到达消费者手中，否则产品生产者的目的就无法达到。从运输、配送的概念以及它们的区别可以看出，仅有运输或仅有配送是不可能达到上述要求的。因为根据运输的规模原理和距离原理，大批量、远距离的运输才是合理的，但它不能满足分散消费的要求。配送虽具有小批量、多批次的特点，但不适合远距离输送。因此两者必须互相配合，取长补短，才能达到理想的目标。一般来说，在运输和配送同时存在的物流系统中，运输活动处在配送活动的前面，先通过干线和支线运输实现货物长距离的位置转移，然后由配送来完成短距离的输送。

3．配送与运输的区别

由于线路运输的性质和服务对象的不同，配送与运输存在着诸多不同，具体如表4-1所示。

表4-1　配送与运输的区别

内容	配送	运输
运输性质	支线运输、末端运输	干线运输

续表

内容	配送	运输
管理重点	服务优先	效率优先
货物性质	多品种、小批量	少品种、大批量
运输工具	小型货车	大型货车、火车等
附属功能	物流的多功能	装卸、捆包

4.3.3　配送的作用

1．优化和完善运输系统

干线运输强调长距离、少品种、大批量，从而实现了运输的规模原理、距离原理，进而实现运输的效率化，降低运输成本。由于末端客户的需求大都是发生在短距离范围内的，而且多数是多品种、小批量的，因此原始的运输方式不能有效地解决客户需求，只有支线运输方式既能承接干线运输的效率化，又能满足客户的需求。配送作为现代物流理念与技术的代表，是一种合理的支线运输。其小批量运输频率高、服务性强，比干线运输有更好的灵活性和适应性，并可通过其他物流环节的配合，实现定制化服务，更好地满足客户要求。因此，配送与运输结合，把干线运输与支线运输统一起来，实现了运输系统的优化与完善。

2．降低物流成本，提高物流效率

降低物流成本，提高物流效率具体表现在以下两个方面：

（1）提高末端物流的经济效益

采取配送方式，通过配货和集中送货，或者与其他企业协商实施共同配送，可以节约物流成本，提高物流系统末端的经济效益。

（2）实现低库存或零库存

配送通过集中库存，在同样的满足水平上，可使系统总库存水平降低，既降低了储存成本，又节约了运力和其他物流费用。尤其是采用准时制配送方式后，生产者可以依靠配送中心准时送货而无须保持自己的库存，或者只须保持少量的保险储备，这就可以实现生产者的"零库存"或"低库存"，减少资金占用，改善企业的财务状况。

3．更好地满足客户需求

更好地满足客户需求具体表现在以下两个方面：

（1）简化手续，方便客户

由于配送可提供全方位的物流服务，采用配送方式后，客户只需向配送供应商进行一次委托就可以得到全过程、多功能的物流服务，从而简化了委托手续和工作量，也节省了开支。

（2）提高保证供应程度

采用配送方式，配送中心比任何单独供货企业都有更强的物流能力，可使客户降低缺货风险。配送中心的储备量大，因而对每个企业而言，中断供应、影响生产的风险便相对降低，使客户免去短缺之忧。

📖 **课程思政**

丰巢联合清华大学发布无人配送机器人

2022年5月18日，丰巢联合清华大学电子工程系合作发布无人配送机器人，双方在无人配送合作上进行了深入探索，共同推动了全方位、多层次的产学研深度融合。

丰巢一直致力于智慧物流领域新形态的探索，此前丰巢联合顺丰推出无人配送车，旨在大幅提升快递行业的派送效率。此次丰巢与清华大学电子工程系合作发布的配送机器人打通了物流配送全流程，实现快递包裹从柜到车、从车到人"最后一公里"的精准配送，提升物流运转效率，未来将会在更多场景中应用。

此次丰巢和清华大学电子工程系联合打造的无人配送机器人，采用激光雷达、摄像头等多传感器融合方案，搭载环境感知能力和自动导航算法，根据环境进行自定位导航，具有低速自动驾驶的通行能力，能够打通楼宇、电梯等环节，满足室内外等不同场景的配送需求，并且实现机器人与柜机的无缝衔接。

用户收到取件通知后，可预约机器人按指定地址配送，机器人接收到任务指示，前往丰巢柜领取货物，实现无接触配送上门，大幅提高末端物流派送效率。

4.3.4　配送管理的内容

配送管理指为了以最低的配送成本达到客户所满意的服务水平，对配送活动进行的计划、组织、指挥、协调与控制。

配送管理的内容包括配送模式管理、配送作业管理、对配送系统各要素的管理、对配送活动中具体职能的管理、配送中心管理五个方面的内容。

1．配送模式管理

配送模式指企业对配送所采取的基本战略和方法。具体包括 5W1H 的内容：What、Why、Who、Where、When、How。企业选择何种配送模式，主要取决于以下几方面的因素：配送对企业的重要性、企业的配送能力、市场规模与地理范围、保证的服务及配送成本等。根据国内外的发展经验及我国的配送理论与实践，目前主要形成了以下几种配送模式：自营配送模式、共同配送模式、共用配送模式和第三方配送模式。

2．配送作业管理

不同产品的配送可能各有独特之处，但配送的一般流程大体相同。配送作业流程的管理就是对这个流程中的各项活动进行计划和组织。

3．对配送系统各要素的管理

从系统的角度看，对配送系统各要素的管理主要包含以下内容：

（1）对人的管理

人是配送系统和配送活动中最活跃的因素。对人的管理包括对配送从业人员的选拔和录用，对配送专业人员的培训与提高，对配送人员的教育等。

（2）对物的管理

对物的管理指对物质材料进行管理。物质材料的种类繁多，物质材料的物理、化学性能更是千差万别。对物的管理贯穿着配送活动的始终，也渗透在配送活动的流程中。

（3）对财的管理

对财的管理主要指配送管理中有关降低配送成本、提高经济效益等方面的内容，它是配送管理的出发点，也是配送管理的归宿。主要内容有配送成本的计算与控制、配送经济效益指标体系的建立、资金的筹措与运用、提高经济效益的方法。

（4）设备管理

设备管理指对配送设备有关的各项内容进行管理。主要管理内容有：各种设备的选型与优化配置、各种设备的合理使用和更新改造、各种设备的研发与引进等。

（5）方法管理

方法管理的主要内容有：各种配送技术的研究和推广普及、配送科学研究工作的组织与开展、现代管理方法的应用等。

（6）信息管理

信息是配送系统的神经中枢，只有将物流信息进行有效的处理并将其及时传输，才能对系统内部的各要素进行科学正确的管理。

4．对配送活动中具体职能的管理

配送活动从职能上划分，主要包括配送计划管理、配送质量管理、配送技术管理及配送经济管理。

（1）配送计划管理

配送计划管理指在系统目标的约束下，对配送过程中的每一个环节都要进行科学的计划管理，是对配送系统内各种计划的编制、执行、修正及监督的全过程。配送计划管理是物流管理工作中最重要的职能。

（2）配送质量管理

配送质量管理主要包括配送服务质量、配送工作质量、配送工程质量等的管理。配送质量的提高意味着配送管理水平的提高，同时也意味着企业竞争能力的提高。可以说，配送质量管理是配送管理工作的中心问题。

（3）配送技术管理

配送技术管理包括配送硬技术和配送软技术的管理。对配送硬技术的管理，是对配送基础设施和配送设备的管理。例如，对配送设施的规划、建设、维修与运用；配送设备的购置、安装、使用、维修和更新；如何提高设备的利用效率；对日常工具的管理等。对配送软技术的管理，主要是对各种专业技术的开发、推广和引进；配送作业流程的制定；对技术情报和技术文件的处理，配送技术人员的培训等。配送技术管理是配送管理工作的依托。

（4）配送经济管理

配送经济管理是对配送费用的计算和控制，配送劳务的确定和管理，配送活动的经济核算、分析等。配送经济管理的核心是对成本费用的管理。

5．配送中心管理

配送中心是专门从事配送活动的场所，其管理应从管理一个企业或者部门的角度出发，对其中涉及的各项工作进行妥善的安排。

重要概念

运输　　　运输方式　　　运输合理化　　　配送　　　配送管理

本章小结

☑ 运输方式主要包括公路运输、铁路运输、水路运输、航空运输和管道运输五种。

☑ 要防止返程或起程空驶、对流运输、倒流运输、迂回运输、重复运输、过远运输、运力选择不当、托运方式选择不当、不合理运输方式的出现；运输合理化受运输距离、运输环节、运输工具、运输时间、运输成本等因素的影响；运输合理化的途径包括合理选择运输方式，合理选择运输工具，正确选择运输线路，提高货物包装质量，提高运输工具实载率，减少运力投入、提升运输能力，开展中短距离铁路公路分流，尽量发展直达运输，开展配载运输，使用"四就"直拨运输，发展特殊运输技术和运输工具，进行必要的流通加工，发展社会化的运输体系。

☑ 配送的作用包括优化和完善运输系统；降低物流成本，提高物流效率；更好地满足客户需求。配送管理的内容包括配送模式管理、配送作业管理、对配送系统各要素的管理、对配送活动中具体职能的管理、配送中心管理。

复习思考题

一、填空题

1. 运输方式是运输业中由于使用不同的（　　）、（　　），通过不同的组织管理形成的运输形式。

2. 水路货物运输的方式包括（　　）、（　　）、（　　）、（　　）、（　　）五种。

3. 管道运输的方式包括（　　）、（　　）、（　　）、（　　）。

4. 运输合理化指从物流系统的总体目标出发,运用系统理论和系统工程的原理和方法,选择合理的运输路线和运输工具，组织运输活动，以最少的（　　）获得最大的（　　）。

5. 影响物流运输合理化的因素很多,起决定作用的有（　　）、（　　）、（　　）、（　　）、（　　）五个方面,称作合理运输的"五要素"。

6. 配送指根据客户要求，对货物进行（　　）、（　　）、（　　）、（　　）、（　　）等作业，然后按时送达指定地点的物流活动。

7. 配送管理是指为了以最低的配送成本达到客户所满意的服务水平，对配送活动进行的（　　）、（　　）、（　　）、（　　）与（　　）。

8. 从职能上划分，配送活动主要包括（　　）、（　　）、（　　）、（　　）。

二、单项选择题

1. （　　）可实现门到门运输。

A. 公路运输　　　　B. 铁路运输　　　　C. 水路运输　　　　D. 航空运输

2. （　　）在以下四种运输方式中安全性最高。

A. 公路运输　　　　B. 铁路运输　　　　C. 水路运输　　　　D. 航空运输

3. （　　）在以下四种运输方式中成本最低。

A. 公路运输　　　　B. 铁路运输　　　　C. 水路运输　　　　D. 航空运输

4. （　　）指某种货物本来可以从起运地一次直运到目的地，但由于批发机构或商业仓库设置不当，或计划不周导致人为地运到中途地点（例如中转仓库）卸下后，又二次装运的不合理现象。

A. 迂回运输　　　　B. 重复运输　　　　C. 过远运输　　　　D. 运力选择不当

5. （　　）指不经过最短线路绕道而行、舍近求远的一种不合理运输形式。

A. 迂回运输　　　　B. 重复运输　　　　C. 过远运输　　　　D. 运力选择不当

6. （　　）是运输是否合理的一个最基本的因素。

A. 运输距离的长短　　　　　　　　B. 运输环节的多少

C. 运输时间的长短　　　　　　　　D. 运输成本的高低

7. （　　）不属于配送的特点。

A. 支线运输　　　　　　　　　　　B. 效率优先

C. 多品种、小批量　　　　　　　　D. 小型货车

8. （　　）不属于配送模式管理中 5W1H 的内容。

A. What　　　　B. Where　　　　C. When　　　　D. Which

三、判断题

1. 铁路运输的能耗较大。（　　）

2. 上海港是自由港。（　　）

3. 管道运输不产生噪声，货物漏失污染少，不受气候影响，可以长期安全、稳定运行。（　　）

4. 迂回运输就是过远运输。（　　）

5. 减少运输环节，尤其是同类运输工具的运输环节，不仅可以节省运输时间，还可以降低运输成本，对合理运输有一定的促进作用。（　　）

6. 配送一般使用小型货车。（　　）

7. 配送是在一定区域范围内进行的经济合理的送货。（　　）

8. 成本费用的管理是配送经济管理的核心。（　　）

四、简述

1. 简述铁路运输的技术经济特征。

2. 简述管道运输的特点。

3. 简述不合理运输的形式。

4. 简述合理运输的方法。

5. 简述配送的内涵。

6. 简述配送管理的内容。

第 5 章

装卸搬运

学习目标

◆ 了解装卸、搬运、装卸搬运的概念和特点；

◆ 了解装卸搬运机械、起重机械、输送机械、搬运车辆的概念，以及装卸搬运作业的概念、原则；

◆ 掌握装卸搬运的方法；

◆ 掌握各种装卸搬运机械的特点和适用范围，以及装卸搬运作业的合理化；

◆ 能够在实践中运用物流的功能要素。

课程思政

全球首台套"智能船用装卸臂"圆满完成首船接卸

2022 年 7 月 6 日，中远海运集团所属连云港流体装卸设备有限公司（以下简称连云港流体公司）独立研发制造的全球首台套"智能船用装卸臂"，在中国海油集团化学公司所属海南八所港第二装卸区圆满完成首船接卸作业，标志着我国在流体装卸设备制造领域迈入世界领先行列。

海南八所港"智能船用装卸臂"项目，是中远海运集团连云港流体公司与中海油八所公司共同合作的码头流体装卸升级改造项目。连云港流体公司深耕流体装卸设备领域 30 年，已率先取得国内第一台 LNG 陆用流体装卸臂、16 寸大口径 LNG 船用装卸臂、20 寸大口径船用装卸臂的研发突破，并全部实现国产化首次应用。

如今，流体公司顺应智慧港口建设趋势，率先研制出被认定为国际领先水平的智能化"中国大臂"，是全球首例应用"智能船用装卸臂"，填补了装卸臂智能制造的行业空白，真正实现了智能自动对接和码头现场无人化作业。产品能够进行远程状态监测与故障处理，可以实现远程技术支持、线上维修管理以及设备运行数据查询等功能，极大地消除了码头油轮靠岸装卸液体化学产品带来的安全隐患。产品可应用于各类港口装卸环境，满足智能码头、智慧港口的现场多功能作业需求，达到安全生产和环境保护的高标准要求。

"智能船用装卸臂"先后获得全国质量创新大赛奖、全国机械工业科技进步奖、江苏省科学技术奖、江苏省机械工业科技进步一等奖等荣誉称号，拥有核心发明专利 6 项。同时，该产品已通过江苏省工信厅新产品成果鉴定，荣获"国际领先"产品称号。

5.1　装卸搬运的特点与方法

装卸指物品在指定地点以人力或机械载入或卸出运输工具的作业过程。搬运指在同一场所内，对物品进行空间移动的作业过程。一般而言，装卸指垂直方向的作业，搬运指水平方向的作业，而装卸搬运指在同一地域范围内进行的，以改变货物的存放状态和空间位置为主要内容和目的的活动。

5.1.1　装卸搬运的特点

装卸搬运活动在整个物流过程中占有很重要的位置。一方面，物流过程各环节之间的衔接是依赖装卸搬运活动把它们有机地结合起来，从而使货物能在各环节之间形成"物流"；另一方面，各种不同的运输方式之所以能联合运输，也是由于装卸搬运才使其形成。而在生产领域，装卸搬运作业已成为生产过程中不可缺少的组成部分，成为直接生产的保障系统。

装卸搬运的特点主要表现在以下 4 个方面：

1．均衡性与波动性

装卸搬运的均衡性主要是针对生产领域而言的，因为生产过程的基本要求是保证生产的均衡。因此，作为生产过程的装卸搬运必须与生产过程的节奏一致。而装卸搬运的波动性主要是针对流通领域而言的，因为流通领域的装卸搬运是随车、船的到发和货物的出入库而进行的，因此，其作业常常是突击的、间歇的。对波动作业的适应能力是物流装卸搬运服务的特点之一。

2．稳定性与多变性

装卸搬运的稳定性主要是指生产领域的装卸搬运作业。因为生产领域的装卸搬运作业对象是稳定的，或略有变化的，但也有一定的规律，所以生产领域的装卸搬运具有稳定性。而装卸搬运的多变性主要指流通领域的装卸搬运作业。因为流通领域的装卸搬运作业的对象是随机的，货物的品种、形状、尺寸、重量、体积、包装、性质等千差万别，输送工具类型又各不相同，这就决定了装卸搬运作业的多变性。

3．局部性与社会性

装卸搬运的局部性主要是针对生产领域而言的，因为生产领域的装卸搬运作业的设备、设施、工艺、管理方式、作业标准等涉及的面一般限于企业内部，所以具有局部性。而装卸搬运的社会性主要是针对流通领域而言的，因为流通领域的装卸搬运作业涉及的面和因素是整个社会的，如装卸搬运的收货、发货、车站、港口、货主、收货人等都在变动。所以，所有装卸作业点的设备、设施、工艺、管理方式、作业标准都必须相互协调，才能发挥其整体效益。

4．单纯性与复杂性

装卸搬运的单纯性主要指在生产领域中的装卸搬运大多数只是单纯改变货物的存放状

态或空间位置，作业比较单纯。而装卸搬运的复杂性主要指在流通领域中的装卸搬运是与运输、储存紧密衔接的，为了安全和输送的经济性原则，基本上都要进行堆码、加固、计量、取样、检验、分拣等比较复杂的作业。所以，对复杂作业的适应能力也是装卸搬运的特点之一。

5.1.2 装卸搬运的方法

1. 根据装卸搬运作业的场所分类

根据装卸搬运作业的场所进行分类，装卸搬运可分为车船装卸搬运、港站装卸搬运、库场装卸搬运三类。

（1）车船装卸搬运

车船装卸搬运指在载运工具之间进行的装卸、换装和搬运作业，主要包括汽车在铁路货场和站台旁的装卸搬运，铁路车辆在货场及站台的装卸搬运，装卸搬运时进行的加固作业，以及清扫车辆、揭盖篷布、移动车辆、检斤计量等辅助作业。

（2）港站装卸搬运

港站装卸搬运指在港口码头、车站、机场进行的各种装卸搬运作业，主要包括码头前沿与后方之间的搬运、港站堆场的堆码、拆垛、分拣、理货、配货、中转作业等。

（3）库场装卸搬运

库场装卸搬运指在货主的仓库或储运公司的仓库、堆场、货物集散点、物流中心等处进行的装卸搬运作业。库场装卸搬运经常伴随货物的出库、入库和维护保养活动，其操作内容多以堆垛、上架、取货为主。

在实际运作过程中，以上三类作业往往是相互衔接、难以割裂的。例如码头前沿的船舶装卸作业与港口、船舶都有联系，而这两者分别对应着港站装卸搬运和车船装卸搬运，作业的内容和方式都十分复杂，在具体组织实施的过程中，必须科学组织，认真对待。

2. 根据装卸搬运作业的内容分类

根据装卸搬运作业的内容进行分类，装卸搬运可分为堆放拆垛、分拣配货和挪动移位（即狭义的装卸搬运）三类。

（1）堆放拆垛

堆放（或装上、装入）作业指把货物移动或举升到装运设备或固定设备的指定位置，再按所要求的状态放置的作业；而拆垛（卸下、卸出）作业则是其逆向作业。例如用叉车进行叉上叉下作业，将货物托起并放置到指定位置场所，如卡车车厢、集装箱内、货架或地面上等；又如利用各种形式吊车进行吊上吊下作业，将货物从轮船货仓、火车车厢、卡车车厢吊出或吊进。

（2）分拣配货

分拣是在堆垛作业前后或配送作业之前把货物按品种、出入先后、货流进行分类，再放到指定地点的作业。而配货则是把货物从所在的位置按品种、下一步作业种类、发货对象进行分类的作业。一般情况下，配货作业多以人工进行，但是由于多品种、小批量的物流形态日益发展，对配货速度要求越来越高，以自动分拣设备、物流机器人为代表的智能化、智慧化作业应用越来越普遍。

（3）挪动移位

挪动移位即狭义的装卸搬运，包括水平、垂直、斜行搬送，以及几种组合的搬送。在水平搬运方式中，广泛应用辊道输送机、链条输送机、悬挂式输送机、皮带输送机以及手推车、无人搬运车等设备。从作业方式来进行分类，有连续式和间歇式。对于粉状和液态货物，也可以用管道进行输送。

3. 根据装卸搬运的作业的性质分类

根据装卸搬运的作业的性质进行分类，装卸搬运可分为吊上吊下方式、叉上叉下方式、滚上滚下方式、移上移下方式及散装散卸方式五类。

（1）吊上吊下方式

吊上吊下方式是采用各种起重机械从货物上部起吊，依靠起吊装置的垂直移动实现装卸，并在吊车运行的范围内或回转的范围内实现搬运或依靠搬运车辆实现小搬运。由于吊起及放下属于垂直运动，这种装卸方式属于垂直装卸方式。

（2）叉上叉下方式

叉上叉下方式是采用叉车从货物底部托起货物，并依靠叉车的运动进行货物位移，搬运完全靠叉车本身，货物可不经中途落地直接放置到目的处。这种方式垂直运动不大而主要是水平运动，属水平装卸方式。

（3）滚上滚下方式

滚上滚下方式指在港口对船舶货物进行水平装卸搬运的一种作业方式。在装货港，用拖车将半挂车或平车拖上船舶，完成装货作业。待载货车辆（包括汽车）连同货物一起由船舶运到目的港后，再用拖车将半挂车或平车拖下船舶，完成卸货作业。

（4）移上移下方式

移上移下方式指在两车之间（如火车及汽车）进行靠接，然后利用各种方式，不使货物垂直运动，而靠水平移动从一辆车上转移到另一辆车上的一种装卸搬运方式。这种方式需要使两辆车水平靠接，因此，须对站台或车辆货台进行改变，并配合移动工具实现这种装卸。

（5）散装散卸方式

散装散卸方式指对散装货物不加包装地直接进行装卸搬运的作业方式。在采用散装散卸方式时，货物在从起始点到终止点的整个过程中不再落地，它是将货物的装卸与搬运作业连为一体的作业方式。

4. 根据装卸搬运的作业的特点分类

根据装卸搬运的作业的特点进行分类，装卸搬运可分为连续装卸搬运与间歇装卸搬运两种方式。

（1）连续装卸搬运

连续装卸搬运指采用皮带输送机等连续作业机械，对大批量的同种散装货物或小型件杂货进行不间断输送的作业方式。在采用连续装卸搬运时，作业过程中间不停顿，散货之间无间隔，小型件杂货之间的间隔也基本一致。连续装卸搬运适于装卸量较大、装卸对象固定、货物对象不易形成大包装的情况。

（2）间歇装卸搬运

间歇装卸搬运指作业过程包括重程和空程两个部分的作业方式。间歇装卸搬运有较强的机动性，装卸地点可在较大范围内变动，广泛适于批量不大的各类货物，对于大件或包装货物尤其适合，如果配以抓斗或集装袋等辅助工具，也可以对散装货物进行装卸搬运。

5. 根据装卸搬运的对象分类

根据装卸搬运的对象进行分类，装卸搬运可分为单件装卸搬运、单元装卸搬运、散装装卸搬运三类。

（1）单件装卸搬运

单件装卸搬运指对非集装的、按件计的货物逐个进行装卸搬运的作业方法。单件作业对机械、装备、装卸条件要求不高，因而机动性较强，可以在很广泛的地域内进行而不受固定设施、设备的地域局限。

单件装卸搬运可采取人力装卸搬运、半机械化装卸搬运、机械装卸搬运、智能装卸搬运及智慧装卸搬运。由于逐件处理装卸速度慢且装卸要逐件接触货物，因而容易出现货损，反复作业次数较多，也容易出现货差。

单件装卸搬运的对象主要是包装杂货，多种类、少批量货物及单件大型、笨重货物。

（2）单元装卸搬运

单元装卸搬运指用托盘、容器或包装物将小件或散装货物集成一定质量或体积的组合件，利用机械对组合件进行装卸的作业方式。

单元装卸搬运一次装卸搬运量大，装卸搬运速度快且在装卸搬运时并不逐个接触货物，而仅对单元装卸的包装进行作业，因而货损较小，货差也小。

单元装卸搬运由于集装单元较大，不能进行人力手工装卸搬运，虽然在不得已时，可用简单机械偶尔解决一次装卸搬运，但对大量集装单元而言，只能采用机械进行装卸搬运。同时也必须在有条件的场所进行这种作业，不但受装卸机具的限制，也受集装单元存放条件的限制，因而其机动性较差。

（3）散装装卸搬运

散装装卸搬运指对大批量粉状、粒状货物进行无包装的散装、散卸的装卸搬运方法。散装装卸搬运可连续进行，也可采取间断的装卸搬运方式。但是，都需采用机械化、智能化甚至智慧化设施、设备。在特定情况下，且批量不大时，也可采用人力装卸搬运，但是会有很大的劳动强度。

6. 根据被装货物的主要运动方式分类

根据被装货物的主要运动方式进行分类，装卸搬运可分为垂直装卸搬运和水平装卸搬运两类。

（1）垂直装卸搬运

垂直装卸搬运指采取提升和降落的方式进行装卸搬运，这种装卸搬运需要消耗较大的能量。垂直装卸搬运是采用比较多的一种装卸形式，所用的机具通用性较强，应用领域较广，如起重机、叉车等。

（2）水平装卸搬运

水平装卸搬运指采取平移的方式对货物进行装卸搬运。这种装卸搬运方式不改变货物的势能，因此比较节能，但是需要有专门的设施，例如，能和汽车水平接靠的适高站台、汽车与火车之间的平移工具等。

5.2 装卸搬运机械

装卸搬运机械主要指用来搬移、升降、装卸和短距离输送物料或货物的机械设备，是实现装卸搬运机械化、自动化、智能化与智慧化的物质技术基础，也是实现装卸搬运合理化、效率化、省力化的重要手段。它不仅用于完成船舶与车辆货物的装卸，而且要完成库场货物的堆码、拆垛、运输，以及舱内、车内、库内货物的起重输送和搬运，具有适应性强、工作能力强、安全性要求高、工作忙闲不均等工作特点。

5.2.1 起重机械

起重机械指以间歇工作方式对货物进行起升、下降或升降与运移的机械设备。

起重机械分为轻小型起重机、桥式起重机、臂架类起重机、堆垛类起重机和升降机五类。

1. 轻小型起重机

轻小型起重机采用独特的设计理念，多为单一的升降运动机构，也可以作水平运输。与传统起重机相比，吊钩至墙面的极限距离最小，净空高度最低，主要特征包括起吊能力小、结构简单、尺寸小、造价低、携带较为方便。轻小型起重机主要包括千斤顶、手扳葫芦、手拉葫芦、电动葫芦等。

① 千斤顶。千斤顶指用刚性顶举件作为工作装置，通过顶部托座或底部托爪的小行程内顶开重物的轻小起重设备。千斤顶结构轻巧坚固、灵活可靠，一人即可携带和操作。主要用于厂矿、交通运输等部门作为车辆修理及其他起重、支撑等工作。千斤顶如图 5-1 所示。

② 手扳葫芦。手扳葫芦通过人力手动扳动手柄借助杠杆原理获得与负载相匹配的直线牵引力，轮换地作用于机芯内负载的一个钳体，带动负载运行。可以进行提升、牵引、下降、校准等作业。手扳葫芦具有结构紧凑、重量轻、外形尺寸小、携带方便省力、安全可靠、使用寿命长、手扳力小、对钢丝绳磨损小等优点。广泛地应用于造船、电力、运输、建筑、矿山、邮电等行业的设备安装，货物起吊、机件牵拉等。手扳葫芦如图 5-2 所示。

图 5-1　千斤顶

图 5-2　手扳葫芦

③ 手拉葫芦。手拉葫芦又叫神仙葫芦、链条葫芦、倒链、斤不落、手动葫芦，是一种使用简单、携带方便的手动起重机械。手拉葫芦具有安全可靠、维护简便、机械效率高、手链拉力小、自重较轻、便于携带、外形美观、尺寸较小、经久耐用等特点。适于工厂、矿山、建筑工地、码头、船坞、仓库等用作安装机器、起吊货物，尤其对于露天和无电源作业，更能显示出其优越性。手拉葫芦如图 5-3 所示。

④ 电动葫芦。电动葫芦是一种特种起重设备，安装在天车、龙门吊之上。电动葫芦具有体积小、自重轻、操作简单、使用方便等特点。适于工矿企业、仓储、码头等场所。电动葫芦如图 5-4 所示。

图 5-3　手拉葫芦

图 5-4　电动葫芦

2. 桥式起重机

桥式起重机是横架于车间、仓库及露天堆场的上方，用来吊运各种货物的机械设备。桥式起重机主要包括悬挂桥式起重机、通用桥式起重机、龙门起重机、装卸桥、缆索起重机、桅杆起重机等。

① 悬挂桥式起重机。悬挂桥式起重机指大车轮沿着工字钢下翼缘运行的起重设备。悬挂桥式起重机如图 5-5 所示。

② 通用桥式起重机。通用桥式起重机指普通用途的桥式起重机，主要包括吊钩桥式起重机、抓斗桥式起重机、电磁桥式起重机、两用桥式起重机、三用桥式起重机等。通用桥式起重机如图 5-6 所示。

图 5-5　悬挂桥式起重机

图 5-6　通用桥式起重机

③ 龙门起重机。龙门起重机指水平桥架设置在两条支腿上构成门架形状的桥架型起重机，由一个门形金属架构、起升机构、大车运行机构、小车运行机构组成。龙门起重机在地面轨道上运行，具有场地利用率高、作业范围大等特点。主要用在露天贮料场、船坞、电站、港口和铁路货站等地进行搬运和安装作业。龙门起重机如图 5-7 所示。

图 5-7　龙门起重机

④ 装卸桥。装卸桥指起到桥梁作用的装置，属于现代工业装卸货平台上的新型辅助登车设备。物流领域常见其应用于包括车站、飞机场、港口码头等。装卸桥如图 5-8 所示。

⑤ 缆索起重机。缆索起重机指以柔性钢索作为大跨距架空承载构件，供悬吊重物的载重小车在承载索上往返运行，具有垂直运输和水平运输的功能。缆索起重机适于在较大空间范围内对货物进行装卸和短途运输等作业。缆索起重机如图 5-9 所示。

图 5-8　装卸桥

图 5-9　缆索起重机

⑥ 桅杆起重机。桅杆起重机一般用木材或钢材制作，是最简单的起重设备。桅杆起重机具有制作简单、装拆方便、起重量大、受施工场地限制小的特点。多用于构件较重、吊装工程量比较集中、施工场地狭窄等情况。桅杆起重机如图 5-10 所示。

3．臂架类起重机

臂架类起重机指取物装置悬挂在臂架上或沿臂架运行的小车上的起重机，包括门座起重机、流动起重机、固定旋转臂式起重机、甲板起重机、浮式起重机等。

① 门座起重机。门座起重机大多沿地面或建筑物上的起重机轨道运行，进行起重装卸作业。门座呈"门"字形的起重机称半门座起重机，其运行轨道的一侧设在地面上，另一侧设在高于地面的建筑物上。门座起重机适于港口、露天货场，用抓斗或吊钩装卸船台、浮船坞和舾装现场，进行船体拼接、设备舾装等吊装工作，用吊钩作为吊具；水电站进行大坝浇灌、设备和预制件吊装等，一般也用吊钩作为吊具。门座起重机如图 5-11 所示。

图 5-10　桅杆起重机

图 5-11　门座起重机

② 流动起重机。流动起重机指可以移动的起重机。主要有履带式起重机、轮胎起重机、全地面起重机、随车起重机等。流动起重机使用范围广，机动性好，可以方便地转移场地，但对道路、场地要求高，台班费较高。适于单件重量大的大中型设备、构件的吊装，作业周期短等情况。履带式起重机如图 5-12 所示，轮胎起重机如图 5-13 所示。

图 5-12　履带式起重机

图 5-13　轮胎起重机

③ 固定旋转臂式起重机。固定旋转臂式起重机指固定在基础上或支承在基座上只能原地工作的起重机，分为固定塔式起重机、甲板起重机、悬臂起重机三类。其可以进行岸与船之间的装卸作业，工作效率高，作业稳定性好，运转灵活，是内河湖泊理想的装卸设备；

特别适用于港口的大批量的装卸搬运作业，可选择配置吊钩或抓斗。采用吊钩或抓斗进行工作，可全工作幅度带载装卸，如钢材、木材等；当采用多肢专用吊钩时，可一次吊多件货物；当配电磁吸盘时，可吊废钢。固定旋转臂式起重机如图 5-14 所示。

图 5-14　固定旋转臂式起重机

④ 甲板起重机。甲板起重机又称船用起重机或甲板克令吊，指吊臂及其起升、变幅、旋转机构和操纵室等集中安装在一个塔架里，而该塔架可绕其基座 360°旋转的一种船舶起重设备。甲板起重机有电动和液压驱动两种动力源类型。其具有结构紧凑、操纵灵活方便、作业前准备工作简单和占据甲板面积小等优点，但造价较贵，维修较复杂。甲板起重机如图 5-15 所示。

⑤ 浮式起重机。浮式起重机又称起重船、浮吊，是一种专门在水上从事起重作业的工程船舶。其利用率高，适用范围广，但造价较高，需要的管理人员较多。物流方面适于港口完成货物的装卸工作。浮式起重机如图 5-16 所示。

图 5-15　甲板起重机　　　　　　　　图 5-16　浮式起重机

4. 堆垛类起重机

堆垛类起重机是指采用货叉或串杆作为取物装置，在仓库、车间等处提取、搬运和堆垛，或从高层货架上取放单元货物的专用起重机。堆垛类起重机是立体仓库中最重要的起重运输设备，是代表立体仓库特征的标志。堆垛类起重机如图 5-17 所示。

5. 升降机

升降机也称升降台，升降机指能垂直升降和水平移动货物或集装单元器具的专用设备。一般升降机高度不应高于 25m，分为固定式和移动式、导轨式、曲臂式、剪叉式、链条式、装卸平台等。升降机适于体积较宽或较长的货物。升降机如图 5-18 所示。

图 5-17　堆垛类起重机

图 5-18　升降机

5.2.2　输送机械

输送机械指按照规定路线连续地或间歇地运送散装货物或成件货物的搬运机械。

连续输送机械指沿给定线路连续输送散粒料或成件货物的机械。其特点是可以沿一定的路线不停地连续输送货物，装载和卸载都是在运动过程中完成的，不需要停车，启动、制动少。连续输送机械输送的货物一般是散货，这些货物以连续的形式分布在承载部件上，被输送的成件货物也同样按一定的次序以连续的方式运送。

连续输送机械主要分为有挠性牵引构件的连续输送机械和无挠性牵引构件的连续输送机械两类。

1．有挠性牵引构件的连续输送机械

有挠性牵引构件的连续输送机械指把货物置于承载构件上或工作构件内，利用牵引构件的连续运动，使货物连同承载构件或工作构件一起向前运送。主要有带式输送机、板式输送机、刮板输送机、悬挂输送机、斗式提升机。

① 带式输送机。带式输送机是一种摩擦驱动以连续方式输送物资的机械。采用这种设备，可以将物资在一定的输送线上，从最初的供料点到最终的卸料点间形成输送流程。它既可以进行碎散货物的输送，也可以进行成件货物的输送。带式输送机如图 5-19 所示。

② 板式输送机。板式输送机指用固接在牵引链条上的一系列板条构成的板带进行连续输送的机械。具有适用范围广、输送能力大、运行平稳可靠等特点。适于冶金、煤炭、化工、电力、机械制造等领域。板式输送机如图 5-20 所示。

图 5-19　带式输送机

图 5-20　板式输送机

③ 刮板输送机。刮板输送机指用刮板链牵引，在槽内运送散料的输送机。刮板输送

机具有结构坚实；机身矮，便于安装；可反向运行，便于处理底链事故；结构简单，在输送长度上可任意点进料或卸料；机壳密闭，可以防止输送货物时粉尘飞扬而污染环境等特点。刮板输送机适于散装货物的输送。刮板输送机如图 5-21 所示。

④ 悬挂输送机。悬挂输送机指在空间连续输送货物的设备，货物装在专用箱体或支架上沿预定轨道运行。悬挂输送机具有单机输送能力大，

图 5-21　刮板输送机

可采用很长的线体实现跨厂房输送；结构简单，可靠性高，能在各种恶劣环境下使用；造价低，耗能少，维护费用低，可大大减少使用成本；节省地面使用场地等特点。悬挂输送机广泛应用于机械、汽车、电子、家用电器、轻工、食品、化工等行业的大批量流水生产作业中。悬挂输送机如图 5-22 所示。

⑤ 斗式提升机。斗式提升机指利用均匀固接于无端牵引构件上的一系列料斗，竖向提升货物的连续输送机械。斗式提升机具有结构简单、维护成本低、输送效率高、升运高度高、运行稳定、应用范围广等特点。适于食品、医药、化学工业品、螺丝、螺帽等货物的提升上料。斗式提升机如图 5-23 所示。

图 5-22　悬挂输送机

图 5-23　斗式提升机

2. 无挠性牵引构件的连续输送机械

无挠性牵引构件的连续输送机械的工作构件与货物是分别运动的，利用工作构件的旋转运动或往复运动，使货物向前运动，而工作构件自身仍保持或恢复到原来位置。无挠性牵引构件的连续输送机械主要有螺旋输送机、振动输送机、气力输送机、辊子输送机。

① 螺旋输送机。螺旋输送机是一种利用电机带动螺旋回转，推移货物以实现输送目的的机械。螺旋输送机具有结构简单，成本较低；工作可靠，维护管理简便；尺寸紧凑，断面尺寸小，占地面积小；能实现密封输送；装载卸载方便；可逆向输送，也可使一台输送机同时向两个方向输送；货物单位能耗较大；货物在输送过程中易于破碎及磨损，螺旋叶片和料槽的磨损也较为严重等特点。螺旋输送机广泛应用于粮食工业、建筑材料工业、化学工业、机械制造业、交通运输业等国民经济各部门中。螺旋输送机如图 5-24 所示。

② 振动输送机。振动输送机指利用激振器使料槽振动，从而使槽内货物沿一定方向滑行或抛移的连续输送机械。振动输送机具有结构简单、安装、维修方便、能耗低、无粉尘逸散、噪声低等优点，可输送各种粒度的货物，能对灼热的、易燃易爆的、有毒的、多尘

的货物实行封闭输送，在运送过程中可同时完成筛分、脱水和冷却等工艺操作，但不宜输送黏性物资。振动输送机广泛应用于冶金、煤炭、建材、化工、食品等行业中粉状及颗粒状货物的输送。振动输送机如图 5-25 所示。

图 5-24　螺旋输送机

图 5-25　振动输送机

③ 气力输送机。气力输送机指以压力空气为输送介质，沿管道输送经破碎至一定粒度的货物的连续输送机械。可进行水平、倾斜和垂直输送，也可组成空间输送线路，输送线路一般是固定的；输送能力大，运距长，还可在输送过程中同时完成若干工艺操作；可以单台输送，也可多台组成或与其他输送设备组成水平或倾斜的输送系统，以满足不同布置形式的作业线需要。气力输送机适于大型粮库的补仓、出仓、翻仓、倒垛、粮食加工以及啤酒、酿造等行业在生产工艺中的散装、散运等机械化作业。气力输送机如图 5-26 所示。

④ 辊子输送机。辊子输送机又称辊道输送机、辊筒输送机，指利用按一定间距架设在固定支架上的若干个辊子来输送成件货物的输送机。辊子输送机具有结构简单、工作可靠、安装拆卸方便、易于维修、线路布置灵活等特点。可输送高温货物，特别适合运送成件货物。辊子输送机如图 5-27 所示。

图 5-26　气力输送机

图 5-27　辊子输送机

5.2.3　搬运车辆

搬运车辆指用于短途搬运货物的无轨车辆，又称工业车辆，包括固定平台搬运车、牵引车和起升车辆三类。

1. 固定平台搬运车

固定平台搬运车指载货平台不能起升的搬运车辆。广泛用于车间、港口、车站、机场及仓库等场所，进行货物的短途搬运。固定平台搬运车一般以蓄电池和内燃机为动力源，额定载质量一般为 0.5～3T。固定平台搬运车如图 5-28 所示。

2．牵引车

牵引车指具有牵引装置，用于牵引挂车的商用车辆。牵引车具有防滑、灵活、可靠、平稳等特点。牵引车如图 5-29 所示。

图 5-28　固定平台搬运车

图 5-29　牵引车

3．起升车辆

起升车辆指用货叉或其他工作装置自行装卸货物的搬运车辆。起升车辆的作业对象一般是成件货物，按作业方式不同可分为堆垛用起升车辆和非堆垛用起升车辆两类。

（1）堆垛用起升车辆

堆垛用起升车辆指用货叉或其他工作装置可以对货物进行堆垛的搬运车辆。包括平衡式叉车、前移式叉车、插腿式叉车、侧面式叉车等。叉车指具有各种叉具及属具，能够对货物进行升降和移动以及装卸作业的搬运车辆。

① 平衡式叉车。平衡式叉车在车体尾部配有平衡秤，与货叉上的货物质量相平衡，防止叉车装货后向前倾翻。一般用内燃机作为动力，采用充气轮胎，运行速度比较快，用于货场作业；操作简单、机动性好、效率高。平衡式叉车如图 5-30 所示。

② 前移式叉车。前移式叉车取货、卸货时，门架（或货叉）伸出，叉货后带货移动时，门架（或货叉）退回到接近车体的位置，因此叉车行驶时的稳定性好；主要以蓄电池为动力，不会污染环境，一般在室内作业；车体尺寸较小，转弯半径也小，便于在库房内的巷道间作业。前移式叉车如图 5-31 所示。

图 5-30　平衡式叉车

图 5-31　前移式叉车

③ 插腿式叉车。插腿式叉车是一种具有插腿的叉车。一般制成三支点形式，有两插腿，货叉位于两插腿之间。作业时两插腿可以跨在货物外侧，由货叉叉取货物。车型较小，通常采用蓄电池驱动，也有采用手动的。车身短、自重轻，结构简单，回转半径小，可在狭窄通道内作直角堆垛作业。适于在库房、载重汽车和集装箱内作业。插腿式叉车如图 5-32 所示。

④ 侧面式叉车。叉车门架、起升机构和货叉位于叉车的中部，可以沿着横向导轨移动，货叉位于叉车的侧面，侧面还有一货物平台。库外作业一般采用充气轮胎，库内作业一般采用实心轮胎。适合窄通道作业以及条形长尺寸货物作业。侧面式叉车如图 5-33 所示。

图 5-32　插腿式叉车

图 5-33　侧面式叉车

（2）非堆垛用起升车辆

非堆垛用起升车辆指不能对货物进行堆垛的搬运车辆。包括托盘搬运车、非堆垛跨车。

① 托盘搬运车。托盘搬运车是一种轻小型搬运设备，它有两个货叉似的插腿，可插入托盘叉孔内。插腿的前端有两个小直径的行走轮，用于支撑托盘货物的重量，又可以抬起，使托盘或货物离开地面，然后用于拉或电动驱动使之行走。按照驱动方式可以将托盘搬运车划分为手动托盘搬运车、电动托盘搬运车两类。托盘搬运车广泛应用于收发站台的装卸或库内不需堆垛的搬运作业。手动托盘搬运车如图 5-34 所示，电动托盘搬运车如图 5-35 所示。

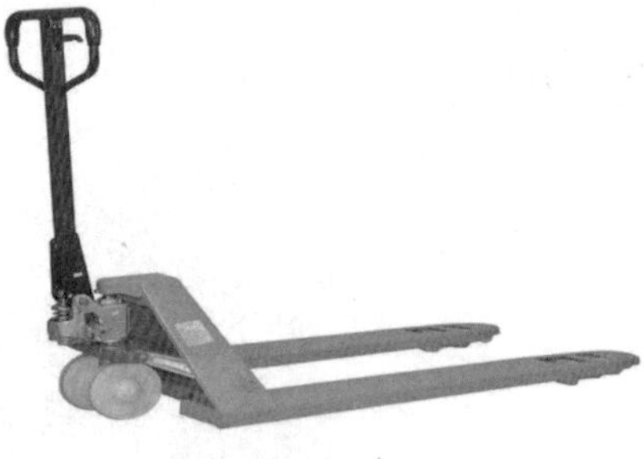

图 5-34　手动托盘搬运车

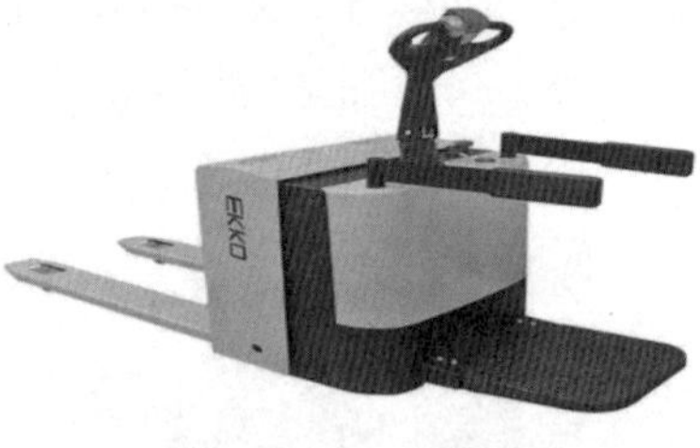

图 5-35　电动托盘搬运车

② 非堆垛跨车。非堆垛跨车是车体跨在货物的上方，利用专用的工作装置装卸、短距离搬运货物的起升车辆。按照用途可以将非堆垛跨车分为通用跨车和集装箱跨车两种。

● 通用跨车。通用跨车用于港口、车站，搬运冶金、建筑等企业的木材、钢管、钢材、混凝土制品等长形货物，也可搬运金属板和装在托盘上的单元货物，装上隔热罩后还可搬运高温钢坯和铸件。

● 集装箱跨车。集装箱跨车常用于集装箱码头和集装箱专用货场，是搬运、装卸集装箱的大型设备之一。集装箱跨车如图 5-36 所示。

图 5-36　集装箱跨车

5.2.4　智慧装卸搬运设备

智慧装卸搬运设备包括智慧导引车、物流机器人、无人叉车。

1．智慧导引车

智慧导引车的柔性化程度很高，无须借助任何标记物行驶，并且路径灵活多变，可根据物流节点实际作业需求灵活调度，规划简单，可满足绝大多数物流节点的使用需求，智慧导引车如图 5-37 所示。

2．物流机器人

物流机器人指具有一定程度的自主能力，能代替人执行物流作业预期任务，可重复编程的自动控制操作机。

图 5-37　智慧导引车

物流机器人主要用于装卸、搬运、堆码、包装，为一般的设备更换工具，在装配线上用于产品的装配与喷漆等。物流机器人如图 5-38 所示。

3．无人叉车

无人叉车指具有各种叉具及属具，能够具有一定程度的自主能力，能自行对货物进行升降和移动以及装卸作业的搬运车辆。无人叉车如图 5-39 所示。

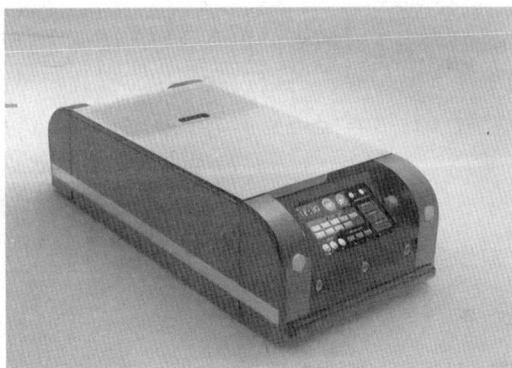

图 5-38　物流机器人

图 5-39　无人叉车

中国智能物流仓储机器人进军北美市场

2022 年 4 月，来自中国苏州的世界领先的物流机器人智能仓储系统专家牧星宣布，为美国知名灯具商 LEDVANCE 提供自主移动机器人的货到人解决方案，助力其实现智慧仓储和物流升级。这是中国智能物流仓储机器人企业在北美地区收获的首张来自最终用户企业的系统解决方案订单，标志着北美企业对中国智能物流仓储机器人行业的认可达到新的层次。

据介绍，该智能仓储系统解决方案将帮助应对因业务量持续攀升和订单结构瞬息万变对仓库拣选能力、效率和人力资源管理的挑战，建立高效、柔性的智慧供应链，快速实现投资回报。

这次合作也是中国智能物流仓储机器人企业进军美国和北美市场的重要里程碑。以此为契机，牧星在 MODEX 2022 美国亚特兰大物流装备系统展上推出革命性的新一代电子商务仓储物流解决方案，展示"中国智造"的实力。

5.3 装卸搬运作业管理

装卸搬运作业管理指根据装卸搬运作业的原则，合理设计装卸搬运作业组织，使装卸搬运作业合理化。

5.3.1 装卸搬运作业原则

进行装卸搬运作业应遵循有效作业原则、集中作业原则、简化流程原则、安全作业原则与系统优化原则。

1．有效作业原则

有效作业原则指所进行的装卸搬运作业是必不可少的，尽量减少和避免不必要的装卸搬运，只做有用功，不做无用功。

2．集中作业原则

集中作业原则包括搬运场地的集中和作业对象的集中。前者是在有条件的情况下，把作业量较小的分散的作业场地适当集中，以利于装卸搬运设备的配置及使用，提高机械化作业水平，同时，合理组织作业流程，提高作业效率；后者是把分散的零星的货物汇集成较大的集装单元，以提高作业效率。

3．简化流程原则

简化流程原则包括两个方面：一是尽量实现作业流程在时间和空间上的连续性；二是尽量提高货物的装卸搬运活性。

4．安全作业原则

装卸搬运作业流程中的不安全因素比较多，必须确保作业安全。安全作业包括人身安全、设备安全，尽量减少各类装卸搬运事故。

5. 系统优化原则

装卸搬运作业的出发点是实现装卸搬运的合理化，而其合理化的目标是装卸搬运系统的整体优化，要充分发挥装卸搬运系统中各要素的功能，从装卸搬运作业的质量、效率、安全、经济等方面对装卸搬运系统进行评价。

5.3.2 装卸搬运作业组织

装卸搬运作业组织包括选择合适的装卸搬运机械、选择合适的装卸搬运方法、装卸搬运作业组织措施三个方面的内容。

1. 选择合适的装卸搬运机械

① 货物特性。首先分析货物是散装的还是具有包装的。对于具有包装的货物，要先分析包装的材料、形状、体积等。

② 作业特性。分析货物从装卸搬运起点到装卸搬运终点的线路和环节，每一个环节是进行装卸还是搬运，或两者兼而有之。

③ 环境特性。分析作业场地是专用的还是公用的、作业场地建筑物的构造、作业场地地面最大的承受力等。

④ 作业速率。分析货物的物流速度、进出量要求等指标，确定是高速作业还是平速作业，是连续作业还是间歇作业。

⑤ 经济效益。综合分析以上四个因素后，再从经济角度加以分析，从备选方案中选择经济效益最好的方案。

2. 选择合适的装卸搬运方法

在本书"5.1.2 装卸搬运的方法"中已经阐述。

3. 装卸搬运作业组织措施

① 制定科学合理的装卸搬运工艺方案。根据货物的种类、数量以及物流节点的设备及布局信息，制定合理的装卸搬运线路，配置适合的装卸搬运设备并调配优秀的装卸搬运人员。

② 加强装卸搬运作业调度指挥工作。按照制定的装卸搬运工艺方案严格执行装卸搬运活动，确保线路、设备、人员满足装卸搬运工艺方案的要求，如执行过程中出现实际与方案有出入的情况，要对实际情况进行科学的分析。如有必要，则对装卸搬运工艺方案进行适当调整，确保装卸搬运作业正常进行。

③ 加强和改善装卸搬运劳动管理。不断提高装卸搬运工作人员的综合素质，使之能熟练操作各种智慧化装卸搬运设备，进而提高装卸搬运的整体水平；采取必要措施，保证装卸搬运过程的安全性，确保装卸搬运工作人员及设备的安全性。

④ 提高装卸搬运智慧化水平。组织装卸搬运作业应尽量使用智慧导引车、物流机器人、无人叉车等智慧化物流设备，提高装卸搬运的效率，降低人工成本。

⑤ 提高与其他物流环节衔接水平。提高装卸搬运环节与入库、储存、出库等环节的衔接水平，缩短作业的时间，减少货损、货差。

5.3.3 装卸搬运作业的合理化

装卸搬运作业的合理化可以从防止和消除无效作业、规划适宜的装卸搬运作业线路、提高货物装卸搬运的"活性"、确保装卸搬运作业的省力化、实现智慧化装卸搬运作业、推广单元装卸搬运、创建"复合终端"7个方面入手。

1. 防止和消除无效作业

所谓无效作业，是指消耗于有用货物的必要装卸搬运作业劳动之外的多余劳动消耗。防止和消除无效作业应注意以下3个方面：

① 尽量减少装卸搬运次数。货物进入物流领域之后，常常要经过多次装卸搬运作业，应尽量避免没有物流效果的装卸搬运作业。

② 避免对无效物质的装卸搬运。在流通过程中，某些货物里可能混杂着没有使用价值的物质，因此，要注意保持货物的纯度，以避免对其中无效掺杂物进行反复的装卸搬运，浪费劳力和动力。

③ 包装要适宜。包装是物流中不可缺少的辅助作业手段，但是，过于复杂、过于重的包装会增加装卸搬运过程中的劳动消耗，从而增加物流成本。因此，要确保包装的轻型化、简单化与实用化，这样会减少作用于包装上的无效劳动。

2. 规划适宜的装卸搬运作业线路

规划装卸搬运作业线路即对装卸搬运作业的各个环节的连续性进行合理安排，以缩短装卸搬运距离，减少装卸搬运次数。

装卸搬运作业线路一般分为直达型、渠道型和中心型三种，如图5-40所示。

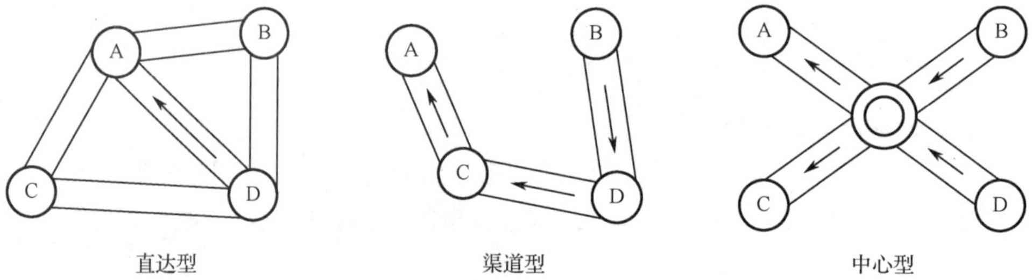

图 5-40　装卸搬运作业线路

① 直达型。直达型指货物经由最近线路到达目的地。在直达型线路上，各种货物从起点到终点经过的线路最短。当物流量大、距离短或距离中等时，一般采用这种形式是最经济的，尤其当货物有一定的特殊性而时间又较紧迫时则更为有利。

② 渠道型。渠道型指一些货物在预定线路上移动，同来自不同地点的其他货物一起运到同一个终点。当物流量为中等或少量，而距离为中等或较长时，采用这种形式较为经济，尤其当布局不合理时则更为有利。

③ 中心型。中心型指各种货物从起点移动到一个中心分拣处或分发处，然后再运往终点。当物流量较小且距离中等或较远时，这种形式较为经济，尤其当场地外形基本上是正方形且管理水平较高时更为有利。

在分析作业现场空间布局的基础上，需要根据物流量大小和装卸搬运距离的长短来选择较为合理的装卸搬运作业线路。距离与物流量指示图，如图 5-41 所示，直达型适于装卸搬运距离短而物流量大的情况，渠道型或中心型适于装卸搬运距离长而物流量小的情况。若设计的装卸搬运系统形成的物流量大且装卸搬运距离长，则表明这样的装卸搬运系统是不合理的。

3. 提高货物装卸搬运的"活性"

"活性"指货物从静止状态转变为移动状态的难易程度，也即对其进行装卸搬运作业的难易程度。货物的装卸搬运"活性"状态如图 5-42 所示，货物的装卸搬运"活性"级别如表 5-1 所示。

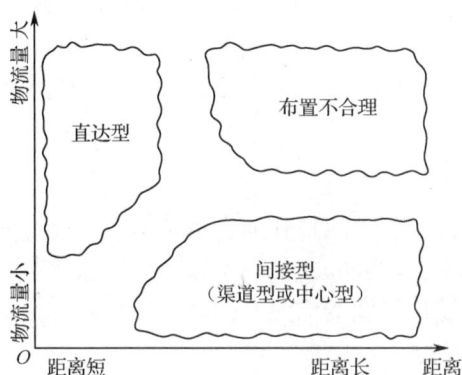

图 5-41　距离与物流量指示图　　　图 5-42　货物的装卸搬运"活性"状态

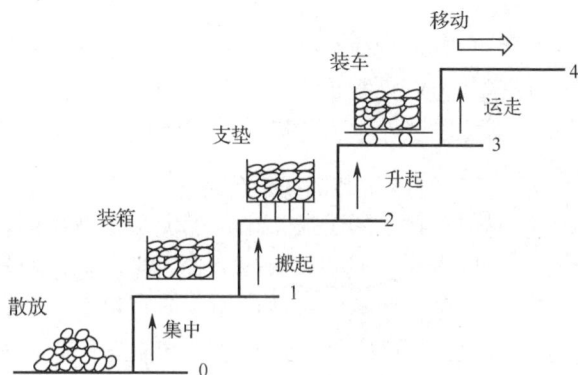

表 5-1　货物的装卸搬运"活性"级别

装卸搬运"活性"级别	货物状态
0 级	货物杂乱地堆于地面的状态
1 级	货物已被捆扎或装箱的状态
2 级	捆扎过的货物或箱子下面放上枕木或衬垫，便于叉车或其他机械进行作业的状态
3 级	被置于台车上或用起重吊钩住，处于即刻移动的状态
4 级	被装卸、搬运的货物，已经被启动，处于直接作业的状态

从理论上讲，活性指数越高越好，但也必须考虑到实施的可能性。例如，货物在储存阶段，活性指数为 4 的输送带和活性指数为 3 的车辆，在一般的仓库中很少被采用，这是因为大批量的货物不可能存放在输送带和车辆上的缘故。为了说明和分析货物搬运的灵活程度，通常采用平均活性指数的方法。这个方法是对某一物流过程物资所具备的活性情况，累加后计算其平均值，用"δ"表示。δ 值的大小是确定改变搬运方式的信号。如：

当 $\delta < 0.5$ 时，指所分析的搬运系统半数以上处于活性指数为 0 的状态，即大部分处于散装情况，其改进方式可采用料箱、推车等存放货物。

当 $0.5 < \delta < 1.3$ 时，则说明大部分货物处于集装状态，其改进方式可采用叉车和动力搬动车。

当 $1.3 < \delta < 2.3$ 时，装卸搬运系统大多处于活性指数为 2 的状态，可采用单元化货物的

连续装卸和运输。

当 $\delta > 2.3$ 时，则说明大部分货物处于活性指数为 3 的状态，其改进方法可选用拖车、机车车头拖挂的装卸搬运方式。

4．确保装卸搬运作业的省力化

在装卸搬运作业中应尽可能消除重力的不利影响。在有条件的情况下可以利用货物本身的质量进行有一定落差的装卸搬运，从而达到节省动力的目的。例如，从卡车上卸货时，利用卡车与地面或与小型搬运车之间的高度差，借助溜槽或溜板等简单工具，使货物自动从高处滑到低处，此时就无须消耗动力。

与此相反，在某些情况下需要消除重力的影响，才能达到节约动力消耗的目的。例如，两种运输工具进行换装时，如果从一种运输工具上将货物搬下，再搬上另一种运输工具，则要耗费动力以克服重力的影响。因此，若能设法使两种运输工具靠接，仅使货物做水平移动，就可以消除重力的影响，节约成本。

5．实现智慧化装卸搬运作业

随着信息技术的发展，出现了大量智慧化的物流设备，这使作业人员从繁重的体力劳动中解放出来，实现了人力的节省。智慧化作业易于实现装卸搬运规模化、标准化作业，不仅提高了装卸搬运的作业效率，而且提高了装卸搬运作业的质量，同时，装卸搬运作业的事故率也大幅度降低，提高了装卸搬运作业的安全性。

6．推广单元装卸搬运

单元装卸指用托盘、容器或包装物将小件或散装货物集成一定质量或体积的组合件，利用机械对组合件进行装卸的作业方式。在装卸搬运作业中，对于包装成件的货物，应尽量对其进行单元化，以便充分利用智慧化的物流设备进行作业。

7．创建"复合终端"

"复合终端"指在不同运输方式的终端装卸场所集中建设不同的装卸设施，以实现合理配置装卸搬运机械、有效连接各种运输方式的目的。例如，在"复合终端"内集中设置水运港、铁路站场、汽车站场等。

"复合终端"一方面取消了各种运输工具间的中转搬运，减少了装卸搬运次数，加快了物流速度；另一方面集中了各种装卸搬运场所，可以实现设备的共同利用，还可以利用规模优势进行技术改造，提高作业效率。

重要概念

装卸	搬运	装卸搬运	装卸搬运机械
起重机械	输送机械	搬运车辆	装卸搬运作业管理

本章小结

☑ 装卸搬运具有均衡性与被动性、稳定性与多变性、局部性与社会性、单纯性与复杂性等特点；装卸搬运的方法包括根据装卸搬运作业的场所，装卸搬运作业的内容，装卸搬运的作业性质，装卸搬运的作业特点，装卸搬运对象，被装货物的主要运动方式等分类。

☑ 装卸搬运机械包括起重机械、输送机械、搬运车辆、智慧装卸搬运设备等。

☑ 装卸搬运作业管理应遵循有效作业原则、集中作业原则、简化流程原则、安全作业原则与系统优化原则；装卸搬运作业组织包括选择合适的装卸搬运机械，选择合适的装卸搬运方法，装卸搬运作业组织措施等；装卸搬运作业合理化包括防止和消除无效作业，规划适宜的装卸搬运作业线路，提高货物装卸搬运的"活性"，确保装卸搬运作业的省力化，实现智慧化装卸搬运作业，推广单元装卸搬运，创建"复合终端"七个方面。

复习思考题

一、填空题

1. 装卸搬运指在同一地域范围内进行的，以改变货物的（　　　）和（　　　）为主要内容和目的的活动。

2. 单元装卸搬运指用托盘、容器或包装物将（　　　）或（　　　）集成一定质量或体积的组合件，利用机械对组合件进行装卸的作业方式。

3. 装卸搬运机械主要指用来搬移、升降、装卸和短距离输送物料或货物的机械设备，是实现装卸搬运（　　　）、（　　　）、（　　　）与（　　　）的物质技术基础，也是实现装卸搬运合理化、效率化、省力化的重要手段。

4. 起重机械可以分为（　　　）、（　　　）、（　　　）、（　　　）和（　　　）五类。

5. 输送机械指按照规定路线（　　　）或（　　　）运送散装货物或成件货物的搬运机械。

6. 搬运车辆指用于短途搬运货物的无轨车辆，又称工业车辆，包括（　　　）、（　　　）和（　　　）三类。

7. 进行装卸搬运作业应遵循（　　　）原则、（　　　）原则、（　　　）原则、（　　　）原则与（　　　）原则。

8. 单元装卸指用托盘、容器或包装物将（　　　）或（　　　）货物集成一定质量或体积的组合件，利用机械对组合件进行装卸的作业方式。

二、单项选择题

1. 装卸搬运的单纯性发生在（　　　）。
A. 采购领域　　　　B. 运输领域　　　　C. 生产领域　　　　D. 配送领域

2. （　　　）不属于根据装卸搬运作业的场所进行的分类。
A. 车船装卸搬运　　B. 港站装卸搬运　　C. 库场装卸搬运　　D. 中心装卸搬运

3. （　　　）不属于桥式类起重机。
A. 浮式起重机　　　B. 龙门起重机　　　C. 缆索起重机　　　D. 桅杆起重机

4. （　　　）不属于有挠性牵引构件的连续输送机械。
A. 板式输送机　　　B. 悬挂输送机　　　C. 斗式提升机　　　D. 辊子输送机

5. （　　　）不属于无挠性牵引构件的连续输送机械。

A. 刮板输送机　　　　B. 螺旋输送机　　　　C. 振动输送机　　　　D. 气力输送机

6. （　　　）适合长条形货物的装卸搬运。

A. 平衡式叉车　　　　B. 侧面式叉车　　　　C. 前移式叉车　　　　D. 插腿式叉车

7. 当物流量大、距离短或距离中等时，一般选择（　　　）装卸搬运线路。

A. 渠道型　　　　　　B. 直达型　　　　　　C. 中心型　　　　　　D. 以上都可以

8. 当货物被置于台车或用起重机吊钩钩住，处于即刻移动的状态，其装卸搬运活性处于（　　　）。

A. 1级　　　　　　　　B. 2级　　　　　　　　C. 3级　　　　　　　　D. 4级

三、判断题

1. 装卸指水平方向的作业，搬运指垂直方向的作业。（　　　）

2. 装卸搬运的波动性主要是针对生产领域而言的。（　　　）

3. 手扳葫芦就是手拉葫芦。（　　　）

4. 桅杆起重机属于桥式类起重机。（　　　）

5. 浮式起重机是一种专门在水上从事起重作业的工程船舶。（　　　）

6. 无挠性牵引构件的连续运输机械使货物连同承载构件或工作构件一起向前运送。
（　　　）

7. 侧面式叉车适合窄通道作业以及条形长尺寸货物作业。（　　　）

8. "复合终端"指在不同运输方式的终端装卸场所集中建设不同的装卸设施，以实现合理配置装卸搬运机械、有效连接各种运输方式的目的。（　　　）

四、简述

1. 简述装卸搬运的特点。

2. 简述装卸搬运的方法。

3. 简述桥式起重机的种类。

4. 简述无挠性牵引构件的连续运输机械的种类。

5. 简述装卸搬运作业组织措施。

6. 简述装卸搬运作业的合理化措施。

学习目标

- 了解包装、包装材料和货物包装技法的概念；
- 掌握包装的功能、分类，以及各类包装材料的优点及局限；
- 掌握包装设备的分类、基本结构及几种常见的货物包装设备；
- 能够在实际中运用货物包装的技法。

课程思政

新版限塑令实施

国家发改委、生态环境部 2021 年 8 月 19 日印发《关于进一步加强塑料污染治理的意见》，明确了未来一段时间内塑料污染治理的具体时间表和路线图。

1. 禁止一次性发泡塑料餐具

意见提出，禁止生产和销售厚度小于 0.025 毫米的超薄塑料购物袋、厚度小于 0.01 毫米的聚乙烯农用地膜。禁止以医疗废物为原料制造塑料制品。全面禁止废塑料进口。到 2022 年年底，禁止销售含塑料微珠的日化产品。其中，饱受争议的一次性发泡塑料餐具，如今再度迎来禁令。

2. 2021 年年底，这些城市外卖禁用不可降解塑料袋

到 2021 年年底，直辖市、省会城市、计划单列市城市建成区的商场、超市、药店、书店等场所以及餐饮打包外卖服务和各类展会活动，禁止使用不可降解塑料袋，集贸市场规范和限制使用不可降解塑料袋。到 2022 年年底，实施范围扩大至全部地级以上城市建成区和沿海地区县城建成区。到 2025 年年底，上述区域的集贸市场禁止使用不可降解塑料袋。

3. 2021 年年底，餐饮行业禁止使用不可降解一次性塑料吸管

到 2025 年，地级以上城市餐饮外卖领域不可降解一次性塑料餐具消耗强度下降 30%。在餐饮外卖领域推广使用符合性能和食品安全要求的秸秆覆膜餐盒等生物基产品、可降解塑料袋等替代产品。

4. 到 2025 年年底，快递网点禁用不可降解的塑料包装袋

到 2022 年年底，北京、上海、江苏、浙江、福建、广东等省市的邮政快递网点，先行

禁止使用不可降解的塑料包装袋、一次性塑料编织袋等，降低不可降解的塑料胶带使用量。到 2025 年年底，全国范围邮政快递网点禁止使用不可降解的塑料包装袋、塑料胶带、一次性塑料编织袋等。

5. 塑料垃圾也要做好分类收集

要推动在写字楼、机场、车站等人流密集、垃圾产生量大的重点场所，增加塑料废弃物的分类投放设施，并做到及时清运处理。

对于快递包装、外卖餐盒等新型塑料废弃物，鼓励采取多方合作，在大型社区、商圈、高校等快递外卖订单集中区域设置专用回收设施，做到"日产日清"。

限塑令的实施主要可以节约能源、保护环境和培养人们的环保意识。

包装指为在流通过程中保护产品、方便储运、促进销售，按一定技术方法而采用的容器、材料及辅助物等的总体名称，也指为了达到上述目的而采用容器、材料和辅助物的过程中施加一定技术方法等的操作活动。

6.1　包装的功能与分类

6.1.1　包装的功能

1. 保护功能

保护是包装的最基本功能。被包装货物的复杂性决定了它们具有各样的质地和形态，有固体的、液体的等。这些货物要经过多次装卸搬运、运输、储存、配送等才能到达消费者手中。在以上流通过程中，货物要经历冲撞、挤压、受潮、腐蚀等不同程度的损毁。使货物始终保持完好状态是包装首先要考虑的问题。具体表现在以下 7 个方面：

① 防止振动、挤压或撞击。货物在运输过程中要经历多次装卸、搬运。振动、挤压、撞击及偶然因素，极易使一些货物变形、变质。因此在包装选材上应该选取那些具有稳定保护性的材料，设计结构合理的包装制品才能充分发挥包装的功能。

② 防干湿变化。过于干燥或潮湿都会影响某些被包装货物的品质，在这一类货物的包装选材上，就应选取那些通透性良好的包装材料。

③ 防冷热变化。温度、湿度高低会影响某些货物的性质。适宜的温度、湿度有利于保质保鲜，不适宜的温度、湿度往往造成货物干裂、污损或霉化变质。因此，包装在选材上要考虑温度、湿度变化对包装的适应性的影响。

④ 防止外界对货物的污染。包装能有效地阻隔外界环境与内装货物之间的联系，形成一个小范围的相对"真空"地带，这样可以阻断不清洁环境产生的微生物对内装货物的侵害，防止污物接触货物而使其发生质变。

⑤ 防止光照或辐射。有些货物不适于紫外线、红外线或其他光照直射。如化妆品、药品等，光照后容易产生质变，使其降低功效或失去货物的本色。

⑥ 防止酸碱的侵蚀。有些货物本身具有一定的酸碱度，如果在空气中与某些碱性或酸性及具有挥发性的物质接触时，就会发生潮解等化学变化，影响被包装物质本质。如油脂类，如果用塑料制品包裹时间过长，就会产生化学变化而影响货物的品质。

⑦ 防止挥发或渗漏。许多种液态货物的流动性，极易使其在储运过程中受损，如碳酸饮料中溶解的二氧化碳膨胀流失，某些芳香制剂和调味品挥发失效等，而包装物的选择恰恰能避免其特性的改变。

2．储运与促销功能

由于包装与被包装物都属于商品，商品在流通领域中就存在着运输储存等客观因素。各类商品大小形态不一，这样会给运输或储存带来许多不便，而包装恰恰能够解决这一问题，它可以统一商品的大小规格，以方便贮运或流通过程中的搬运或数量的清点。同时，包装物还可以印以各类图形、文字，利用鲜明的色彩，提醒消费者使用或注意，以达到促进消费的最终目的。

3．美化商品与传达信息功能

包装中视觉效果的传达是包装中的精华，是包装最具商业性的特质。包装通过设计，不仅使消费者熟悉商品，还能增强消费者对商品品牌的记忆与好感。包装物还可以通过造型给人以美感，体现浓郁的文化特色。包装商品以明亮鲜艳的色调，使之在强烈的传统文化节律中表达或渗透着现代的艺术风韵和时代气息。这就使包装的商品具有了生命活力和美妙的诗意。有的包装制品甚至可以当作艺术品供人珍藏。这样一来，就能将消费环节的诸多因素调动起来，在消费环节中进行全方位的渗透，以达到促进消费的最佳实效。

4．卫生与环保功能

包装就是将各类货物盛装在特定的容器中，在盛装之前，包装物都要经过清洗、干燥、消毒、除尘等几道工序的处理。盛装货物后，使货物与外界细菌或有毒物质隔离，在一定程度上保持了货物加工流通过程中的稳定性。包装的这个功能恰恰减少了货物的二次污染，充分体现了现代文明社会中产品卫生的首要准则。包装制品不仅要美观大方、便于使用，更要无毒无污染。特别是近几年刚刚兴起的包装行业中的绿色革命，在人们心目中形成了环保消费的观念。提倡消费者使用那些可以循环再生利用的或不会造成环境污染的包装制品。如我们常见的啤酒瓶、可降解的一次性快餐盒等，已广为人知，并备受广大消费者的青睐。而那些污染性强的包装物，一方面已被限制或禁止使用，另一方面也没有市场前景，最终要被社会所淘汰。

5．循环与再生利用功能

包装制品有许多是可以多次循环使用的，有的可以通过回收处理后反复使用，有的通过有效的方式进行再加工处理，也可制成包装制品。包装制品的这种循环与再生利用功能，一方面可降低包装制品的成本，另一方面又可充分利用和节省资源，更符合可持续发展的要求。

6．成组化与防盗功能

成组化指将同一种货物或同一类货物，抑或不同类货物，以包装为单位，通过中包、大包的形式将其组合包装在一起，使包装后货物的功能更加完备，从而达到一个新的货物价值和使用效果的过程。

防盗功能是保护功能的延伸，是为防止被包装的货物遗失而设计的一种特殊功效。如包装药品罐的铅封一旦被打开，就会留下明显的开启痕迹，从而起到报警作用。

6.1.2　包装的分类

生产和流通领域中的产品种类繁多、性质各异，这就决定了货物包装类型的多样性。因此，可以从不同角度对包装进行分类。

1. 按照包装的功能不同分类

按照包装的功能不同，可将包装分为工业包装和商业包装两类。

① 工业包装。工业包装又称运输包装，是以运输、保管货物为主要目的的包装。工业包装的特点是强化运输、保护货物、便于储运。工业包装如图 6-1 所示。

② 商业包装。商业包装又称销售包装，主要是根据零售业的需要，作为货物的一部分或为方便携带所做的包装。商业包装的特点是定量功能、标识功能、便利功能和促销功能。商业包装如图 6-2 所示。

图 6-1　工业包装

图 6-2　商业包装

2. 按照包装的层次不同分类

按照包装的层次不同，可将包装分为个包装、中包装和外包装三类。

① 个包装。个包装是直接盛装和保护商品的最基本的包装形式，是在商品生产的最后一道工序中形成的，随商品直接销售给消费者。个包装起着直接保护、美化、宣传和促进商品销售的作用。

② 中包装。中包装指将若干个单体货物包装组合成一个小的整体包装。中包装通常介于内包装与外包装之间，在货物销售过程中，中包装的一部分有可能随货物出售，一部分则在销售中被消耗掉。中包装的主要作用是进一步保护货物，方便使用和销售。

③ 外包装。外包装又称大包装或运输包装，指货物的最外层包装。外包装的主要作用是保护货物，方便运输、装卸和储存等。

3. 按照包装的使用范围不同分类

按照包装的使用范围不同，可将包装分为专用包装和通用包装两类。

① 专用包装。专用包装指专供某种或某类货物使用的一种或一系列的包装。往往是制造企业针对特殊货物专门设计而成，专用性较强，一般都在明显部位刷有标志，在使用中通常都规定有收回复用的办法。

② 通用包装。通用包装指一种包装能盛装多种商品，能够被广泛使用的包装容器。通

用包装一般不进行专门设计制造，而是根据标准系列尺寸制造，用以包装各种无特殊要求的或标准规格的货物。

4．按照包装的使用次数不同分类

按照包装的使用次数不同，可将包装分为一次用包装、多次用包装和周转用包装三类。

①　一次用包装。一次用包装指只能使用一次、不再回收复用的包装。这种包装往往随同货物出售或在销售过程中被消耗掉。现今要尽量避免使用一次用包装，以免浪费资源、增加成本、污染环境。

②　多次用包装。多次用包装指回收后经过适当的整理加工，还可以重复使用的包装。主要是货物的外包装和一部分中包装。

③　周转用包装。周转用包装指生产企业和销售企业用于固定周转、多次复用的包装。

📖 课程思政

可循环快递包装逐渐投入使用

基于成本与环保的考虑，许多企业推出了自家的可循环快递包装。2017 年 12 月，京东物流首发试点循环快递箱"青流箱"，其箱体正常情况下可循环使用 50 次以上。2021 年 7 月，二次升级后的顺丰循环包装箱丰多宝也正式投入试点运营，截至 2021 年 12 月底，已投放达 72 万个，循环使用 280 万次。此外，苏宁易购物流、中国邮政速递物流推出的"漂流箱"和绿色循环快递盒等可循环快递包装也先后投入市场试点运行。苏宁易购的循环快递箱"漂流箱"如图 6-3 所示，宁波盒象科技有限公司小象回家的智能循环共享包装箱如图 6-4 所示。

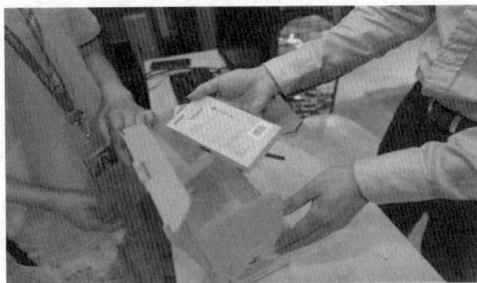

图 6-3　苏宁易购的循环快递箱"漂流箱"　　　　图 6-4　智能循环共享包装箱

可循环快递包装的投入使用不仅降低了物流的成本，而且减少了对环境的污染。

5．按照包装的运输方式不同分类

按照包装的运输方式不同，可将包装分为公路运输包装、铁路运输包装、水路运输包装、航空运输包装、集装运输包装五类。

①　公路运输包装。公路运输包装指为保证货物在公路上输送的数量、品质而进行的包装。

②　铁路运输包装。铁路运输包装指为保证货物在铁路上输送的数量、品质而进行的包装。

③　水路运输包装。水路运输包装指为保证货物在水路上输送的数量、品质而进行的包装。

④ 航空运输包装。航空运输包装指为保证货物在航线上输送的数量、品质而进行的包装。

⑤ 集装运输包装。集装运输包装指使用集装器具或利用捆扎方法，把裸装货物、散装货物、体积较小的成件货物，组合成为一定规格的集装单元进行运输的一种组织形式。对集装运输的货物进行包装就是集装运输包装，又称组合包装或集装单元。集装运输包装可以提高装卸搬运的速度，减轻装卸搬运的劳动强度，降低运输成本并节省运杂费，更好地保护了货物，并促进了包装的标准化。

6.2 包装材料

包装材料指用于制造包装容器、包装装潢、包装印刷、包装运输等满足产品包装要求所使用的材料，它既包括金属、塑料、玻璃、陶瓷、纸、竹木、野生蘑类、天然纤维、化学纤维、复合材料等主要包装材料，又包括捆扎带、装潢、印刷材料等辅助材料。

6.2.1 金属包装材料

金属包装材料指采用金属薄板针对不同用途制作的各种不同形式的薄壁包装容器。金属材料是一种比较传统的包装材料，主要指钢材和铝材，其形式为薄板、金属箔、捆扎带、捆扎丝（绳）等。

金属包装材料的优点主要表现在以下 4 个方面：

① 机械性能优良，有着比较高的强度，不易破碎、不透气、防潮、防光，能有效地保护内装物。

② 加工性能优良，加工工艺成熟，能连续化、自动化生产，有良好的延展性，容易加工成型；钢板镀上锌、锡、铬等具有很好的防锈能力。

③ 金属表面有特殊的光泽，使金属包装容器具有良好的装潢效果。

④ 金属包装材料资源比较丰富，成本低，加工能耗低。

金属包装材料的缺点表现在化学稳定性较差，容易锈蚀，大多需要在金属包装材料的表面再覆盖一层防锈物质，用以防止来自外界和被包装物的腐蚀破坏，同时也要防止金属中的有害物质对货物的污染。

6.2.2 纸制包装材料

纸制包装材料指使用纸和纸板针对不同用途制作的各种不同形式的包装容器，这在包装材料中的应用最为广泛。其中纸属于软性薄片材料，无法形成固定形状的容器，常用作包裹衬垫和口袋；纸板属于刚性材料，能形成固定形状的容器。

纸制包装材料的优点主要表现在以下 7 个方面：

① 成型性和折叠性优良，便于加工并能高速连续生产。

② 容易达到卫生要求。

③ 纸和纸板易于印刷，便于介绍和美化货物。

④ 价格较低，不论是单位面积价格还是单位容积价格，与其他材料相比较经济。

⑤ 本身重量轻，能降低运输费用。

⑥ 质地细腻、均匀、耐摩擦、耐冲击、容易黏合，不受温度影响，无毒、无味、易于加工，能适于不同包装的需要。

⑦ 废弃物容易处理，可回收复用和再生，不造成公害，节约资源。

纸制包装材料的缺点表现在受潮后强度下降，气密性、防潮性、透明性差等。

6.2.3　木制包装材料

木制包装材料指用天然生长的木材或人工制造的木材制品作为材料的包装容器。木制包装材料因树种不同、生长环境不同、树干部位不同而在性质上产生很大差异，因此使用时应进行合理的选择和处理。

木制包装材料的优点主要表现在以下 5 个方面：

① 木材资源在世界各地分布广泛，数量可观，便于就地取材。

② 木材具有优良的强度/质量比，有一定的弹性，能承受冲击、振动、重压等外力作用，可根据不同的包装货物选择不同的木材，以适应不同的包装要求。

③ 木材加工方便，不需要复杂的加工机械设备。

④ 木材可加工成胶合板，外观好，可减轻包装质量，提高木材的均匀性，因此扩大了木材的应用范围。

⑤ 木制包装可以多次重复使用，也可以改作他用，既降低了成本，又不污染环境。

木制包装材料的缺点表现在：易于吸收水分、易于变形开裂、易腐朽、易受白蚁蛀蚀等。

6.2.4　玻璃包装材料

玻璃包装材料指用于制造玻璃容器，满足适宜货物包装要求所使用的材料。

玻璃包装材料的优点主要表现在以下 6 个方面：

① 玻璃的保护性能良好，不透气、不透湿，有紫外线屏蔽性，化学稳定性高，耐风化、不变形、耐热、耐酸、耐磨、无毒无异味、有一定强度，能有效地保存内装货物。

② 玻璃的透明性好，易于造型，具有特殊的真实传达货物的效果。

③ 玻璃易于加工，可制成各种样式，对货物的适应性强。

④ 随着玻璃的强化、轻量化技术及复合技术的发展，更加强了对产品包装的适应性，尤其是在一次性使用的包装材料中有较强的竞争力。

⑤ 玻璃包装容器易于复用、回收，便于洗刷、消毒、灭菌，能保持良好的清洁状态，一般不会造成公害。

⑥ 玻璃原材料资源丰富且便宜，价格较稳定。

玻璃用作包装材料存在着耐冲击强度低、碰撞时易破碎、自身质量大、运输成本高、能耗大等缺点。

6.2.5　塑料包装材料

塑料包装材料指用于制造塑料容器，满足适宜货物包装要求所使用的材料。

塑料包装材料的优点主要表现在以下 5 个方面：

① 塑料具有优良的物理机械性能，如有一定的强度、耐折叠、耐摩擦、抗振动、防潮、气体阻漏等性能。

② 塑料的化学稳定性好，具有耐酸碱、耐化学试剂、耐油脂、防锈蚀、无毒等作用。

③ 塑料属于轻质材料，对于需要长途运输的货物可以起到减轻运输重量、便于运输的作用。

④ 塑料加工成型简单，可以多样化。它可制成薄膜、片材、管材、编织布、无纺布、发泡材料等。其成型技术有多种，如吹塑、挤压、铸塑、真空、热收缩、拉伸等。

⑤ 塑料具有优良的透明性和表面光泽，印刷和装饰性良好。

塑料包装材料具有强度较差、耐热性不好、在外界因素长期作用下易老化、有异味、废弃物难处理、易产生公害等缺点。

6.2.6　复合包装材料

复合包装材料是将两种或两种以上具有不同特性的材料，经过一次或多次复合工艺而组合在一起，以改进单一材料的性能，从而构成一定功能的新材料。复合包装材料在包装领域有广泛的应用，目前已开发研制出的复合包装材料有三四十种，选择的原则主要遵循以下 3 个：明确包装的对象和要求；选用合适的包装原材料和加工方法；采用恰当的黏合剂或层合原料。目前使用较多的复合包装材料包括塑料与玻璃复合材料、塑料与金属箔复合材料、塑料与塑料复合材料、纸基复合材料、塑料基复合材料、金属基复合材料等。

6.2.7　辅助包装材料

除主要的包装材料外，辅助包装材料在包装中也发挥着重要作用。常用的辅助包装材料包括黏合剂、捆扎材料等。

① 黏合剂。黏合剂又称胶黏剂，俗称"胶"，是将两种材料通过界面的黏附和内聚强度连接在一起的物质，对被黏结物的结构不会有显著的变化，并赋予胶结面以足够的强度。主要用于包装袋和包装箱的封口，如硅酸盐、磷酸盐、淀粉、天然树脂、热塑性树脂、合成橡胶等。

② 捆扎材料。捆扎材料指用于捆扎包装件，完成捆扎的材料。一般有聚丙烯带、尼龙带、聚酯带、钢带等。

📖 课程思政

共商"包装强国"建设

为推动我国包装材料产业的可持续发展，2022 年 7 月 13 日至 15 日，2022绿色包装材料与技术国际会议召开。来自各院校、企业的专家代表等 200 余人参加会议，旨在服务包装强国建设，促进科技创新和包装科研与产业的合作交流。

会议设立了绿色包装材料、功能化和高性能包装材料、包装废弃物循环再利用、包装技术与包装安全、包装材料成型技术与装备、绿色包装材料检测认证六个分论坛。与会专家、领导围绕"绿色包装新材料"与"绿色包装新技术"两大方向开展研讨，进一步推进我国包装材料与技术领域的科技创新，推动绿色包装材料与技术研究成果的产业化。

6.3 货物包装技法

货物包装技法指在包装作业时所采用的技术和方法。常分为货物包装的一般技法及货物包装的特殊技法两种。

6.3.1 货物包装的一般技法

1. 对内装物进行合理放置和固定

在运输包装体中装进形态各异的产品，需要一定的技巧，只有对产品进行合理放置、固定，才能达到缩小体积、节省材料、减少损失的目的。对于外形规则的货物，要注意套装；对于薄弱的部件，要注意加固。

2. 对松泡货物进行压缩体积

一些松泡产品在包装时所占用容器的容积太大，相应地也就多占用了运输空间和储存空间，增加了运输储存费用。因此，对于松泡产品，要采用真空包装技法压缩体积。

3. 合理选择外包装的形状和尺寸

选择货物外包装的形状和尺寸时应采用包装模数系列，要避免过高、过扁、过大、过重等。外包装尺寸要与托盘、集装箱等容器的尺寸相配合，能在托盘码放、集装箱装箱时减少空隙。

选择货物内包装的形状和尺寸时，要与外包装的形状和尺寸相匹配。

4. 外包装的捆扎

捆扎的直接目的是将单个物件或多个物件捆紧，以便运输、储存与装卸。捆扎不仅能压缩货物的体积，还可以提高容器的强度。

6.3.2 货物包装的特殊技法

1. 防震包装技法

防震包装技法又称缓冲包装技法，指将缓冲材料适当地放置在内装货物和包装容器之间，用以减轻冲击和振动，保护内装货物免受损坏的包装技术与方法。常用的防震包装材料有泡沫、塑料、木丝、弹簧等。防震包装技法一般分为全面防震包装技法、部分防震包装技法和悬浮式防震包装技法三种。防震包装如图 6-5 所示。

图 6-5　防震包装

全面防震包装技法指内装货物和外包装之间全部用防震材料填满进行防震的包装技术与方法。

部分防震包装技法指对于整体性好的产品和有内装容器的货物，仅在货物或内包装的拐角或局部地方使用防震材料进行衬垫。所用包装材料主要有泡沫塑料防震垫、充气型塑料薄膜防震垫和橡胶弹簧等。

悬浮式防震包装技法指对于某些贵重易损的货物，为了有效地保证其在流通过程中不被损坏，外包装容器比较坚固，然后用绳、带、弹簧等将被装物悬吊在包装容器内。在各个物流环节中，内装货物都被稳定悬吊而不与包装容器发生碰撞，从而减少损坏。

防震包装技法适于机械、电工、仪器和仪表等货物，这些货物精密且比较脆弱，经受不住物流过程中发生的较大冲击和振动等外力的作用。

2. 防潮包装技法

防潮包装技法是为了防止潮气侵入包装件，影响内装货物质量而采取的一定防护措施的包装技术与方法。防潮包装设计就是防止水蒸气通过，或将水蒸气的通过减少至最低限度，其中金属和玻璃的阻隔性最佳，防潮性能较好。防潮包装如图 6-6 所示。

3. 防霉包装技法

防霉包装技法是防止包装和内装货物霉变而采取一定防护措施的包装技术与方法。除防潮措施外，它还需要对包装材料进行防霉处理。防霉包装必须根据微生物的生理特点，改善生产和控制包装储存等环境条件，达到抑制霉菌生长的目的。防霉包装如图 6-7 所示。

图 6-6　防潮包装

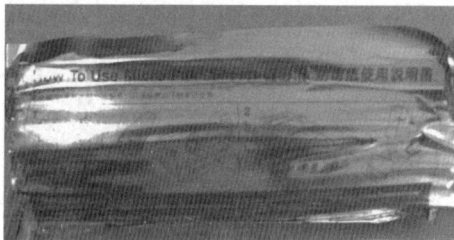

图 6-7　防霉包装

防霉包装技法大致有两类，一类为密封包装，另一类为非密封包装。

密封包装技法共有四种，分别是抽真空置换惰性气体密封包装、干燥空气封存包装、除氧封存、挥发性防霉剂防霉。

非密封包装技法共有两种，分别是货物经有效防霉处理、包装箱开通风窗。

4. 防锈包装技法

防锈包装技法是为防止金属制品锈蚀而采用一定防护措施的包装技术与方法。防锈包装可以采用在金属表面进行处理，如镀金属镀层不但能阻隔钢铁制品表面与大气接触，且电化学作用时镀层先受到腐蚀，保护了钢铁制品的表面；也可采用氧化处理和磷化处理的化学防护法；还可采用涂油防锈、涂漆防锈和气相防锈等方法，如五金制品可在其表面涂一层防锈油，再用塑料薄膜封装。防锈包装如图 6-8 所示。

防锈包装技法是按清洗、干燥、防锈处理与包装等步骤逐步进行的，在各个阶段应根据货物的特点选用相应的技术和方法。

第一步，清洗。清洗时尽可能消除金属货物表面的油迹、汗迹、灰尘、加工残渣等。清洗的方法主要有浸洗、擦洗、喷淋和超声波清洗等，通常根据清洗物的大小、形状繁简、批量大小等条件来选择清洗方法。

第二步，干燥。干燥指清除在清洗后残存的水和溶剂。干燥方法有压缩空气吹干、烘干、红外线干燥、擦干、滴干、晾干和脱水干燥。

第三步，防锈处理。所谓防锈处理，指将腐蚀抑制剂以某种形式使用到金属表面上来防锈。通常采用防锈油脂、气相防锈和可剥离性塑料。

包装是防锈包装技术的最后阶段，从防锈角度来看，包装的目的是防止外部冲击造成防锈薄膜的损伤，防止防锈剂的流失而污染其他物品。在选择一个合理的防锈包装方法时，需要把包装对象制品的种类等储运环境，运送过程中的搬运状况以及包装材料费用、操作费用和时间等经济性都考虑进去。

5. 保鲜包装技法

保鲜包装技法是采用固体保鲜剂和液体保鲜剂进行果实、蔬菜的保鲜的包装技术与方法。固体保鲜技法是将保鲜剂装入透气小袋封口后再装入内包装，以吸附鲜果、鲜菜散发的气体而延缓后熟过程（保鲜包装如图6-9所示）。液体保鲜技法指鲜果浸涂液，鲜果浸后取出，表面形成一层极薄的可食用保鲜膜，既可堵塞果皮表层呼吸气孔，又可起到防止微生物侵入和隔温、保水的作用。

图 6-8 防锈包装

图 6-9 保鲜包装

6. 脱氧包装技法

脱氧包装技法又称除氧封存剂包装技法，即利用无机系、有机系、氢系三类脱氧剂，除去密封包装内的氧、降低氧气浓度，从而有效地阻止微生物的生长繁殖，起到防霉、防褐变、防虫蛀和保鲜目的的包装技术与方法。脱氧包装技法适于某些对氧气特别敏感的货物。脱氧剂如图6-10所示。

7. 充气包装技法

充气包装技法指采用二氧化碳或氮气等不活泼气体置换包装容器中空气的包装技术方法。它是通过改变包装容器中的气体组成成分，降低氧气浓度的方法，达到防霉腐和保鲜的目的。充气包装如图6-11所示。

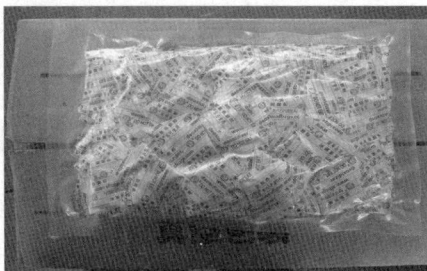

图 6-10 脱氧剂

图 6-11 充气包装

8. 真空包装技法

真空包装技法指将货物装入气密性的包装容器，密封前再排出包装内的气体，使密封后的容器内达到一定真空度。一般肉类食品、谷物加工食品及一些易氧化变质货物都可采用此类包装技法。真空包装如图 6-12 所示。

9. 高温短时间灭菌包装技法

高温短时间灭菌包装技法指将食品充填并密封于复合材料制成的包装内，然后使其在短时间内保持 135℃左右的高温，以杀灭包装容器内细菌的包装技法。高温短时间灭菌包装技法可以较好地保持肉、蔬菜等内装食品的鲜味、营养价值及色调等。高温短时间灭菌包装如图 6-13 所示。

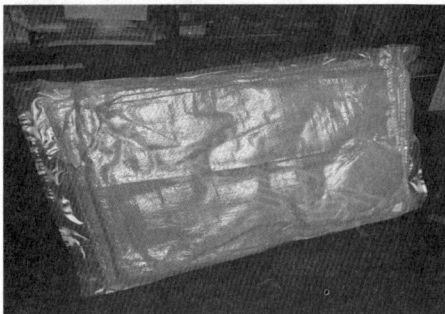

图 6-12　真空包装　　　　　　　　　　图 6-13　高温短时间灭菌包装

📖 课程思政

顺丰科技包装实验室战略升级"只有包裹·没有垃圾"

顺丰于 2013 年组建包装研发团队。2018 年顺丰科技在绿色包装大会上宣布：其旗下的包装实验室正式宣布更名为 SPS 中心。SPS 全称为 Sustainable Packaging Solutions，中文意为"可持续包装解决方案"。

作为全行业首家物流包装实验室，SPS 中心现分设研发和推广两个部门，其中核心研发部门涵盖快递、重货、冷链（生鲜+医药）、特种物流需求等几大方向，定期为医药、鲜花、副食、冰鲜、3C、果蔬、生鲜等领域提供通用型的和定制化的包装解决方案服务，各解决方案通过 SPS 中心推广部向顺丰及其客户体系快速传播和复制，形成有效的周期性解决方案应用反馈，最终构建起从研发到应用的连通式服务体系。

此外，顺丰推出了共享循环箱丰·BOX，与一次性包装相比，丰·BOX 有效解决了成本高、破损多、操作效率低、资源浪费等问题，其不仅开创了用拉链代替封箱胶纸、易拆封、可折叠、防盗、内绑定等产品结构创新，还增加了防静电、防水、阻燃、隔热保温等特殊性能。同时，丰·BOX 更拥有多达数十次乃至上百次的使用寿命，能最大化地从实际意义上践行绿色可循环的环保理念。而从首批投入试点的反馈结果上看，丰·BOX 至今依然保持"零"破损的使用纪录。根据相关数据的分析预测，1000 万个丰·BOX 将可替代 5 亿个纸箱、14 亿米胶带以及 225 万立方米内填充的投入使用。

6.4　包装设备

包装设备指能完成全部或部分货物包装过程的设备。

6.4.1　包装设备的分类

包装设备的种类很多，按不同的标准有不同的分类方法。

① 按包装操作方法分类。按包装操作方法可分为充填、捆包、裹包、泡罩、缠绕、封合、加标、查重、容器清洗和灭菌等包装设备。

② 按包装使用部分分类。按包装使用部分可分为工业包装机械和商业包装设备两类。

③ 按包装货物种类分类。按包装货物种类可分为食品、药品、日用工业品、化工产品等包装设备。

④ 按包装容器种类分类。按包装容器种类可分为装箱、装盒、装袋、装瓶、装罐、装桶等包装设备。

⑤ 按包装层次分类。按包装层次可分为单层包、多层包等包装设备。

⑥ 按包装大小分类。按包装大小可分为小包（内包装）、中包、外包等包装设备。

⑦ 按被包装物形态分类。按被包装物形态可分为固体（包括块状、粒状和粉状）和液体（包括高黏度、中黏度、低黏度）等包装设备。

⑧ 按传送方式分类。按传送方式可分为单位包装机、间歇运动多工位包装机、单头连续运动多工位包装机、多头连续运动多工位包装机等包装设备。

此外，还有干燥机、上蜡机、包装组合机、上塞机、旋盖机等包装设备。

6.4.2　包装设备的基本结构

包装设备的基本结构一般包括进给机构、计量装置、传动机构、输送装置、动力部件、控制系统六个部分。

1. 进给机构

进给机构包括被包装产品的进给和包装材料或容器，进给被包装物和进给需要整理排列，是振动式装置送料。

2. 计量装置

为了保证包装工作不间断地进行，在货物供送前或供送过程中，计量装置是用来计量供给的。计量方法主要有容量（积）计量法、称重计量法、计数定量法和重量流量法。

3. 传动机构

传动机构起着动力传递的作用，直接驱动各执行机构运动，完成包装作业，在包装机械中占有重要地位。

4. 输送装置

输送装置是包装机械上的主要部件，其任务是将待包装货物和已包装好的货物，从一个工位运送到另一个工位上或从外部结构上把自动线上的各台单机联系起来，以便最后把包装制品输送入库。

5．动力部件

动力部件有电动机、液压泵、压缩机以及作原动力的气缸、液缸等，其中以电动机最为普遍。电动机通过传动机构驱动各部件，往往是采用若干小功率（0.5～3kW）的电动机作单独部件的驱动。

6．控制系统

按被控制对象的状态不同，控制系统可分为流动自动化控制和机械自动化控制。

流动自动化控制主要是以连续进行变化的液体或粉状物等为对象，对其温度、流量、压力、料位等参数进行长期的连续定量控制。

机械自动化控制主要以固体作为控制对象，对它们的位置、尺寸、形状、姿势等因素进行定性的间断性控制。

6.4.3 常见的包装设备

1．填充包装设备

① 装箱设备。装箱设备以纸箱为主。根据设备工作的程序不同，有的是已经装订成型的平叠纸箱，有的则是未装订接口的瓦楞平板，在包装过程中一边包覆货物，一边黏合接口。装箱设备如图 6-14 所示。

② 装盒设备。装盒设备是将单件或多件产品，用真空喂给机械或其他机械，取出预制纸盒坯，并自动打开装入货物以后，使纸盒坯折合或上胶黏合的机械。装盒设备一般包括纸盒供给、产品输送、装填、折合、成品输出等，有的还附设打印、印刷、封口与检测机构等。装盒设备如图 6-15 所示。

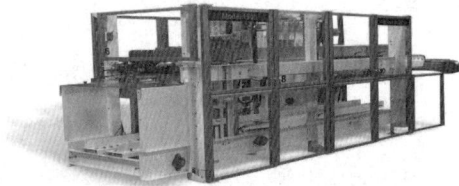

图 6-14 装箱设备

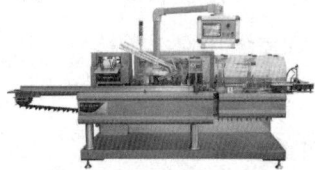

图 6-15 装盒设备

图 6-16 装袋设备

③ 装袋设备。装袋设备的主要结构分为装袋机械、计量装置、填充装置和封袋装置。装袋机械主要是将包装袋的袋口打开，以接受从漏斗里充填进入的货物。计量装置按被包装物特点，有实重计量和容积计量两种。填充装置结构简单，一般有料槽、料斗。填充装置必须接近插入包装袋的袋口或装袋机械附近。此外，还有封袋装置，按包装材料的不同性能特点，如纸袋、纺织纤维等，分别采取缝封、订封与粘封等形式，而塑料薄膜袋则主要采取热封和粘封方法进行封袋。装袋设备如图 6-16 所示。

④ 灌装设备。灌装设备指灌装液体与半液体产品或液体与固体混合制品的设备。灌装所用的容器主要有桶、罐、瓶、听、软管等。按照灌装产品的工艺，可以分为常压灌装机、真空灌装机、加压灌装机等。灌装设备通常与封口机、贴标志等连接使用。灌装机的计量方法有定位法、定量法和定时法三种，它们均有相应的控制装置。如在进料上方安置与储槽相连的计量装置，借助装置内沿液体方向安装的孔板来测量。灌装设备如图 6-17 所示。

⑤ 填充设备。填充设备指填充干燥粉状、颗粒状、块状货物于盒、瓶、罐、听中的设备。因被装货物不同，设备的结构也不相同。对于刚性或半刚性的容器（瓶或罐），是由推板和链板等的各种活动，通过传送带自动送入填充装置的。填充机包括直接填充机和制袋填充机两种：直接填充机是利用预先成型的纸袋或塑料袋进行填充，也可以直接填充于其他容器；制袋填充机是既要完成袋容器的成型，又要完成将产品填充入容器内两道工序的包装设备。填充设备如图 6-18 所示。

图 6-17　灌装设备

图 6-18　填充设备

2. 裹包设备和捆扎设备

裹包设备和捆扎设备以及加标设备不同于填充设备，它们是直接使用材料来包装货物的，而填充设备是用容器来包装的。

① 裹包设备。裹包设备采用的主要包装材料为蜡纸、牛皮纸，或用纸、铝箔、塑料薄膜组成的复合材料。常见的裹包设备有扭结式包装机、端抑式包装机、枕式包装机、信封式包装机和拉伸式包装机等。裹包设备如图 6-19 所示。

② 捆扎设备。捆扎设备是对纸箱、木箱等物品，利用纸、塑料、纺织纤维和金属的绳、带等进行捆扎的机械。捆扎机的种类繁多、类型各异，大小也不相同。根据被捆产品的特点和捆扎要求不同，分为带状捆扎机、线状或绳状捆扎机等。除人工操作的钢皮打包机、塑料带打包机外，还有各种类型的半自动、全自动的捆扎设备。捆扎设备如图 6-20 所示。

图 6-19　裹包设备

图 6-20　捆扎设备

③ 封条设备和加标设备。封条设备是一种封箱贴条设备，多采用机转气工和电气控制来完成封贴工序，既可以用于装箱机流水线的生产使用，又可以做人工装箱后的封箱、贴封条的单机使用。

加标设备主要在容器上加标。加标设备由于标签不同，有未上胶和上胶两种。加标设备如图 6-21 所示。

④ 封口设备。封口设备用于各种容器的封口，按封口的工艺分为玻璃加盖设备、布袋口缝纫设备、封箱设备，以及塑料袋和纸袋的各种封口设备。封口设备如图 6-22 所示。

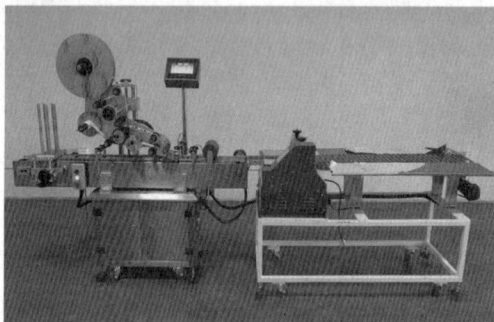

图 6-21　加标设备

图 6-22　封口设备

3. 包装技术设备

由于收缩、拉伸和热成型等包装设备与塑料包装材料和包装容器的工艺特性密切相关，因而统称包装技术设备。

① 收缩包装设备。收缩包装设备是用经过拉伸的热收缩薄膜包装产品，对薄膜进行适当的加热处理，使薄膜收缩而紧裹货物的包装机械。这种包装设备的最大特点是通用性，适合各种产品的包装，特别是不规则的产品包装。其包装过程简单，并有紧贴透明、富有弹性、内置物不松动和整洁卫生等良好的包装效果，同时还使包装体积小、成本低，便于进行集装包装。收缩包装设备的收缩膜由上下两个卷筒张紧，产品由机械部件推向薄膜，薄膜包裹产品后，由封口部件将薄膜的三面封合，随后由输送带输送，通过加热装置紧裹产品，冷却形成收缩包装。收缩包装设备如图 6-23 所示。

图 6-23　收缩包装设备

② 热成型包装设备。热成型包装设备又称吸塑包装设备，其根据成型工艺的不同，可分为泡罩式包装机、贴体包装机、热压成型充填机和真空包装机械等。热成型包装机可以连续地或间歇地将聚氯乙烯等塑料薄膜（薄片）靠真空和压缩成型为泡罩或盘状，当包装产品自动装进泡罩或盘内，并热合于纸板或铝箔上后，再冲裁成一定形状的片状，形成一种特殊的包装形态。使用热成型包装设备进行的包装具有透明美观、防潮隔气和防渗透等优点，因此，热成型包装设备应用范围十分广泛。热成型包装设备如图 6-24 所示。

③ 拉伸包装设备。拉伸包装设备是依靠设备装置，在常温下将弹性塑料薄膜围绕着待包装产品件拉伸、裹紧，并在末端进行封合的一种包装设备。这种包装设备一般是为集装在托盘上成堆的包装而设计的，所用的塑料为聚乙烯薄膜。拉伸包装设备如图 6-25 所示。

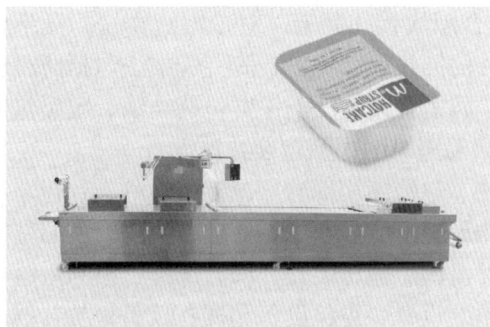

图 6-24　热成型包装设备　　　　　　　图 6-25　拉伸包装设备

课程思政

我国包装机械行业显露出强劲的发展势头

包装机械在我国属于新兴行业，起步较晚，经过 30 多年的发展，现已成为机械工业中的十大行业之一。包装机械下游应用行业广泛，多为快速消费品或生活必需品制造行业，抗周期性强，使得包装机械行业总体需求较为稳定。近年来，在我国人均消费水平提高、消费需求升级换代的持续拉动下，食品、饮料、医药、化工、家用电器、造币印钞、机械制造、仓储物流、建筑材料、金属制造、造纸印刷、图书出版等众多行业领域生产企业把握发展机遇，不断扩大生产规模，提高市场竞争力，为我国包装机械行业快速发展提供了有效保障。

我国包装工业已形成了独立的、完整的包装工业体系，成为门类齐全、体系完整、产业关联高的行业之一。目前，已拥有纸包装、塑胶包装、金属包装、玻璃包装、印刷装潢、包装机械六大行业。近年来，包装机械向着自动化转变已经显露出其强劲的发展势头，设备的自动化、智能化程度大幅提升。

重要概念

包装　　　包装材料　　　货物包装技法　　　包装设备

本章小结

☑ 包装具有保护功能、储运与促销功能、美化商品与传达信息功能、卫生与环保功能、循环与再生利用功能、成组化与防盗功能等；包装可按照包装的功能不同、包装的层次不同、包装的使用范围不同、包装的使用次数不同、包装的运输方式不同进行分类。

☑ 包装材料既包括金属、塑料、玻璃、陶瓷、纸、竹本、野生蘑类、天然纤维、化学纤维、复合材料等主要包装材料，又包括捆扎带、装潢、印刷材料等辅助材料。

☑ 货物包装的一般技法包括对内装物进行合理放置和固定、对松泡货物进行压缩体积、合理选择包装的形状和尺寸、外包装的捆扎；货物包装的特殊技法包括防震包装技法、防潮包装技法、防霉包装技法、防锈包装技法、保鲜包装技法、脱氧包装技法、充气包装技法、真空包装技法、高温短时间灭菌包装技法等。

☑ 包装设备的种类很多，可按包装操作方法、包装使用部分、包装货物种类、包装容器种类、包装层次、包装大小、被包装物形态、传送方式等分类；包装设备的基本结构一般包括进给机构、计量装置、传动机构、输送装置、动力部件、控制系统六个部分；常见的货物包装设备包括填充包装设备、裹包设备和捆扎设备、包装技术设备等。

复习思考题

一、填空题

1. 包装指为在流通过程中（   ）、（   ）、（   ），按一定技术方法而采用的容器、材料及辅助物等的总体名称，也指为了达到上述目的而采用容器、材料和辅助物的过程中施加一定技术方法等的操作活动。

2. 按照包装的功能不同，可将包装划分为（   ）和（   ）两类。

3. 包装材料指用于（   ）、（   ）、（   ）、（   ）等满足货物包装要求所使用的材料。

4. 纸制包装材料指使用（   ）和（   ）针对不同用途制作的各种不同形式的包装容器，在包装材料中的应用最为广泛。

5. 货物包装技法指在包装作业时所采用的（   ）和（   ）。

6. 充气包装技法指采用（   ）或（   ）等不活泼气体置换包装容器中空气的包装技术方法。

7. 包装设备指能完成（   ）或（   ）货物包装过程的设备。

8. 包装技术设备包括（   ）、（   ）和（   ）。

二、单项选择题

1. （   ）又称销售包装。

A. 个包装　　　　　B. 中包装　　　　　C. 外包装　　　　　D. 以上都可以

2. （　　）不属于纸制包装材料的优点。

A. 成型性和折叠性优良
B. 容易达到卫生要求
C. 废弃物容易处理，可回收复用和再生
D. 化学稳定性好

3. （　　）不属于塑料包装材料的优点。

A. 塑料的化学稳定性好
B. 质地细腻、均匀、耐摩擦、耐冲击
C. 塑料加工成型简单，可以多样化
D. 塑料具有优良的透明性和表面光泽

4. （　　）属于货物包装的一般技法。

A. 防震包装技法
B. 防潮包装技法
C. 对松泡货物进行压缩体积
D. 保鲜包装技法

5. （　　）不属于防潮包装技法。

A. 涂油法
B. 涂蜡法
C. 涂泥法
D. 涂塑法

6. （　　）不适合用真空包装技法。

A. 肉类食品
B. 谷物加工食品
C. 易氧化变质货物
D. 水果

7. （　　）不属于灌装机的计量方法。

A. 定数法
B. 定位法
C. 定量法
D. 定时法

8. （　　）不属于包装技术设备。

A. 热成型包装设备
B. 冷轧包装设备
C. 收缩包装设备
D. 拉伸包装设备

三、判断题

1. 使货物始终保持完好状态，是包装首先要考虑的问题。（　　）
2. 包装的功能中不包含防盗功能。（　　）
3. 金属包装材料的化学稳定性较好。（　　）
4. 玻璃包装材料存在自身重量大、运输成本高等缺点。（　　）
5. 对于松泡货物要压缩体积。（　　）
6. 脱氧包装技法适于某些对氧气不敏感的货物。（　　）
7. 干燥机不属于包装设备。（　　）
8. 填充设备直接使用材料来包装货物。（　　）

四、简述

1. 简述包装的功能。
2. 简述包装分类的标准。
3. 简述塑料包装材料的优点。
4. 简述复合包装材料选择时应遵循的原则。
5. 简述货物包装的特殊技法的种类。
6. 简述包装设备的基本结构。

第 7 章

流通加工

学习目标

◆ 了解流通加工的定义及其产生的原因；

◆ 了解流通加工管理、流通加工合理化和绿色物流采购的概念；

◆ 掌握流通加工与生产加工的区别，以及流通加工的地位、作用；

◆ 掌握流通加工管理的内容和职能，流通加工的类型，以及不合理的流通加工形式；

◆ 能够在实际中运用主要货物的流通加工方式。

课程思政

我国共有 16.7 万家粮食加工相关企业

目前我国共有 16.7 万家粮食加工相关企业。从近十年粮食加工相关企业发展状况来看，数据显示，企业年注册量不断增长，2015 年首次突破 1 万家，2019 年达到 1.90 万家，2020 年注册量最多，为 3.50 万家，同比增长了 84.2%。2021 年前 5 个月，我国粮食加工相关企业注册量为 1.80 万家，同比增长了 80%。从地域分布来看，数据显示，目前我国在业、存续的粮食加工企业主要分布在山东、黑龙江、江苏等省份。其中山东省拥有最多的粮食加工企业，共 1.78 万家，黑龙江、江苏分列第二、三位，分别有 1.30 万家、1.26 万家。此外，安徽、吉林、湖北等省份同样跻身前十位。从城市分布来看，数据显示，北京排名第一位，共 3997 家企业；重庆排名第二位，有 3535 家；长春排名第三位，有 3454 家。此外，哈尔滨、临沂、青岛、绥化等地也入围城市排名前十。从注册资本分布来看，数据显示，我国粮食加工相关企业中有 43% 的企业注册资本在 100 万元以内，注册资本在 100 万~500 万元的占比 26%，注册资本在 500 万元以上的企业占比 31%。

我国粮食连年丰收，库存丰盈，但粮食损失浪费现象仍然存在。据统计，每年粮食流通加工损失超 700 亿公斤，相当于吉林省一年的粮食产量。国家有关部门要引导粮食加工相关企业从过度加工向适度加工转型，从低值化向高值化转型，从软要求向硬支撑转变，从而减少粮食流通加工过程中的损失。

7.1　流通加工与流通加工管理概述

7.1.1　流通加工概述

1．流通加工的定义

流通加工指物品在从生产地到使用地过程中，根据需要施加包装、分割、计量、分拣、组装、价格贴付、标签贴付、商品检验等简单作业的总称。

一般而言，流通加工是为了提高物流速度和物品的利用率，在物品进入流通领域后，按客户的要求进行的加工活动，即在物品从生产者向消费者流动的过程中，为了促进销售、维护商品质量和提高物流效率，对物品进行一定程度的加工。

2．流通加工产生的原因

（1）流通加工弥补生产加工的不足

生产环节的各种加工活动往往不能完全满足消费者的要求。例如，某个生产企业需要钢铁厂的钢材，除钢号、规格、型号的要求外，往往希望能够在长度、宽度等方面满足需要，但是生产企业面对着成千上万的消费者，是很难做到这一要求的。由于生产的高度社会化、专业化，生产环节的加工活动往往不能恰如其分地满足消费者的需要。形成这一现象的原因可从以下四个方面考察：

① 生产资料产品的品种成千上万，规格型号极其复杂，要完全做到产品统一标准化非常困难。

② 产品的生产企业多，分布面广，同时，生产企业技术水平的高低又千差万别，这无疑给产品的供给与消费之间留下了一个是否能适应的问题。

③ 社会需求的复杂，不可能使产品的生产部门完全满足客户在规格、品种、型号上的需要。在从批发到零售的环节中，更常碰到这个问题。

④ 随着社会消费的多样化的发展趋势，社会生产尽管在不断从少品种、大批量生产方式向多品种、少批量方向发展，但生产与消费之间的差距总是存在的，流通加工是解决这一矛盾的理想手段。

由于上述原因，要弥补生产环节加工活动的不足，流通加工是一种理想的方式。

（2）流通加工为客户提供了便利

在流通加工未产生之前，物品满足生产或消费需要的加工活动一般由使用单位承担，使用者不得不安排一定的人力、设备、场所等来完成这些加工活动，导致下一个生产过程时间延长，造成设备投资大、利用率低等问题。流通加工的出现不仅为物品的使用者提供了极大的方便，而且由流通部门统一进行，可提高设备利用率，并节省了加工费用。

（3）流通加工为流通企业增加了收益

从事流通活动的企业所获得的利润，一般只能从生产企业的利润中转移过来。通过流通加工业务，流通企业不仅能够获得从生产领域转移过来的一部分价值，还可以创造新的价值，从而获得更大的利润。

（4）流通加工为配送创造了条件

通过流通加工可以把散装的货物集中在一起，可以把长件货物改成短件，可以把同一客户需要的不同供应商的货物配在一起，这些活动都方便了配送。由此可见，货物配送是加工、整理、拣选、分类、配货等一系列活动的集合。货物配送活动的开展，依赖于流通加工，流通加工是配送的前沿。

3. 流通加工与生产加工的区别

流通加工与生产加工的区别主要表现在以下四个方面：

（1）加工的对象不同

流通加工的对象是进入流通过程的商品，具有商品的属性；生产加工的对象不是最终产品，而是原材料、零配件、半成品等，不具有商品属性。

（2）加工的复杂程度不同

流通加工大多是简单加工，而不是复杂加工，一般不需要对加工设备进行重大投资。生产加工的技术、程序很复杂，属于复杂加工，而且作业范围广，需要对加工设备进行比较大的投资。

（3）加工的目的不同

流通加工的目的在于完善产品的使用价值，以自身流通为目的；生产加工的目的在于创造价值及使用价值，以交换和消费为目的。

（4）实施加工的主体不同

流通加工由从事流通的经营者如商业企业或物流企业完成；生产加工则由生产企业完成。

4. 流通加工的地位

在商流与物流的联系中，流通加工表现得最为直接（除不经任何加工即可消费的产品外）。流通加工的最根本目的是市场销售，与之相联系的运输方式、储存手段、配送形式等只能看成流通加工多样化目的。

流通加工在社会再生产中处于生产和消费之间，与其他流通环节共同构成了生产和消费的桥梁和纽带。但是以其自身所具有的生产特征和特殊地位，又与其他流通环节存在明显差别。其在流通中的地位表现如下：

① 有效地完善了流通。流通加工在实现时间效用和场所效用这两个重要功能方面，确实不能与运输和保管相比，因而，流通加工不是物流的主要功能要素。另外，流通加工的普遍性也不能与运输、保管相比，流通加工不是对所有物流活动都是必需的。但这绝不是说流通加工不重要，实际上它也是不可轻视的，它具有补充、完善、提高与增强的作用，能起到运输、保管等其他功能要素无法起到的作用。所以，流通加工的地位可以描述为提高物流水平，促进流通向现代化发展。

② 是物流的重要利润来源。流通加工是一种低投入、高产出的加工方式，往往以简单加工解决大问题。实践中，有的流通加工通过改变商品包装，使商品档次跃升而充分实现其价值；有的流通加工可使产品利用率大幅提高30%，甚至更多。这些都是采取一般方法以期提高生产率所难以做到的。实践证明，流通加工提供的利润并不亚于从运输和保管中挖掘的利润，因此我们说流通加工是物流的重要利润来源。

③ 是重要的加工形式。流通加工在整个国民经济的组织和运行中是一种重要的加工形式，对推动国民经济的发展、完善国民经济的产业结构具有一定的意义。

5. 流通加工的作用

（1）提高原材料利用率

通过流通加工进行集中下料，将生产厂商直接运来的简单规格产品，按客户的要求进行下料。例如，将钢板进行剪板、切裁；木材加工成各种长度及大小的板、方等。集中下料可以优材优用、小材大用、合理套裁，明显地提高原材料的利用率，有很好的技术经济效果。

（2）提高加工效率及设备利用率

在分散加工的情况下，加工设备由于生产周期和生产节奏的限制，设备利用时松时紧，使得加工过程不均衡，设备加工能力不能得到充分发挥。而流通加工面向全社会，加工数量大，加工范围广，加工任务多。这样可以通过建立集中加工点，采用一些效率高、技术先进、加工量大的专门机具和设备，一方面提高了加工效率和加工质量，另一方面还提高了设备利用率。

（3）有益于合理运输

从物流的角度看，流通过程中穿插着加工环节，实际上等于将商品的实物形态运动分割成两个阶段，即商品由生产厂流转到加工点（加工中心）阶段和由加工点运转到客户阶段。由于流通加工中心的作业点一般都设在消费区域，因此，相对而言，前一阶段的商品运输距离常常大于后一阶段的运输距离。面对这种情况，人们在制定运输方案和选择运输工具时，便可因地而异。具体说就是：在运距较长的物流阶段，可采用火车、轮船等大型运输工具流转产品，而在运距较短的物流阶段，则可采用汽车、小型专用车辆的运输工具，而且可以大大提高运输效率。

📄 **小资料**

阿迪达斯的成功之道

阿迪达斯创办于 1949 年，是德国运动用品制造商阿迪达斯 AG 成员公司。2022 年 5 月，阿迪达斯名列 2022 福布斯全球企业 2000 强榜第 436 位。2022 年 6 月，阿迪达斯名列凯度集团 2022 年最具价值全球品牌排行榜第 89 位。

阿迪达斯在美国有一家超级市场，设立了组合式鞋店，摆放着不是做好了的鞋，而是做鞋用的半成品，款式、花色多样，有 6 种鞋跟、8 种鞋底，均为塑料制造的，鞋面的颜色以黑、白为主，搭配的颜色有 80 种，款式有百余种，顾客进来可任意挑选自己所喜欢的各个部位，交给店员当场进行组合。只要 10 分钟，一双崭新的鞋便呈现出来。这家鞋店昼夜营业，店员技术熟练，鞋子的售价与成批制造的价格差不多，有的还稍便宜些。所以顾客络绎不绝，销售额比邻近的鞋店多 10 倍。

（4）方便客户

用量小或满足临时需要的客户，不具备进行高效率初级加工的能力，通过流通加工可以使客户省去进行初级加工的投资、设备、人力，方便了客户。目前发展较快的初级加工有将水泥加工成生混凝土，将原木或板方材加工成门窗，将钢板做预处理、整形等加工。

7.1.2　流通加工管理概述

1.　流通加工管理的定义

流通加工管理指对流通加工过程的计划、组织、指挥、协调与控制，包括加工计划的制订，加工任务的下达，人力、物力的组织与协调，加工进度的控制等。

2.　流通加工管理的内容

流通加工管理的内容包括计划管理、生产管理、成本管理和销售管理。

（1）计划管理

对流通加工的产品，必须事先制订计划。例如，对加工产品的数量、质量、规格、包装要求等，都要按客户的需要，做出具体计划，按计划进行加工生产。

（2）生产管理

生产管理主要是对加工生产过程中的工艺管理。例如，生产厂房、车间的设计，生产工艺流程的安排，原材料的储存供应，产成品的包装、入库等一系列的工艺流程设计是否科学、合理与现代化。

（3）成本管理

在流通加工中，成本管理也是一项非常重要的内容。一方面，加工是为了方便客户，创造社会效益；另一方面，也是为了扩大销售，增加企业收益。所以，必须详细计算成本，不能进行"亏本"的加工。

（4）销售管理

流通部门的主要职能是销售，加工也应该主要是为此目的服务的。因此，在加工之前，要对市场情况进行充分调查。只有广大客户需要的，加工之后有销路的物品，才能够组织加工。

3.　流通加工管理的职能

流通加工管理的职能包括计划职能、组织职能和控制职能。

（1）计划职能

流通加工的计划职能是十分突出的，它的计划内容涉及加工作业和技术经济方面的内容。例如，套裁型流通加工，其最主要的目标就是要提高出材率和材料利用率。这就需要加强科学方法进行套裁的计划和计算，同时要以客户的需求进行流通加工的数量管理，加强计划性才能使流通加工既提高设备利用率和出材率，又能在保证客户的前提下，避免或尽量减少套裁剩余所造成的浪费。测量仪器的核校，力争以优秀的工作质量和工程质量保证流通加工的质量。

（2）组织职能

流通加工的组织职能是将劳动力、设备和材料进行恰当的组织，使流通加工过程能与仓储作业、库存控制、配送作业之间很好地协调而不发生紊乱。由于流通加工的客户需求差别很大，因此，流通加工过程必须严格按客户的尺寸规格、数量加工。流通加工造成的剩余材料，往往难以销售出去，造成了不应有的浪费。所以，流通加工在组织上的难点就是满足客户需求，按时、按量、按规格要求同步作业，一般情况下不应有半成品的积存。

（3）控制职能

流通加工中的控制职能突出表现在质量控制上，而进度控制、成本控制通常也很重要。流通加工所依据的质量控制标准是由客户提出来的，要求不同，质量标准高低就有较大的差异，流通加工特别是服务型流通加工的质量控制水平甚至可能影响这种服务项目的存在。为了满足客户提出的质量要求，在流通过程中既要加强工序控制，又要加强测量仪器的核校，力争以优秀的工作质量和工程质量保证流通加工的质量。

7.2　流通加工的类型

7.2.1　为弥补生产领域加工不足的加工

有许多产品在生产领域的加工只能到一定程度，这是由于存在许多限制因素限制了生产领域不能完全实现终极的加工。例如，钢铁厂的大规模生产只能按标准规定的规格生产，以使产品有较强的通用性，使生产能有较高的效率和效益；木材如果在产地完成成材加工或制成木制品的话，就会给运输造成极大的困难，所以原生产领域只能加工到圆木、板、方材这个程度，进一步的下料、切裁、处理等加工则在流通加工过程中完成。这种流通加工实际是生产的延续，对弥补生产领域加工不足有重要的意义。

7.2.2　为满足需求多样化进行的加工

生产部门为了实现高效率、大批量的生产，其产品往往不能完全满足客户的要求。这样，为了满足客户对产品多样化的需要，同时又要保证高效率的大生产，可将生产出来的单一化、标准化的产品进行多样化的改制加工。

7.2.3　为保护货物所进行的加工

在物流过程中，直到客户投入使用前都存在对货物的保护问题，防止货物在运输、储存、装卸、搬运、包装等过程中遭到损失，使其使用价值能顺利实现。这种加工主要采取稳固、改装、冷冻、保鲜、涂油等方式。

7.2.4　为提高物流效率，方便物流的加工

有些产品本身的形态使之难以进行物流操作，而且产品在运输、装卸搬运过程中极易受损，因此需要进行适当的流通加工加以弥补，从而使物流各环节易于操作，提高物流效率，降低物流损失。例如，造纸用的木材磨成木屑的流通加工，可以极大地提高运输工具的装载效率；自行车在消费地区的装配加工可以提高运输效率，降低损失；石油气的液化加工，使很难输送的气态物转变为容易输送的液态物，也可以提高物流效率。

7.2.5　为促进销售的流通加工

流通加工可以从若干方面起到促进销售的作用，例如，将大包装或散装物分装成适合依次

销售的小包装的分装加工；将以保护产品为主的运输包装改换成以促进销售为主的销售包装，以起到吸引消费者、促进销售的作用；将蔬菜、肉类洗净切块以满足消费者要求等。

7.2.6　为提高加工效率的流通加工

许多生产企业的初级加工由于数量有限，加工效率不高。而流通加工以集中加工的形式，解决了单个企业加工效率不高的弊病。它以一家流通加工企业的集中加工代替了若干家生产企业的初级加工，促使生产水平有了一定的提高。

7.2.7　为提高原材料利用率的流通加工

流通加工利用其综合性强、客户多的特点，可以实行合理规划、合理套裁、集中下料的办法，这就能有效提高原材料利用率，减少损失浪费。

7.2.8　为衔接不同运输方式，使物流更加合理化的流通加工

在干线运输和支线运输的节点设置流通加工环节，可以有效解决大批量、低成本、长距离的干线运输与多品种、少批量、多批次的末端运输和集货运输之间的衔接问题。在流通加工点与大生产企业间形成大批量、定点运输的渠道，以流通加工中心为核心，组织对多个客户的配送，也可以在流通加工点将运输包装转换为销售包装，从而有效衔接不同目的的运输方式。

7.3　流通加工的方式

各种货物的流通加工都是行为主体运用劳动手段作用于劳动对象的劳动过程。但是，由于不同种类的货物其性质、形状差异很大，因此，不同种类货物的加工作业在操作工艺和操作方法上又不尽相同，由此形成了不同的加工方式。下面介绍几种主要货物的流通加工方式。

7.3.1　钢材的流通加工

钢材是使用范围广泛、消耗量大的原材料，按其形状进行划分，钢材包括型材、板材、管材和钢丝四大类。在批量生产的条件下，由于有的钢材的加工深度有限，因此，在使用这些钢材之前，一般都要根据具体情况进行延伸性加工。这种延伸性加工作业需要采用先进的技术和使用专门的加工设备来进行。

归纳起来，钢材的流通加工大体上有以下几项内容：

① 圆钢、角钢、扁钢、方钢等小型钢和部分管材的切割，线材的冷拉加工。

② 薄钢板的剪切加工和带钢的平展、裁切加工。

③ 专用钢管的涂油和油漆加工。

除保护性的涂油加工外，钢材的流通加工都是在专门设计安装的设备上进行作业的。例如，钢材的剪切加工是在剪床（加工机械中的一种）上进行作业的；小型型材加工是借

助于专用的切割设备和冷拉设备完成的。

一般情况下,钢材的流通加工是由设置在消费地区的加工中心在综合各客户需求和要求的基础上,采用集中下料的方式进行作业的。也有些分散性的钢材流通加工是由专业流通组织在摸清需求规律的基础上,分头去组织的。通常是利用专门的设备将大规模的钢材切割(或剪切)成小尺寸的坯料,为的是便于零星客户购买钢材和有利于材料的充分利用。

7.3.2 水泥熟料的流通加工

在需要长途运入水泥的地区,变运入成品水泥为运进熟料这种半成品,在该地区的流通加工点(磨细工厂)磨细,并根据当地资源和需要的情况掺入混合材料及外加剂,制成不同品种及标号的水泥供应给当地的客户,这是水泥流通加工的重要形式之一。

在需要经过长距离输送供应的情况下,以熟料形式代替传统的粉状水泥,有很多优点。

(1)可降低运费,节省运力

运输普通水泥和矿渣水泥平均有 30%以上的运力消耗在运输矿渣及其他各种加入物上。在我国水泥需要量较大的地区,工业基础大都较好,当地又有大量废渣,如果在使用地区对熟料进行粉碎,可以根据当地的资源条件选择混合材料的种类,这样就节约了消耗在混合材料上的运力和运费。

(2)可按当地的实际需要掺加混合材料

生产廉价的低标号水泥,发展低标号水泥的品种,在现有生产能力的基础上,更大限度地满足需要。我国大、中型水泥厂生产的水泥,平均标号逐年提高,但是目前我国使用水泥的部门,大量需要较低标号的水泥,而大部分施工部门没有在现场加入混合材料来降低水泥标号的技术力量和设备,因此,不得已使用标号较高的水泥,造成很大浪费。

如果以熟料为长距离输送的形态,在使用地区加工粉碎,就可以按实际需要生产各种标号的水泥,尤其可以大量生产低标号水泥,减少水泥长距离输送的数量。

(3)容易以较低的成本实现大批量、高效率的输送

从国家的整体利益来看,利用率较低的输送方式显然不是发展方向。如果采用输送熟料的形式,可以充分利用站、场、仓库现有的装卸设备,又可以利用普通车皮装运,比之以散装水泥方式,更具有好的技术经济效果,更适合我国的国情。

(4)可降低水泥的输送损失

水泥的水硬性在充分磨细之后才表现出来,而未磨细的熟料,抗潮湿的稳定性很强。输送熟料,可以基本防止由于受潮而造成的损失。此外,颗粒状熟料不像粉状水泥那样易散失。

(5)能更好地衔接产需,方便客户

从商品管理的角度来看,如果长距离输送是定点直达的渠道,这对于加强计划性、简化手续、保证供应等方面都有利。采用长途输送熟料等方式,水泥厂就可以和有限的熟料粉碎工厂之间形成固定的直达渠道,能实现经济效益较优的物流。客户也可以不出本地区,直接向当地的熟料粉碎厂订货,因而更容易沟通产需关系,具有明显的优越性。

7.3.3　木材的流通加工

（1）磨制木屑、压缩输送

这是一种为了实现流通的加工。从林区外送的原木中有相当一部分是造纸木材，美国采取在林木生产地将原木磨成木屑，然后压缩，使之成为比重较大、容易装运的形状，之后运至靠近消费地的造纸厂。采取这种方法比直接运送原木要节约一半的运费。

（2）集中开木下料

在流通加工点将原木锯截成各种规格的锯材，甚至还可以进行打眼、凿孔等初级加工，同时将边角余料加工成各种规格板。过去客户直接使用原木，不但加工复杂、加工场地大、加工设备多，更严重的是材料浪费大，木材平均利用率不到50%，平均出材率不到40%。实行集中下料后，按客户要求供应规格材料，可以使原木利用率提高到95%，出材率提高到72%左右，有相当大的经济效果。

7.3.4　机电产品的流通加工

有些机电产品采用整装、整运的办法流转和储备有一定困难，即使能做到，也很不经济。主要原因是包装成本大、运输效果低（满装不能满载）、流通中损失严重。为了解决这方面的问题，在实践中，人们采用了生产散件（零件和配件）和包装、运输散件，在消费地点组装零件、配件的办法来组织部分机电产品流通。

上述组装散件（即零件和配件）的加工作业是机电产品流通加工的主要形式。其特点是装配和技术要求不高，装配作业比较简单，零件和配件装配成产品或半成品以后，不需要进行复杂的测试（或检验）即可进入消费领域。

机电产品的组装加工不但能够促进该类产品的流通，而且也有利于进行批量生产。近几年，随着生产和流通的不断发展，流通领域内机电产品的组装加工业在我国已广泛盛行。

7.3.5　煤炭及燃气的流通加工

（1）除矸加工

除矸加工是以提高煤炭纯度为目的的加工形式。企业为了多运"纯物质"，少运矸石，可以充分利用运力、降低成本，采用除矸的流通加工方法排除矸石。

（2）为管道输送煤浆进行的煤浆加工

煤炭的运输方法主要采用铁路运输工具载运方法，运输中损失浪费较大，又容易发生火灾。采用管道运输是近代兴起的一种先进技术。

在流通的起始环节将煤炭磨成细粉，本身便有了一定的流动性，再用水调和成浆就可以像其他液体一样进行管道输送。这种方式不用与现有运输系统争夺运力，输送连续、稳定而且快速，是一种经济的运输方法。

（3）配煤加工

在使用地区设置加工点，将各种煤及一些其他发热物质，按一定的配方进行掺配混合加工，生产出各种不同发热量的燃料，称作配煤加工。这种加工方式可以按需要发热量生产和供应燃料，防止热能浪费、"大材小用"的情况出现，也防止发热量过小、不能满足使用要求的情况出现。工业用煤经过配煤加工还可以起到便于计量控制、稳定生产过程的作用，在经济及技术上都有重要价值。

7.3.6 平板玻璃流通加工

按客户提供的图纸对平板玻璃套裁开片，向客户提供成品玻璃，客户可以直接将其安装在采光面上。这种方式的好处有以下几点：

① 平板玻璃的利用率可由不实行套裁时的 62%～65%提高到 95%以上。

② 可以促进平板玻璃包装方式的改革，从工厂向套裁中心运输平板玻璃。如果形成固定渠道便可以搞大规模集装，这不但节约了大量包装用的木材，而且可以防止流通中大量破损。

③ 套裁中心按客户需要裁制，有利于玻璃生产厂简化规格，搞单品种大批量生产，这不但能提高工厂生产效率，而且可以简化工厂切裁、包装等工序，使工厂集中力量解决生产问题。

④ 现场剪裁玻璃劳动强度大，搞集中套裁可以广泛采用专用设备进行套裁，边角余料相对数量少，并且易于集中处理。

⑤ 能够增强服务功能，尤其对于没有剪裁能力的零散客户，这是重要的服务方式。

7.3.7 食品的流通加工

在生产生活中，食品的流通加工主要包括以下四项内容：

（1）冷冻食品加工

为了保鲜和便于装卸、运输，将鲜鱼、鲜肉等食品放置在低温环境中，如放置在冷冻库中，采取低温的方式使其能够迅速冻结。

（2）分选食品加工

农副产品（如谷物、瓜果和一些经济作物等）的规格、质量离散情况较大，为获得一定规格的产品，采取人工或机械分选的方式进行加工。

（3）分装食品加工

有些生鲜食品和副食品，其出厂时包装的规格、尺寸很大，但其零售起点却很低。为了便于销售，流通企业（或零售商）常常按照地点要求重新包装食品。具体说，就是将大包装改成小包装，将散装品改成小包装物品。这种改换食品包装规格和形状的流通加工实际上是在分装食品。

（4）精制食品加工

精制食品加工就是在农、牧、副、渔等产品的产地或销售区设置加工点，按照方便消费的要求去除其无用部分，并将其洗净和分装的加工作业。这类加工活动不但大大地方便了消费者，而且提高了加工对象的价值和价格，进而也会给经营者带来一定的利润。

流通加工是生产加工在流通领域里的继续（或延伸），也是生产加工的一种重要补充形式。但是，任何事物的发展都有其自身的发展规律，如果一味地追求流通加工的优越性，而忽略了流通加工在产需之间所增加的中间环节，就会导致物流系统整体效益的下降。因此，应对流通加工进行认真的分析研究和管理，使流通加工真正发挥其应有的作用。

7.4 流通加工合理化

流通加工合理化指实现流通加工的最优配置，不仅做到避免各种不合理流通加工，使流通加工有存在的价值，而且综合考虑流通加工与配送、运输、商流等的有机结合，做到最优的选择，以达到最佳的流通加工效益。

7.4.1 不合理的流通加工形式

流通加工在物流运作过程中确实具有很重要的作用，但是各种不合理的流通加工也会产生抵消效益的负效应。为避免各种不合理现象，对是否设置流通加工环节，在什么地点设置，选择什么类型的加工，采用什么样的技术装备等，都需要做出正确抉择。

1．流通加工地点设置得不合理

流通加工地点设置即布局状况，是使整个流通加工是否有效的重要因素。一般来说，为衔接单品种大批量生产与多样化需求的流通加工，加工地点设置在需求地区，才能实现大批量的干线运输与多品种末端配送的物流优势。如果将流通加工地设置在生产地区，一方面，为了满足客户多样化的需求，会出现多品种、小批量的产品由生产地向需求地的长距离运输；另一方面，在生产地增加了一个加工环节，同时也会增加近距离运输、保管、装卸等一系列物流活动。所以在这种情况下，不如由原生产单位完成这种加工而无须设置专门的流通加工环节。

另外，一般来说，为方便物流的流通加工环节应该设置在产出地，设置在进入社会物流之前。如果将其设置在物流之后，即设置在消费地，则不但不能解决物流问题，又在流通中增加了中转环节，因而也是不合理的。

即使在生产地或需求地设置流通加工的选择是正确的，还有流通加工在小地域范围的正确选址问题，如果处理不当，仍然会出现不合理现象。比如说交通不便，流通加工与生产企业或客户之间距离较远，加工点周围的社会环境条件不好等。

2．流通加工方式选择不当

流通加工方式包括流通加工对象、流通加工工艺、流通加工技术、流通加工程度等。流通加工方式的确定实际上与生产加工的合理分工有关。如果分工不合理，把本来应由生产加工完成的作业错误地交给流通加工来完成，或者把本来应由流通加工完成的作业错误地交给生产过程去完成都会造成不合理现象。

流通加工不是对生产加工的代替，而是一种补充和完善。所以，如果工艺复杂，技术装备要求较高，或加工可以由生产过程延续或可轻易解决者都不宜再设置流通加工。如果流通加工方式选择不当，就可能会出现生产争利的恶果。

3．流通加工作用不大，形成多余环节

有的流通加工过于简单，或者对生产和消费的作用都不大，甚至有时由于流通加工的盲目性，同样未能解决品种、规格、包装等问题，相反却增加了作业环节，这也是流通加工不合理的重要形式。

4．流通加工成本过高，效益不好

流通加工的一个重要优势就是它有较大的投入产出比，因而能有效地起到补充、完善的作用。如果流通加工成本过高，则不能以较低投入实现更高的使用价值。除一些必需的、由政策要求即使亏损也要进行的加工外，都应看成不合理的。

7.4.2　流通加工合理化的措施

实现流通加工合理化主要应考虑以下六个方面：

1．加工和配送相结合

这是将流通加工设置在配送点中，一方面按配送的需要进行加工，另一方面加工又是配送业务流程中分货、拣货、配货之一环，加工后的产品直接投入配货作业，这就无须单独设置一个加工的中间环节，使流通加工有别于独立的生产，而使流通加工与中转流通巧妙结合在一起。同时，由于配送之前有加工，可使配送服务水平大大提高。这是当前对流通加工做合理选择的重要形式，在煤炭、水泥等产品的流通中已表现出较大的优势。

2．加工和配套相结合

在对配套要求较高的流通中，配套的主体来自各个生产单位，但是完全配套有时无法全部依靠现有的生产单位。进行适当流通加工，可以有效促成配套，大大地提高流通的桥梁与纽带的能力。

3．加工和合理运输相结合

利用流通加工，在支线运输转干线运输或干线运输转支线运输必须停顿的环节上，不进行一般的支转干或干转支，而是按干线或支线运输合理的要求进行适当加工，从而大大地提高运输及运输转载水平。

4．加工和合理商流相结合

通过加工有效促进销售，使商流合理化，也是流通加工合理化的考虑方向之一。加工和配送的结合提高了配送水平，强化了销售，是加工与合理商流相结合的一个成功的例证。此外，通过简单地改变包装加工，形成方便的购买量，以及通过组装加工消除客户使用前进行组装、调试的难处，都是有效促进商流的例子。

5．加工和节约相结合

节约能源、节约设备、节约人力、节约耗费是流通加工合理化重要的考虑因素，也是目前我国设置流通加工，考虑其合理化的较普遍形式。

对于流通加工合理化的最终判断，是看其是否能实现社会的和企业本身的两个效益，而且是否取得了最优效益。流通企业更应该树立社会效益第一的观念，以实现产品生产的最终利益为原则，只有在生产流通过程中以不断补充、完善为己任的前提下才有生存的价值。如果只是追求企业的微观效益，不适当地进行加工，甚至与生产企业争利，这就有违于流通加工的初衷，或者其本身已不属于流通加工的范畴。

6．绿色流通加工

流通加工对环境也有非绿色影响因素，表现为加工中资源的浪费或过度消耗，加工产生的废气、废水和废物都对环境和人体构成危害。

绿色流通加工具有较强的生产性，也是流通部门对环境保护可以有大作为的领域。

绿色流通加工主要包括两个方面的措施：一是变消费者加工为专业集中加工，以规模作业方式提高资源利用效率，减少环境污染，如饮食服务业对食品进行集中加工，以减少家庭分散烹调所带来的能源和空气污染。二是集中处理消费品加工中产生的边角废料，以减少消费者分散加工所造成的废弃物的污染，如流通部门对蔬菜集中加工，可减少居民分散加工垃圾丢放及相应的环境治理问题。

重要概念

流通加工　　　　　　　流通加工管理　　　　　　　流通加工合理化

本章小结

- ☑ 流通加工产生的原因包括弥补生产加工的不足，为客户提供了便利，为流通企业增加了收益，为配送创造了条件四个方面；流通加工与生产加工的区别表现在加工的对象不同，加工的复杂程度不同，加工的目的不同，实施加工的主体不同四个方面；流通加工的地位表现在有效地完善了流通，是物流的重要利润来源，是重要的加工形式三个方面；流通加工的作用包括提高原材料利用率，提高加工效率及设备利用率，有益于合理运输，方便客户等；流通加工管理的内容包括计划管理、生产管理、成本管理和销售管理；流通加工管理的职能包括计划职能、组织职能和控制职能。
- ☑ 流通加工的类型包括为弥补生产领域加工不足的加工；为满足需求多样化进行的加工；为保护货物所进行的加工；为提高物流效率，方便物流的加工；为促进销售的流通加工；为提高加工效率的流通加工；为提高原材料利用率的流通加工；为衔接不同运输方式，使物流更加合理化的流通加工。
- ☑ 流通加工的方式有钢材的流通加工、水泥熟料的流通加工、木材的流通加工、机电产品的流通加工、煤炭及燃气的流通加工、平板玻璃的流通加工、食品的流通加工。
- ☑ 不合理的流通加工形式包括流通加工地点设置得不合理；流通加工方式选择不当；流通加工作用不大，形成多余环节；流通加工成本过高，效益不好。
- ☑ 流通加工合理化的措施包括加工和配送相结合，加工和配套相结合，加工和合理运输相结合，加工和合理商流相结合，加工和节约相结合，绿色流通加工。

复习思考题

一、填空题

1. 流通加工指物品在从生产地到使用地过程中，根据需要施加（　　　）、（　　　）、（　　　）、（　　　）、（　　　）、（　　　）、（　　　）等简单作业的总称。
2. 流通加工管理指对流通加工过程的（　　　）、（　　　）、（　　　）、（　　　）与（　　　）。

3. 流通加工的计划职能是十分突出的，它的计划内容涉及（　　　）和（　　　）的内容。

4. 在干线运输和支线运输的节点设置流通加工环节，可以有效解决（　　　）、（　　　）、（　　　）的干线运输与（　　　）、（　　　）、（　　　）的末端运输和集货运输之间的衔接问题。

5. 钢材包括（　　　）、（　　　）、（　　　）和（　　　）四大类。

6. 在经济生活中，食品的流通加工主要包括（　　　）、（　　　）、（　　　）、（　　　）等内容。

7. 流通加工合理化指实现流通加工的最优配置，不仅做到避免各种不合理流通加工，使流通加工有存在的价值，而且综合考虑流通加工与（　　　）、（　　　）、（　　　）等的有机结合，做到最优的选择，以达到最佳的流通加工效益。

8. （　　　）、（　　　）、（　　　）、（　　　）是流通加工合理化重要的考虑因素，也是目前我国设置流通加工，考虑其合理化的较普遍形式。

二、单项选择题

1. 某个生产企业需要钢铁厂的钢材，除钢号、规格、型号的要求外，往往希望能够在长度、宽度等方面满足需要，这种情况属于（　　　）。

A. 流通加工弥补生产加工的不足　　　　B. 流通加工为客户提供了便利

C. 流通加工为流通部门增加了收益　　　D. 流通加工为配送创造了条件

2. 流通加工管理的内容不包括（　　　）。

A. 计划管理　　　B. 绿色管理　　　C. 生产管理　　　D. 成本管理

3. 将蔬菜、肉类洗净切块以满足消费者要求属于（　　　）。

A. 为满足需求多样化进行的加工　　　　B. 为提高物流效率，方便物流的加工

C. 为促进销售的流通加工　　　　　　　D. 为提高加工效率的流通加工

4. 石油气的液化加工，使很难输送的气态物转变为容易输送的液态物，属于（　　　）。

A. 为满足需求多样化进行的加工　　　　B. 为提高物流效率，方便物流的加工

C. 为促进销售的流通加工　　　　　　　D. 为提高加工效率的流通加工

5. 煤浆采用（　　　）最合适。

A. 公路运输　　　B. 铁路运输　　　C. 水路运输　　　D. 管道运输

6. 平板玻璃的利用率最高可达到（　　　）以上。

A. 65%　　　B. 75%　　　C. 85%　　　D. 95%

7. （　　　）不属于流通加工方式的内容。

A. 流通加工对象　　　　　　　　　　　B. 流通加工工具

C. 流通加工技术　　　　　　　　　　　D. 流通加工程度

8. （　　　）不属于流通加工合理化的措施。

A. 加工和配送相结合　　　　　　　　　B. 加工和配套相结合

C. 加工和储存相结合　　　　　　　　　D. 加工和合理运输相结合

三、判断题

1. 流通加工与生产加工的区别主要表现在加工的对象不同、加工的复杂程度不同、加工的目的不同三个方面。（　　　）

2. 流通加工管理的职能包括计划职能、组织职能和控制职能。（　　　）

3. 就客户来讲，现代生产的要求是生产型客户能尽量减少流程，尽量集中力量从事较

复杂和技术性较强的劳动，而不愿意将大量初级加工包揽下来。（　　）

4. 流通加工以集中加工的形式，解决了单个企业加工效率不高的弊病。（　　）

5. 水泥在需要经过长距离输送供应的情况下，以传统的粉状水泥形式相较于熟料形式有很多优点。（　　）

6. 机电产品的组装加工不但能够促进该类产品的流通，而且也有利于进行批量生产。（　　）

7. 流通加工是对生产加工的代替。（　　）

8. 绿色流通加工具有较强的生产性，也是流通部门对环境保护可以有大作为的领域。（　　）

四、简述

1. 简述流通加工产生的原因。

2. 简述流通加工管理的内容。

3. 简述流通加工的类型。

4. 在需要经过长距离输送供应的情况下，以熟料形式代替传统的粉状水泥的优点表现在哪些方面？

5. 简述不合理的流通加工形式。

6. 简述流通加工合理化的措施。

第 8 章

物流信息技术

学习目标

◆ 了解信息、物流信息、物流信息技术、条码、一维条码、二维条码、条码识别设备、射频识别系统、电子数据交换、北斗卫星导航系统、地理信息系统、物联网、云计算、大数据的概念，以及物流信息技术的发展趋势；

◆ 掌握条码的结构、类型、识别设备、制作，以及一维条码和二维条码的特点；

◆ 掌握射频识别系统的组成、工作原理、特点、应用，以及电子数据交换技术的组成、工作原理、作用；

◆ 掌握北斗系统的组成、标志、应用，以及地理信息系统的功能及应用；

◆ 掌握物联网的基本特征、功能、组成，云计算的应用，以及大数据的特点及应用；

◆ 能够在实践中运用条码识读设备、电子数据交换技术、北斗卫星导航系统、地理信息系统、物联网、云计算、大数据。

课程思政

我国北斗卫星导航系统的优势

相比于 GPS，我国北斗卫星导航系统具有以下优势：

① 同时具备定位与通信功能，不需要其他通信系统支持，而 GPS 只能定位。

② 覆盖范围大，没有通信盲区，北斗卫星导航系统覆盖了中国及周边国家和地区，不仅可为中国，也可为周边国家服务。

③ 特别适合集团用户大范围监控管理和采集用户数据传输应用。

④ 融合北斗卫星导航定位系统和卫星增强系统两大资源，因此也可利用 GPS 使之应用更加丰富。

⑤ 自主系统，安全、可靠、稳定，保密性强，适合关键部门应用。

这是一批批技术人员努力的结果，他们登岛礁、赴荒漠、上高原，有的随船出海数十天，有的在高寒山上一住半个月，为的就是得到一组组测试数据。他们当中，有从事北斗事业 20 多年的专家高工，有孩子刚出生的年轻骨干。他们为了我国自主的卫星导航系统，努力奋斗，默默奉献，终于取得了成功。在校的青年学子，要学习他们刻苦拼搏、无私奉献的精神，刻苦学习，努力攀登科技高峰，为祖国的科技事业奉献自己全部的力量。

8.1 物流信息技术概述

8.1.1 信息与物流信息

信息指音讯、消息、通信系统传输和处理的对象，泛指人类社会传播的一切内容。人通过获得、识别自然界和社会的不同信息来区别不同事物，得以认识和改造世界。在一切通信和控制系统中，信息是一种普遍联系的形式。1948 年，数学家香农在题为《通信的数学理论》的论文中指出："信息是用来消除随机不定性的东西。"

物流信息指反映物流各种活动内容的知识、商品、物资、价格、资料、图像、数据文件的总称。

信息虽然是不确定的，但也有办法使其量化。人们根据信息的概念，可以归纳出信息有以下三个特点：

① 信息 X 发生的概率 $P(X)$ 越大，信息量（用 I 来表示）越小；反之，信息发生的概率 $P(X)$ 越小，信息量就越大。可见，信息发生的概率与信息量的关系成反比。

② 当信息发生的概率 $P(X)$ 为 "1" 时，信息量为 "0"。

③ 当一条信息是由多条独立的小信息组成时，那么这条信息所含信息量应等于各条小信息所含信息量的和。

根据这几个特点，如果用数学上对数函数来表示，就正好可以表示信息量和信息发生的概率之间的关系式：$I = -\log_a P(X)$。通常是以比特（bit）为单位来计量信息量的，这样比较方便，因为一个二进制波形的信息量恰好等于 1bit。

物流信息技术是现代信息技术在物流各个作业环节中的综合应用，是现代物流区别传统物流的根本标志，也是物流技术中发展最快的领域，尤其是计算机网络技术的广泛应用使物流信息技术达到了较高的应用水平。物流信息技术的发展也改变了企业应用供应链管理获得竞争优势的方式，成功的企业通过应用信息技术来支持它的经营战略并选择它的经营业务。

物流信息技术即运用于物流各环节中的信息技术。根据物流的功能以及特点，物流信息技术包括条码识别技术、射频识别技术、电子数据交换技术、物联网技术、云计算、大数据技术等。

8.1.2 物流信息技术的发展趋势

趋势之一：射频识别技术将成为未来物流领域的关键技术

射频识别技术应用于物流行业，可大幅提高物流管理与运作效率，降低物流成本。另外，从全球发展趋势来看，随着射频识别相关技术的不断完善和成熟，射频识别技术产业将成为一个新兴的高技术产业群，成为国民经济新的增长点。因此，射频识别技术有望成为推动现代物流加速发展的新品润滑剂。

趋势之二：物流动态信息采集技术将成为物流发展的突破点

在全球供应链管理趋势下，及时掌握货物的动态信息和品质信息已成为企业盈利的关键因素。但是由于受到自然、天气、通信、技术、法规等方面的影响，物流动态信息采集技术的发展一直受到很大制约，远远不能满足现代物流发展的需求。借助新的科技手段，完善物流动态信息采集技术，成为物流领域下一个技术突破点。

趋势之三：物流信息安全技术将日益被重视

借助网络技术发展起来的物流信息技术，在享受网络飞速发展带来巨大好处的同时，也时刻提防着随时可能出现的安全危机，例如网络黑客无孔不入的恶意攻击、病毒的肆虐、信息的泄露等。应用安全防范技术，保障企业的物流信息系统或平台安全、稳定运行，是企业长期面临的一项重大挑战。

8.2　条码识别技术

条码指由一组规则排列的条、空及其对应字符组成的，用以表示一定信息的标识。

8.2.1　条码的结构

条码的结构指条码的各个组成部分的搭配和排列。条码的结构包括条、空、空白区域、起始符、数据符、终止符和校验符七个部分，条码的结构如图 8-1 所示。

① 条。条指条码中对光的反射率低的部分，一般为黑色。

② 空。空指条码中对光的反射率高的部分，一般为白色。

图 8-1　条码的结构

③ 空白区域。空白区域指为保证条码正常识读而在条码两端保留的与空同色的区域。

④ 起始符。起始符指位于条码起始位置，表示条码开始的一个特殊的条码字符。

⑤ 数据符。数据符指位于起始符与终止符之间，表示条码所记录的数据。

⑥ 终止符。终止符指位于条码终止位置，表示条码结束的一个特殊的条码字符。

⑦ 校验符。校验符指用于检验条码准确性的一个条码字符，根据条码所表示的字符信息按一定的校验规则生成，一般位于终止符前。

8.2.2　条码的类型

常用的条码包括 EAN 码、UPC 码、39 码、128 码、93 码、25 码（包括基本 25 码、交叉 25 码和矩阵 25 码）、Codabar 码、49 码、11 码以及国际标准书号等。

① EAN（European Article Number）码。EAN 码是国际通用的符号体系，是一种长度固定、无含义的条码，所表达的信息全部为数字，主要应用于商品标识，通用于全世界。EAN 码主要有 EAN-13、EAN-8 两种。

② UPC（Universal Product Code）码。UPC 码是最早大规模应用的条码，其特性是一种长度固定、连续性的条码，目前主要在美国和加拿大使用，由于其应用范围广泛，故又

被称万用条码。UPC 码仅可用来表示数字，故其字码集为数字 0～9。UPC 码共有 A、B、C、D、E 五种版本

③ 39 码。39 码是第一种可表示数字、字母相结合的用途广泛的条码。1974 年，Inte rmec 公司的戴维·阿利尔（Davide Allair）博士研制出 39 码，很快被美国国防部所采纳，作为军用条码码制。39 码后来广泛应用于工业、图书及票证的自动化管理。

④ 128 码。我国所推行的 128 码是 EAN-128 码，EAN-128 码根据 EAN/UCC-128 码定义标准将资料转变成条码符号，并采用 128 码逻辑，具有完整性、紧密性、联结性及高可靠度的特性。辨识范围涵盖生产过程中一些补充性质且易变动的资讯，如生产日期、批号、计量等。广泛应用在企业内部管理、生产流程、物流控制系统等方面。

⑤ 93 码。93 码是一种长度可变的连续型字母数字式码制，密度较高，每个字符有 3 个条和 3 个空，共 9 个元素宽度。类似于 39 码的条码，能够替代 39 码。

⑥ 25 码。25 码的类型很多，包括基本 25 码、交叉 25 码、矩阵 25 码三种类型。25 码主要应用于包装、运输以及国际航空系统的机票顺序编号等。

⑦ Codabar 码。Codabar 码是一种长度可变的非连续型自校验数字式码制，其字符集为数字 0～9，A，B，C，D 4 个大写英文字母以及 6 个特殊字符（–、:、/、. 、+、$），共 20 个字符。Codabar 码主要应用于医疗卫生、图书情报、货物等领域数字和字母信息的跟踪管理。

⑧ 49 码。49 码是一种多层、连续型、可变长度的条码符号，它可以表示全部的 128 个 ASCII 字符。每个 49 码符号由 2～8 层组成，每层有 18 个条和 17 个空。层与层之间由一个层分隔条分开，每层包含一个层标识符，最后 层包含表示符号层数的信息。

⑨ 11 码。11 码专为电信行业设计。因其结构像 2/5 的矩阵，它的名字来自允许 11 个字元的编码（数字 0～9 及"–"字元），除起始及结束字元外。每个字元由 3 条黑色线条（bar）及 2 条白色线条（space）组成 5 条线的编码方式，由 2 条粗线条及 3 条窄线条，或是 1 条额外大的粗线条及 4 条窄线条组成。

⑩ 国际标准书号（International Standard Book Number，ISBN）。国际标准书号是专门为识别图书等文献而设计的国际编码。ISO 于 1972 年颁布了 ISBN 国际标准，并在西柏林普鲁士图书馆设立了实施该标准的管理机构——ISBN 中心。采用 ISBN 编码系统的出版物有：图书、小册子、缩微出版物、盲文印刷品等。2007 年 1 月 1 日之前，ISBN 由 10 位数字组成，分 4 个模块：组号（国家、地区、语言的代号），出版者号，书序号和校验码。2007 年 1 月 1 日起，实行新版 ISBN，新版 ISBN 由 13 位数字组成，分为 5 个模块，即在原来的 10 位数字前加上 3 位 EAN（欧洲商品编号）图书产品代码"978"。在联机书目中 ISBN 可以作为一个检索字段，从而为用户增加了一种检索途径。条码码制的区别如表 8-1 所示。

表 8-1　条码码制的区别

种类	长度	排列	校验	字符符号码元结构	标准字符集	其他
EAN-13 EAN-8	13 位 8 位	连续	校验码	7 个模块， 2 条、2 空	0～9	EAN-13 为标准版 EAN-8 为缩短版

续表

种类	长度	排列	校验	字符符号 码元结构	标准字符集	其他
UPC-A UPC-E	12 位 8 位	连续	校验码	7 个模块， 2 条、2 空	0～9	UPC-A 为标准版 UPC-E 为消零压缩版
39 码	可变长	非连续	自检验 校验码	12 个模块，5 条、 4 空：其中 3 个宽单元、 6 个窄单元	0～9、A～Z、 －、$、/、+、 %、*、.、空格	"*"用作起始符和终止 符，密度可变，有串联性， 也可增设校验码
128 码	可变长	连续	校验码	11 个模块， 3 条、3 空	三个字符集覆 盖了 128 个全 ASCII 码	有功能码，对数字 码的密度最大
93 码	可变长	连续	校验码	9 个模块， 3 条、3 空	0～9、A～Z、 －、$、/、+、 %、*、.、空格	有串联性，可设双校验 码，加前置码后可表示 128 个全 ASCII 码
基本 25 码	可变长	非连续	自校验	14 个模块，5 个条， 其中 2 个宽单元、 3 个窄单元	0～9	空不表示信息，密度小
交叉 25 码	定长或 可变长	连续	自校验 校验码	18 个模块表示 2 个字 符，5 个条表示奇数位， 5 个空表示偶数位	0～9	表示偶数位个信息编码， 密度大，EAN、UPC 的 物流码采用该码制
矩阵 25 码	定长或 可变长	非连续	自校验 校验码	9 个模块，3 条 2 空， 其中 2 个宽单元、 3 个窄单元	0～9	密度较大，在我国被 广泛用于邮政管理
Codabar 码	可变长	非连续	自校验	7 个单元，4 条 3 空	0～9、A～D、 $、+、－、/	有 18 种密度
49 码	可变长 多行	连续	校验码	每行 70 个模块， 18 个条，17 个空	128 个全 ASCII 码	多行任意起始扫描，行号 由每行词的奇偶性决定
种类	长度	排列	校验	字符符号 码元结构	标准字符集	其他
11 码	可变长	非连续	自校验	3 条 2 空	0～9、-	有双自校验功能
国际标准 书号	13 位	连续	校验码	5 个模块	0～9、-	2007 年 1 月 1 日起， 实行新版 ISBN

8.2.3　一维条码和二维条码

1. 一维条码

（1）一维条码的概念

一维条码指仅在一个维度方向上表示信息的条码符号。

（2）一维条码的特点

① 一维条码的优点。

输入速度快。与键盘输入相比，输入的速度是键盘输入的五倍，并且能实现"即时数据输入"。

可靠性高。键盘输入数据，出错率为三百分之一；利用光学字符识别技术，出错率为万分之一；而采用条形码技术，出错率为百万分之一。

采集信息量大。一维条码一次可采集几十位字符的信息。

灵活实用。条码标识既可以作为一种识别手段单独使用，也可以和有关识别设备组成一个系统实现自动化识别，还可以和其他控制设备连接起来实现自动化管理。

低成本。一维条码标签易于制作，用专业的条码打印软件就可以实现批量制作打印，对设备和材料没有特殊要求，一维条码识别设备也易于操作，不需要特殊培训。

② 一维条码的缺点。

容纳的数据量小，主要依靠计算机中的关联数据库，容纳的数据量最多只有十几个汉字。

一维条码只是在一个方向（一般是水平方向）表达信息，而在垂直方向则不表达任何信息，其一定的高度通常是为了便于阅读器的对准。

一维条码可直接显示内容为英文、数字、简单符号，不能显示汉字。

一维条码保密性能不高。

一维条码损污后的识别性差。

2. 二维条码

（1）二维条码的概念

二维条码（也称二维码）指在两个维度方向上都表示信息的条码符号。

（2）二维条码的特点

① 二维条码的优点。

高密度编码，信息容量大。二维条码可容纳多达 1850 个大写字母，或 2710 个数字，或 1108 个字节，或 500 多个汉字，比普通条码信息容量大约几十倍。

编码范围广。二维条码可以把图片、声音、文字、签字、指纹等可以数字化的信息进行编码，用条码表示出来；可以表示多种语言文字；可以表示图像数据。

容错能力强，具有纠错功能。二维条码因穿孔、污损等引起局部损坏时，照样可以得到正确识读，损毁面积达 50%仍可恢复信息。

译码可靠性高。二维条码比普通条码译码错误率（百万分之二）要低得多，误码率不超过千万分之一。

可引入加密措施。二维条码保密性、防伪性好。

成本低，易制作，持久耐用。

条码符号形状、尺寸可变。

可以使用激光或 CCD 阅读器识读。

② 二维条码的缺点。

《全球手机安全报告》显示，二维条码技术成为手机病毒、钓鱼网站传播的新渠道。

二维条码信息容量大是一把双刃剑，通过二维条码，可以获取更多信息，但是也可能会因此泄露个人信息。

（3）一维条码与二维条码的区别

一维条码与二维条码的区别主要表现在可直接显示的内容、储存量、保密性、损污后可读性四个方面。一维条码与二维条码对照及区别如图 8-2 及表 8-2 所示。

图 8-2　一维条码与二维条码对照

表 8-2　一维条码与二维条码的区别

条码类型	一维条码	二维条码
可直接显示的内容	英文、数字、简单符号	英文、中文、数字、符号、图形
储存量	储存数据不多，主要依靠计算机中的关联矩阵	储存数据量大，可存放 1KB 字符，可用扫描仪直接读取内容，无须另接数据库
保密性	保密性能不高	保密性高（可加密）
损污后可读性	损污后可读性差	损污 50% 仍可读取完整信息

课程思政

我国物品编码工作获国际领域高度认可

2016 年 6 月 15 日，在墨西哥召开的国际物品编码组织（以下简称 GS1）全体大会上，中国物品编码中心主任张成海当选为 GS1 管理委员会委员。这是我国物品编码管理机构第一次进入国际物品编码标准化组织的管理层，是我国编码标准化工作发展的里程碑。张成海进入 GS1 管理委员会，是国际编码领域对我国物品编码工作的高度认可，也是我国物品编码工作加快国际化进程的重要举措。

据了解，中国物品编码中心是统一组织、管理、协调我国商品条码、物品编码及自动识别技术的专门机构，隶属于国家市场监督管理总局，1988 年成立，1991 年代表我国加入GS1。GS1 管理委员会委员共 36 名，但目前只有美国、德国、中国的官方物品编码组织的领导是该组织的委员，其余 33 名委员都是企业界的代表。

近 30 年来，我国物品编码工作一直伴随着经济发展而不断深入。从助力对外贸易和商品出口，到带动国民经济各行业信息化发展，再到服务于网络经济和政府监管，物品编码工作为社会经济发展贡献巨大。我国目前应用商品条码的企业有 20 多万家，拥有商品条码的产品数量达 8000 多万种，全国数百万家商超使用条码技术进行结算。

8.2.4　条码识别设备

1. 条码识别设备的概念

条码识别设备主要指条码扫描器，又称为条码阅读器、条码扫描枪。条码扫描器是用于读取条码所包含信息的阅读设备，利用光学原理，把条码的内容解码后通过数据线或者无线的方式传输到电脑或者其他设备。

2．条码识别设备的种类

条码识别设备中的条码扫描器的种类很多，常用的主要有手持式条码扫描器、小滚筒式条码扫描器和平台式条码扫描器三种。

① 手持式条码扫描器。手持式条码扫描器指用于手持的条形码阅读器，能够阅读各种材料、不平表面的一维、二维条码。主要特点是可以扫描纸张、手机和计算机屏幕上的一维、二维和 PDF417 条码；几乎可扫描所有介质上的条码；全方位扫描模式；无须将条码对准扫描仪即可实现扫描；支持所有常见接口；可轻松集成到现有的技术环境中；易于迁移至新主机；IP43 密封等级加耐摔规格，可承受从 1.83m 的高度跌落至混凝土地面的冲击力；经久耐用，即使发生溅水或摔落情况，亦可照常使用。手持式条码扫描器如图 8-3 所示。

② 小滚筒式条码扫描器。小滚筒式条码扫描器是手持式条码扫描器和平台式条码扫描器的中间产品（这几年有新的出现，因为是内置供电且体积小被称为笔记本条码扫描器）。这种产品绝大多数采用 CIS 技术，光学分辨率为 300dpi，有彩色和灰度两种，彩色型号一般为 24 位彩色。也有极少数小滚筒式条码扫描器采用 CCD 技术，扫描效果明显优于 CIS 技术的产品，但由于结构限制，体积一般明显大于 CIS 技术的产品。小滚筒式的设计是将条码扫描器的镜头固定，移动要扫描的货物来扫描，运作时就像打印机那样，要扫描的货物必须穿过机器再送出。因此，被扫描的货物不可以太厚。小滚筒式条码扫描器最大的好处是体积很小，缺点是使用起来有多种局限。例如，只能扫描薄的纸张，范围还不能超过条码扫描器的大小。小滚筒式条码扫描器如图 8-4 所示。

③ 平台式条码扫描器。平台式条码扫描器也称固定式条码扫描器，一般使用在生产车间的生产线或物流节点的输送线。这样可以不用停止生产线或输送线，扫描的速度更快，更加稳定。而且不会因为疏忽出现漏扫、重扫的问题，提高了扫描速度的同时还提高了扫描的准确度。平台式条码扫描器一般由扫描引擎、集成模块、通信电路组成，只需要通过 USB 接口或者串口连接到计算机的管理系统，就能实现对生产线或输送线进行条码扫描传输录入。平台式条码扫描器如图 8-5 所示。

图 8-3 手持式条码扫描器　　　　图 8-4 小滚筒式条码扫描器　　　　图 8-5 平台式条码扫描器

8.2.5 条码的制作

条码系统由条码、识读设备、电子计算机及通信系统组成。应用范围不同，条码应用系统的配置也不同。一般来讲，条码系统的应用效果主要取决于条码的制作。条码的制作主要考虑以下三个因素。

1．条码设计

条码设计包括确定条码信息单元、选择码制和符号版面设计。

2．条码的编码原则

条码的编码原则主要有以下三个：

（1）唯一性

同种规格同种产品对应同一个产品代码，同种产品不同规格对应不同的产品代码。根据产品的不同性质，如质量、包装、规格、气味、颜色、形状等，对产品赋予不同的产品代码。

（2）永久性

产品代码一经分配，就不再更改，并且是终身的。当此种产品不再生产时，其对应的产品代码只能搁置起来，不得重复启用或分配给其他的产品。

（3）无含义

为了保证代码有足够的容量以适应产品频繁更新换代的需要，最好采用无含义的顺序码。

3．条码印制

在条码应用系统中，条码印制质量对系统能否顺利运行关系重大。如果条码本身质量高，即使性能一般的识读器也可以顺利地读取。虽然操作水平、识读器质量等是影响识读质量不可忽视的因素，但条码本身的质量始终是系统能否正常运行的关键。印制条码的设备如图 8-6 所示。

　　（a）工业型条码打印机　　　　　（b）桌面型条码打印机　　　　　（c）移动式条码打印机

图 8-6　印制条码的设备

8.3　射频识别系统

射频识别系统指由射频标签、识读器、计算机网络、应用程序及数据库组成的自动识别和数据采集系统。

8.3.1　射频识别系统的组成

射频识别系统主要由射频标签、电磁场、识读器、计算机网络、天线、应用程序及数据库六部分组成，射频识别系统如图 8-7 所示。

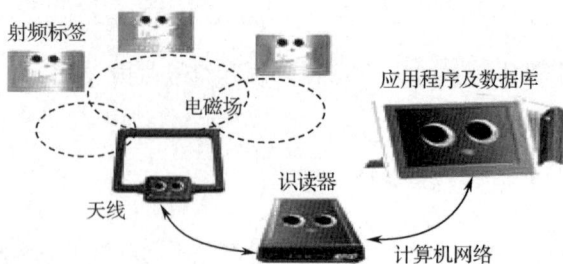

图 8-7　射频识别系统

1．射频标签

射频标签指用于物体或物品标识、具有信息存储机制的、能接收读写器的电磁场调制信号并返回响应信号的数据载体。射频标签附着在货物上标识目标对象，射频标签一般保存有约定格式的电子数据，在实际应用中，射频标签附着在待识别货物的表面。

2．识读器

识读器是读取（有时还可以写入）射频标签信息的设备，可设计为手持式或固定式。识读器可无接触地读取并识别射频标签中所保存的电子数据，从而达到自动识别货物的目的。通常识读器与计算机相连，所读取的射频标签信息被传送到计算机上以进行下一步处理。

3．计算机网络

计算机网络在射频标签和阅读器间传递射频信号，即射频标签的数据信息。

4．天线

天线主要用于标签和读取器间传递射频信号。

5．应用程序

应用程序指完成识别某种货物或同时识别多种货物的计算机程序。

6．数据库

数据库主要储存所要识别的货物的信息。

8.3.2　射频识别系统的工作原理

射频标签进入电磁场后，接收识读器发出的射频信号，凭借感应电流所获得的能量发送出存储在芯片中的货物信息（无源标签或被动标签），或者主动发送某一频率的信号（有源标签或主动标签）；识读器读取信息并解码后，送至中央信息系统进行有关数据处理。

8.3.3　射频识别系统的特点

1．数据可写

只要通过射频识别系统即可不需接触，直接读取信息至数据库内，且可一次处理多个标签，并可以将物流处理的状态写入标签，供下一阶段物流处理使用。与条形码等各种纸媒体的自动识别方法相比，射频识别系统可不限制次数地新增、修改、删除卷标（一个磁盘的唯一标识）内储存的数据。

2．形状的小型化和多样化

现在市场上微型射频识别系统芯片的厚度仅有 0.1mm，面积为 0.4mm×0.4mm，薄到可以嵌入纸币中，因此可以隐藏在各种物质里面。

3．适用环境范围广

射频识别系统对水、油和药品等物资有强力的抗污性，同时，在黑暗或脏污的环境中，射频识别系统也可以读取数据。

4．可重复使用

由于射频识别系统为电子数据，可以被反复覆写，因此，如果回收射频标签的话，就可以重复使用。

5．具有穿透性

射频识别系统即使被纸张、木材和塑料等非金属或非透明的材料包覆，也可以进行穿透性通信。不过，如果被铁质材料包覆，则无法进行通信。

6．数据的储存量大

数据容量会随着存储规格的发展而扩大，尤其是目前物资所需携带的数据量越来越大，对卷标所能扩充容量的需求也有所增加。射频识别系统不像条形码那样受到限制。一维条形码的容量是 50 字节；二维条形码可储存 2000～3000 字节的数据。射频识别系统的最大容量可达数兆字节。

8.3.4　射频识别系统在物流管理中的应用

在物流管理过程中，将射频标签贴在托盘、包装箱或元器件上，进行元器件规格、序列号等信息的自动存储和传递。射频标签能将信息传递给 3m 范围内的射频识读器，使物流管理中不再需要使用手持式条码扫描器对托盘、包装箱或元器件等进行逐个扫描，这在一定程度上减少了遗漏的发生，并大幅提高了工作效率。

（1）仓储管理

在仓储管理过程中，射频识别系统广泛地用于存取货物与库存盘点，使存货和取货等操作实现自动化。将射频识别系统与供应链计划系统制定的收货、取货、装运等结合，这样不仅增强了作业的准确性和快捷性，还提高了服务质量，降低了成本，节省了劳动力和库存空间，同时减少了整个仓储管理流程中由于货物误置、送错、偷窃、损害和库存、出货错误等造成的损耗。

（2）运输管理

在运输管理过程中，在途运输的货物和车辆贴上射频识别系统标签，在运输线路上的一些检查点安装上射频识别系统接收转发装置。这样在接收装置中收到射频识别系统标签信息后，连同接收地的位置信息上传至通信卫星，再由通信卫星传送给运输调度中心，送入数据库中。

（3）配送管理

在配送管理过程中，采用射频识别系统能大大提高拣选与分发过程的效率与准确率，并能减少人工、降低配送成本。物流信息系统将读取到的信息与发货记录进行核对，就能够检测可能出现的错误，然后将射频识别系统标签内的信息更新为最新的货物状态。库存控制得到精确管理，甚至对目前还有多少货箱处于转运途中、转运的始发地和目的地，以及预期的到达时间等信息都可以准确掌握。

8.4 电子数据交换技术

电子数据交换指采用标准化的格式，利用计算机网络进行业务数据的传输和处理。

1. 电子数据交换技术的组成

电子数据交换技术一般由转换程序、翻译系统、通信程序三部分组成。

① 转换程序。转换程序指发送时将供应方计算机系统的应用文件转换成翻译系统能够理解的平面文件，或是将从翻译软件接收到的平面文件，转换成用户计算机系统中的应用文件。

② 翻译系统。翻译系统指将平面文件翻译成 EDI 技术标准格式，或将接收到的 EDI 技术标准格式翻译成平面文件。

③ 通信程序。通信程序指把文件从发送方电子邮箱准确无误地送到接收方的电子邮箱，并对传递的信息保密。

2. 电子数据交换技术的工作原理

电子数据交换技术的工作原理如图 8-8 所示。

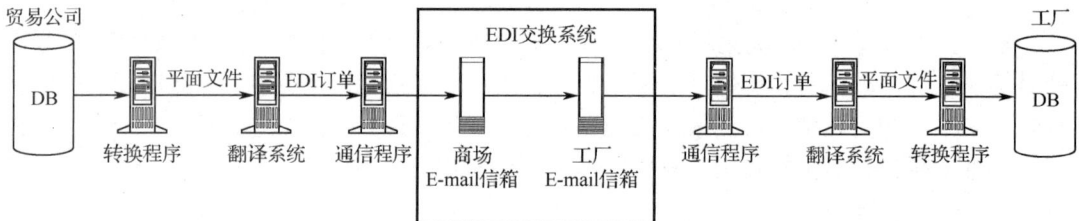

图 8-8 电子数据交换技术的工作原理

3. 实施电子数据交换技术的作用

① 对于制造业来说，利用电子数据交换技术可以有效地减少库存量及生产线待料时间，降低了生产成本。

📖 **小资料**

平面文件

平面文件指去除了所有特定应用（程序）格式的电子记录，从而使数据元素可以迁移到其他的应用上进行处理。

去除电子数据格式的模式可以避免因为硬件和专有软件的过时而导致数据丢失。所有信息都在一个信号字符串中。

② 对于运输业来说，利用电子数据交换技术可以快速通送报检，科学合理地利用运输资源，缩短运输距离，降低运输成本和节约运输时间。

③ 对于零售业来说，利用电子数据交换技术可以建立快速响应系统，减少商场库存量与空架率，加速资金周转，降低了物流成本。

④ 便于实施产、存、运、销一体化的供应链管理。

8.5 定位与导航技术

8.5.1 北斗卫星导航系统

北斗卫星导航系统（以下简称"北斗系统"）是我国着眼于国家安全和经济社会发展需要，自主建设、独立运行的卫星导航系统，是为全球用户提供全天候、全天时、高精度的定位、导航和授时服务的国家重要空间基础设施，也是继全球定位系统、格洛纳斯（俄语为"全球定位系统"）之后的第三个成熟的卫星导航系统。北斗系统和美国全球定位系统、俄罗斯格洛纳斯、欧盟伽利略卫星导航系统是联合国卫星导航委员会已认定的供应商。与世界上其他卫星导航系统不同，北斗系统除导航、定位、授时服务外，还具备短报文通信的功能。

1. 北斗系统的组成

北斗系统由空间段、地面段和用户段三部分组成。

① 空间段。空间段由若干地球静止轨道卫星、倾斜地球同步轨道卫星和中圆地球轨道卫星组成。

② 地面段。地面段包括主控站、时间同步/注入站和监测站等若干地面站。

③ 用户段。用户段包括北斗及兼容其他卫星导航系统的芯片、模块、天线等基础产品，以及终端设备、应用系统与应用服务等。

2. 北斗系统的标志

北斗系统的标志由正圆形、写意的太极阴阳鱼、北斗星、网格化地球和中英文文字等要素组成。

① 圆形构型象征中国传统文化中的"圆满"，深蓝色的太空和浅蓝色的地球代表航天事业。

② 太极阴阳鱼蕴含了中国传统文化。

③ 北斗星是自远古时起人们用来辨识方位的依据，司南是中国古代发明的世界上最早的导航装置，两者结合既彰显了中国古代科学技术成就，又象征着卫星导航系统星地一体，为人们提供定位、导航、授时服务的行业特点，同时还寓意着中国自主卫星导航系统的名字——北斗。

④ 网格化地球和中英文文字代表了北斗系统开放兼容、服务全球。

3. 北斗系统在物流领域的应用

交通运输行业是北斗系统最大的民用用户之一。北斗系统可帮助运输企业对车辆进行监控，满足车辆运营、调度、安全管理的需要，实现企业对所属车辆及驾驶员的远程监控，分析车辆的行驶轨迹和路线，提升运输企业的管理效率，降低运营风险，也可以为货车驾驶员提供导航、资讯、救援等服务，同时进行违章提醒和紧急情况提醒，随时掌握车辆行驶状态，有效保障车辆及驾驶员的安全。

小资料

全球定位系统

全球定位系统指以人造卫星为基础、24 小时提供高精度的全球范围的定位和导航信息的系统。

全球定位系统系统包括三大部分：空间部分——全球定位系统卫星星座；地面控制部分——全球定位系统地面监控系统；用户设备部分——全球定位系统信号接收机。

全球定位系统主要有全球全天候定位、定位精度高、观测时间短、仪器操作简便等特点。

8.5.2 地理信息系统

地理信息系统指由计算机软硬件环境、地理空间数据、系统维护和使用人员四部分组成的空间信息系统，可对整个或部分地球表层（包括大气层）空间中的有关地理分布数据进行采集、储存、管理、运算、分析显示和描述。

地理信息技术经过了 50 多年的发展，到今天已经逐渐成为一门相当成熟的技术，并且得到了极广泛的应用。尤其是近些年，地理信息系统更以其强大的地理信息空间分析功能，在全球定位系统及路径优化中发挥着越来越重要的作用。

1．地理信息系统的功能

（1）数据采集与编辑功能

地理信息系统的核心是地理空间数据库，所以建立地理信息系统的第一步是将地面的实体图形数据和描述它的属性数据输入系统中，即数据采集。为了消除数据采集的错误，需要对图形及文本数据进行编辑和修改。

（2）属性数据编辑与分析功能

属性数据比较规范，适合用表格表示，大多数的地理信息系统都采用关系数据库管理系统管理。通常的关系数据库管理系统都为用户提供一套功能很强的数据编辑和数据库查询语言系统，设计人员可据此建立友好的用户界面，以方便用户对属性数据的输入、编辑与查询。除文件管理功能外，属性数据库管理模块的主要功能之一是用户定义各类地物的属性数据结构。由于地理信息系统中各类地物的属性不同，描述它们的属性项及值域亦不同，所以系统应提供用户自定义数据结构的功能，还应提供修改结构的功能，以及提供复制结构、删除结构、合并结构等功能。

（3）制图功能

建立地理信息系统首先要将地面上的实体图形数据和描述它的属性数据输入数据库中，并能编制用户所需要的各种图件，因为大多数用户目前最关心的是制图功能。一个功能强大的制图软件包应具有地图综合、分色排版的功能。根据地理信息系统的数据结构及绘图仪的类型，用户可获得矢量地图或栅格地图。地理信息系统不仅可以为用户输出全要素地图，还可以根据用户需要分层输出各种专题地图，如行政区划图、土壤利用图、道路交通图、等高线图等。还可以通过空间分析得到一些特殊的地学分析用图，如坡度图、坡向图、剖面图等。

（4）空间数据库管理功能

地理对象通过数据采集与编辑后，形成庞大的地理数据集。对此需要利用数据库管理系统来进行管理。地理信息系统一般都装配有地理数据库，其功效类似对图书馆的图书进行编目。

2. 地理信息系统在物流管理中的应用

地理信息系统在物流管理中主要应用在车辆路线模型、网络物流模型、分配集合模型、设施定位模型等方面。

① 车辆路线模型。车辆路线模型用于解决一个起始点、多个终点的货物运输中如何降低物流作业费用，并保证服务质量的问题，包括决定使用多少辆车，每辆车的路线等。

② 网络物流模型。网络物流模型用于解决寻求最有效的分配货物路径问题，也就是物流网点布局问题。例如，将货物从 n 个仓库运往 m 个商店，每个商店都有固定的需求量，因此需要确定由哪个仓库发货配送至哪个商店所耗的运输成本最低。

③ 分配集合模型。分配集合模型可以根据各个要素的相似点把同一层上的所有或部分要素分为几个组，用以解决确定服务范围和销售市场范围等问题。例如，某一公司要设立 x 个分销点，要求这些分销点要覆盖某一地区，而且要使每个分销点的顾客数目大致相等。

④ 设施定位模型。设施定位模型用于确定一个或多个设施的位置。在物流系统中，仓库和运输线路共同组成了物流网络，仓库处于网络的节点上，节点决定着线路。

8.6　物流新技术

8.6.1　物联网技术

物联网指通过传感器、射频识别技术、全球定位系统、红外感应器、激光扫描器等各种装置与技术，实时采集任何需要监控、连接、互动的物体或过程，采集其声、光、热、电、力学、化学、生物、位置等各种需要的信息，通过各类可能的网络接入，实现物与物、物与人的泛在链接，实现对物品和过程的智能化感知、识别和管理。

物联网是一个基于互联网、传统电信网等的信息承载体，它让所有能够被独立寻址的普通物理对象形成互联互通的网络，即"万物相连的互联网"，是互联网基础上的延伸和扩展的网络，将各种信息传感设备与网络结合起来而形成的一个巨大网络，实现任何时间、任何地点，人、机、物的互联互通。

物联网是新一代信息技术的重要组成部分，IT 行业又叫泛互联，意指物物相连，万物万联。由此，"物联网就是物物相连的互联网"。包含两层意思：第一，物联网的核心和基础仍然是互联网，是在互联网基础上的延伸和扩展的网络；第二，其用户端延伸和扩展到了任何物品与物品之间，进行信息交换和通信。因此，物联网是通过射频识别、红外感应器、全球定位系统、激光扫描器等信息传感设备，按约定的协议，把任何物品与互联网相连接，进行信息交换和通信，以实现对物品的智能化识别、定位、跟踪、监控和管理的一种网络。

物联网的基本特征从通信对象和过程来看，物与物、人与物之间的信息交互是物联网的核心。

1．物联网的基本特征

物联网的基本特征包括整体感知、可靠传输和智能处理三个方面。

① 整体感知。可以利用射频识别、二维码、智能传感器等感知设备感知获取物体的各类信息。

② 可靠传输。通过对互联网、无线网络的融合，将物品的信息实时、准确地传送，以便信息交流、分享。

③ 智能处理。使用各种智能技术，对感知和传送的数据、信息进行分析处理，实现监测与控制的智能化。

2．物联网处理信息的功能

根据物联网的基本特征，结合信息科学的观点，围绕信息的流动过程，可以归纳出物联网处理信息的功能，包括获取信息的功能、传送信息的功能、处理信息的功能、施效信息的功能。

① 获取信息的功能。获取信息的功能指信息的感知、识别功能，信息的感知指对事物属性状态及其变化方式的知觉和敏感；信息的识别指能把所感受到的事物状态用一定方式表示出来。

② 传送信息的功能。传送信息的功能指信息发送、传输、接收等环节，最后把获取的事物状态信息及其变化的方式从时间（或空间）上的一点传送到另一点的任务，这就是常说的通信过程。

③ 处理信息的功能。处理信息的功能指信息的加工过程，利用已有的信息或感知的信息产生新的信息，实际是制定决策的过程。

④ 施效信息的功能。施效信息的功能指信息最终发挥效用的过程，有很多的表现形式，比较重要的是通过调节对象事物的状态及其变换方式，始终使对象处于预先设计的状态。

3．物联网的组成

物联网由射频识别技术、传感网、M2M 系统框架、云计算组成。

（1）射频识别技术

射频识别技术让货物能够"开口说话"，赋予了物联网可跟踪性。货主可以随时掌握货物的准确位置及其周边环境。

（2）传感网

传感网是由微传感器、微执行器、信号处理和控制电路、通信接口和电源等部件组成的一体化的微型器件系统。其目标是把信息的获取、处理和执行集成在一起，组成具有多功能的微型系统，集成于大尺寸系统中，从而大幅度地提高系统的自动化、智能化和可靠性水平。它是比较通用的传感器。

传感网赋予了普通货物新的"生命"，拥有了属于自己的数据传输通路、存储功能、操作系统和专门的应用程序，从而形成一个庞大的传感网。这让物联网能够通过货物来实现对人的监控与保护。如仓库管理员酒后操作设备，如果在设备和设备点火钥匙上都植入微型感应器，那么当喝了酒的仓库管理员掏出设备的钥匙时，钥匙就能透过气味感应器察觉到酒气，从而通过无线信号立即通知设备"暂停发动"，设备便会处于休息状态；同时"命令"仓库管理员的手机给他的同事发短信，告知仓库管理员所在位置，提醒同事尽快来处理。

（3）M2M 系统框架

M2M 是 Machine-to-Machine/Man 的简称，是一种以机器终端智能交互为核心的、网络化的应用与服务。它将使对象实现智能化的控制。M2M 技术涉及 5 个重要的技术部分：机器、M2M 硬件、通信网络、中间件、应用。基于云计算平台和智能网络，可以依据传感器网络获取的数据进行决策，改变对象的行为进行控制和反馈。

（4）云计算

云计算的一个核心理念就是通过不断提高"云"的处理能力，不断减少用户终端的处理负担，最终使其简化成一个单纯的输入输出设备，并能按需享受"云"强大的计算处理能力。物联网感知层获取大量数据信息，在经过网络层传输以后，放到一个标准平台上，再利用高性能的云计算对其进行处理，赋予这些数据智能，最终转换成对终端用户有用的信息。

4. 物联网在物流管理中的应用

物联网在物流管理中的应用主要表现在供应链管理和物流配送中心两个方面。

（1）在供应链管理方面

鉴于物联网强大的信息采集和共享的特性，物联网将减缓供应链的"牛鞭效应"。供应链管理中，通过射频识别、红外视频等感知技术可以实时获取货物当前的状态，然后通过物联网的网络层将信息传达给原材料供应商、生产商、销售商，使供应链上的各个环节具备信息快速获取的能力，增加其可供处理的时间。这种供应链的智能物流信息化管理还可以提高用户需求预测的准确性，实现供应链整体效益的提升。

（2）在物流配送中心方面

物流配送中心可以利用物联网中的射频识别技术，根据需要将电子标签贴在货物、托盘或周转箱上面，通过货物信息的实时记录、处理，再结合物联网的智能处理系统，实现货物入库、盘点、配送的一体化管理。

① 实现有效的库存管理。

可以实时跟踪货物，及时更新库存状态。若是库存不足，物联网系统便会发出缺货预警，甚至可以实现自动补货。

② 提高仓储运作效率。

通过自动拣货机器人、装卸搬运机器人、IGV 等设备的作业，简化了仓储作业流程，提高了库内作业的安全性。

③ 可以进行时效控制。

电子标签储存着物资的时效信息，在物资进入仓库时，信息便能自动读出并存入数据库，仓库管理员可以通过装在货架上的阅读器或手持阅读器对此类物资进行即时处理，避免对时效要求高的物资由于储存时间过长而造成损失。

④ 可随时监测温湿度。

利用物联网技术，采用温湿度传感器，然后连接到移动通信工具，可随时监测仓库温湿度的变化。

8.6.2　云计算

云计算是分布式计算的一种，指的是通过网络"云"将巨大的数据计算处理程序分解成无数个小程序，然后通过多台服务器组成的系统处理和分析这些小程序得到结果并返回给用户。云计算早期就是简单的分布式计算，解决任务分发及计算结果合并的问题，因此这时的云计算又称为"网格计算技术"。通过这项技术，可以在很短的时间内（按秒计算）完成对数以万计的数据的处理，从而达到强大的网络服务。现阶段的云计算技术已经不单单是一种分布式计算，而是把分布式计算、效用计算、负载均衡、并行计算、网络存储、热备份冗杂和虚拟化等计算机技术混合演进并进一步升华的结果。

云计算在物流管理中的应用主要表现在以下四个方面：

① 通过云平台，所有的物流企业可以共享资源，真正意义上实现信息的共享，推动绿色物流发展。

② 通过云平台，很多物流企业特别是中小型物流企业不再需要自己运作物流信息平台，可以降低物流成本。

③ 计算资源的虚拟化和分配使用模式可以提高资源利用率，促进节能减排，实现绿色计算。

④ 在云计算的支持下，物流信息可以随时获取，可以提高物流的准确性，减少时间和人力资源的浪费。

8.6.3　大数据技术

大数据也称巨量资料，指的是所涉及的资料量规模巨大到无法通过目前主流软件工具，在合理时间内达到撷取、管理、处理，并整理成为帮助企业经营决策更积极目的的资讯。在维克托·迈尔-舍恩伯格及肯尼斯·库克耶编写的《大数据时代》中，大数据指不用随机分析法（抽样调查）这样的捷径，而采用所有数据进行分析处理。

1. 大数据的特点

大数据的特点主要表现在大量、高速、多样、低价值密度、真实性五个方面。

① 大量（Volume）。指数据规模很大，通常是 GB、TB 级别，有的甚至达到 PB 级别。

② 高速（Velocity）。指数据的增长速度快。

③ 多样（Variety）。指数据的类型多种多样，并不是唯一的。

④ 低价值密度（Value）。指单条数据的价值低，但总体的数据价值高。

⑤ 真实性（Veracity）。指数据来源于现实世界，并且数据是真实有效的，能反映真实情况。

2. 大数据在物流管理中的应用

大数据在物流管理中的应用主要表现在以下四个方面：

（1）大数据在物流决策中的应用

在物流决策中，大数据技术应用涉及竞争环境的分析与决策、物流供给与需求匹配、物流资源优化与配置等。

在竞争环境分析中，为了达到利益的最大化，需要与合适的物流企业合作，对竞争对手进行全面的分析，预测其行为和动向，从而了解在某个区域或是在某个特殊时期，应该选择的合作伙伴。

物流的供给与需求匹配方面，需要分析特定时期、特定区域的物流供给与需求情况，从而进行合理的配送管理。供需情况也需要采用大数据技术，从大量的半结构化网络数据，或企业已有的结构化数据，即二维表类型的数据中获得。

物流资源的配置与优化方面，主要涉及运输资源、存储资源等。物流市场有很强的动态性和随机性，需要实时分析市场变化情况，从海量的数据中提取当前的物流需求信息，同时对已配置和将要配置的资源进行优化，从而实现对物流资源的合理利用。

（2）大数据在物流企业行政管理中的应用

在物流企业行政管理中也同样可以应用大数据相关技术。例如，在人力资源方面，在招聘人才时，需要选择合适的人才，对人才进行个性分析、行为分析、岗位匹配度分析；对在职人员同样也需要进行忠诚度、工作满意度等分析。

（3）大数据在物流用户管理中的应用

大数据在物流用户管理中的应用主要表现在用户对物流服务的满意度分析、老用户的忠诚度分析、用户的需求分析、潜在用户分析、用户的评价与反馈分析等方面。

（4）大数据在物流智能预警中的应用

物流业务具有突发性、随机性、不均衡性等特点，通过大数据分析，可以有效了解消费者偏好，预判消费者的消费可能，提前做好物资调配，合理规划物流线路方案等，从而提高物流高峰期间物流的运送效率。

课程思政

我国大数据产业发展取得的成就

一是产业规模快速增长。"十三五"时期，我国大数据产业年均复合增长率超过 30%，2021 年产业规模突破 1.3 万亿元，大数据产业链初步形成，一批龙头企业快速崛起。

二是基础设施加快夯实。我国已建成全球规模最大的光纤宽带网络，千兆光网具备覆盖 3.2 亿户家庭能力，建成 5G 基站超过 160 万个，5G 移动电话用户达到 4.1 亿户。

三是行业融合逐步深入。大数据应用从互联网、金融、电信等领域逐步向智能制造、数字社会、数字政府等领域拓展，极大丰富了我国数据资源，催生一批新场景新模式新业态。

四是政策环境持续优化。中央出台一系列政策文件，地方探索制定数据条例等地方性法规，设立大数据管理机构，组建数据交易所，数据确权、定价、交易等标准制度不断完善。

重要概念

信息	物流信息	物流信息技术	条码
一维条码	二维条码	条码识别设备	射频识别系统
电子数据交换	北斗卫星导航系统	地理信息系统	物联网
云计算	大数据		

本章小结

☑ 物流信息中的射频识别技术将成为未来物流领域的关键技术，物流动态信息采集技术将成为物流发展的突破点，物流信息安全技术将日益被重视。

☑ 条码的结构包括条、空、空白区域、起始符、数据符、终止符和校验符七个部分；常用的条码包括 EAN 码、UPC 码、39 码、128 码、93 码、25 码（包括基本 25 码、交叉 25 码和矩阵 25 码）、Codabar 码、49 码、11 码以及国际标准书号等；条码识别设备主要包括手持式条码扫描器、小滚筒式条码扫描器和平台式条码扫描器三种；条码的制作包括条码设计、条码的编码原则、条码印制等内容。

☑ 射频识别系统包括数据可写、形状的小型化和多样化、适用环境范围广、可重复使用、具有穿透性、数据的储存量大等特点。

☑ 电子数据交换由转换程序、翻译系统、通信程序三个部分组成。

☑ 北斗卫星导航系统是我国自主建设、独立运行的卫星导航系统，由空间段、地面段和用户段三部分组成。

☑ 地理信息系统包括数据采集与编辑功能、属性数据编辑与分析功能、制图功能、空间数据库管理功能等。

☑ 物联网的基本特征包括整体感知、可靠传输和智能处理三个方面，物联网处理信息的功能包括获取信息、传送信息、处理信息、施效信息等，物联网由射频识别技术、传感网、M2M 系统框架、云计算等组成；云计算可以实现信息的共享，提高资源利用率，随时获取物流信息；大数据具有大量、高速、多样、低价值密度、真实性等特点。

复习思考题

一、填空题

1. 物流信息指反映物流各种活动内容的（　　）、（　　）、（　　）、（　　）、（　　）、（　　）、（　　）的总称。

2. 条码指由一组规则排列的（　　）、（　　）及其对应字符组成的，用以表示一定信息的标识。

3. 二维条码指在（　　　）方向上都表示信息的条码符号。

4. 射频识别系统指由（　　　）、（　　　）、（　　　）、（　　　）及（　　　）组成的自动识别和数据采集系统。

5. 电子数据交换指采用标准化的格式，利用计算机网络进行业务数据的（　　　）和（　　　）。

6. 北斗卫星导航系统是我国着眼于国家安全和经济社会发展需要，自主建设、独立运行的卫星导航系统，是为全球用户提供（　　　）、（　　　）、（　　　）、（　　　）和（　　　）的国家重要空间基础设施。

7. 地理信息系统指由计算机软硬件环境、地理空间数据、系统维护和使用人员四部分组成的空间信息系统，可对整个或部分地球表层（包括大气层）空间中的有关地理分布数据进行（　　　）、（　　　）、（　　　）、（　　　）、（　　　）和（　　　）的系统。

8. 大数据也称巨量资料，指的是所涉及的资料量规模巨大到无法通过目前主流软件工具，在合理时间内达到（　　　）、（　　　）、（　　　），并（　　　）成为帮助企业经营决策更积极目的的资讯。

二、单项选择题

1. （　　　）不属于物流信息技术。

A. 条码识别技术 　　　　　　　　B. 射频识别系统

C. 电子数据交换技术 　　　　　　D. 虚拟专用网络技术

2. （　　　）不属于一维条码的优点。

A. 输入速度快 　　B. 可靠性高 　　C. 可以加密 　　D. 采集信息量大

3. （　　　）不属于一维条码可直接显示的内容。

A. 英文 　　　　　B. 数字 　　　　C. 简单符号 　　D. 图形

4. （　　　）表示射频识别系统。

A. RFID 　　　　　B. EDI 　　　　　C. GIS 　　　　　D. IOT

5. （　　　）不属于电子数据交换技术的组成内容。

A. 转换程序 　　　B. 翻译系统 　　C. 通信程序 　　D. 保密协议

6. 伽利略卫星导航系统属于（　　　）。

A. 美国 　　　　　B. 欧盟 　　　　C. 中国 　　　　D. 俄罗斯

7. （　　　）不属于地理信息系统在物流管理中的应用。

A. 节点容量模型 　　　　　　　　B. 车辆路线模型

C. 分配集合模型 　　　　　　　　D. 设施定位模型

8. （　　　）不属于云计算在物流管理中的应用。

A. 共享资源 　　　　　　　　　　B. 物流企业自建个性化物流信息系统

C. 提高资源利用率 　　　　　　　D. 减少时间和人力资源的浪费

三、判断题

1. 创建一切宇宙万物的最基本单位是信息。（　　　）

2. 信息发生的概率与信息量成正比关系。（　　　）

3. 一维条码保密性能不高。（　　　）

4. 射频识别系统储存量大，可储存 2000～3000 字节的数据。（　　　）

5. EDI 的通信程序可以对传递的信息保密。（　　　）

6. GIS 即全球定位系统。（　　　）

7. 物联网就是物物相连的互联网。（　　　）

8. 大数据的特点主要表现在大量、高速、多样、高价值密度、真实性五个方面。（　　　）

四、简述

1. 简述物流信息技术的发展趋势。

2. 简述二维条码的优点。

3. 简述射频识别系统的特点

4. 简述实施电子数据交换技术的作用。

5. 简述地理信息系统的功能。

6. 简述云计算在物流管理中的应用。

第 9 章

供应链管理

学习目标

◆ 了解供应链、供应链管理、供应链设计、供应链合作伙伴关系、快速反应、有效顾客反应、物流外包、第三方物流、第四方物流、逆向物流的概念；

◆ 掌握供应链的特征、类型和供应链管理的特征、内容，以及供应链设计应遵循的原则；

◆ 掌握供应链合作伙伴关系的特点和选择供应链合作伙伴的原则，以及供应链合作伙伴关系的类型；

◆ 掌握快速反应实现的条件和有效顾客反应系统的构筑、方法及应遵循的原则；

◆ 掌握物流外包的作用及类型，以及逆向物流的分类、特点、运行管理模式、意义；

◆ 能够在实践中运用供应链设计的步骤，建立供应链合作伙伴关系的步骤，供应链合作伙伴选择方法。

课程思政

中国在全球供应链中的地位越来越重要

2022 年上半年，中国外贸进出口逆势增长，货物贸易进出口总值 19.8 万亿元，同比增长 9.4%，展现出较强的韧性。数据显示，2021 年，中国进口对全球进口增长的贡献率达 13.4%，有力促进了世界经济的复苏。

西班牙 IE 大学中国研究中心主任菲利克斯·巴尔迪维索接受记者专访时表示："近年来，中国作为全球货物贸易第一大国的地位越来越稳固，中国外贸进出口保持强劲势头对稳经济发挥了重要作用。"巴尔迪维索认为，一个重要的原因就在于，中国政府能够与时俱进，根据现实情况和需求，采取适时有效、有针对性的经济政策。新冠疫情冲击全球，中国政府高效统筹新冠疫情防控和经济社会发展，采取了一系列稳经济、保民生、促发展的措施，推动了经济平稳健康发展。随着一系列务实政策落地，中国经济增长态势还会进一步凸显。

中国"十四五"规划纲要提出，要深入实施智能制造和绿色制造工程，培育壮大人工智能、大数据、区块链、云计算、网络安全等新兴数字产业，中国政府对科技创新和高技术产业的重视与投入将支撑中国经济持续高质量发展。作为全球制造强国、贸易强国，中国外贸长期向好趋势也不会改变，中国在全球供应链中的地位也会越来越重要。

9.1 供应链与供应链管理概述

9.1.1 供应链概述

1. 供应链的概念

供应链指生产及流通过程中，涉及将产品或服务提供给最终用户活动的上游和下游企业所形成的网链结构。供应链网链结构如图 9-1 所示。

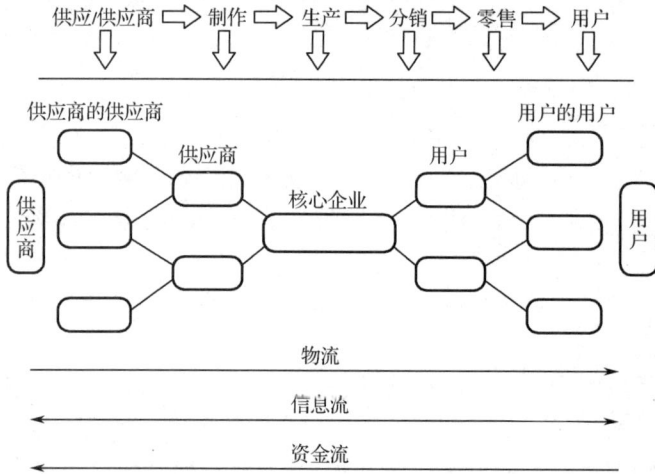

图 9-1 供应链网链结构

供应链上的物流活动都是围绕着核心企业展开的，只有两种类型的企业才能担任核心企业：一类为制造型企业，另一类为零售型企业。

供应链核心企业一般应具备以下条件：

（1）核心企业必须具备较高影响力

供应链上核心企业之外的企业，为了自身的利益，必然会对加入供应链的效益做出评估。如果核心企业实力强大，加入供应链中会获得更多的利益，那么这些企业会加入；反之，如果核心企业实力不够强大，加入供应链中获利不明显，那么这些企业加入的意愿就比较弱。例如，大型国有企业的实力强大，资金雄厚，有巨大的影响力，这些大型国有企业作为核心企业能很好地主导供应链管理，很多企业会优先考虑加入。

（2）核心企业必须具备吸引力

企业之间能否促成合作，很大程度跟企业的信誉有关。供应链上企业之间有频繁的业务往来和财务结算关系，核心企业能否按时与合作企业结算有关款项，是其他企业是否加入供应链重点考虑的因素之一。如果核心企业实力、信誉一般，付款不及时，容易造成合作企业资金链断裂等情况，严重时可能会产生"蝴蝶效应"，而殃及整条供应链上的企业。

（3）核心企业必须具备融合力

核心企业在经营理念方面应该具有交融性。不同企业之间如果有相似的经营理念，合作才能持久。核心企业作为供应链的主导，任何经营理念都应从长远利益出发，把与供应链上的企业建立长期合作关系放在首位，做到利益共享、风险共担，这样才能提高供应链的整体效益。

📄 **小资料**

惠普打印机的供应链

惠普公司成立于 1939 年，1988 年打印机进入市场，销售部门分布在 110 个国家，总产品超过 22 000 类。

Desk Jet 打印机是惠普的主要产品之一。过去由位于 5 个不同地点的分支机构负责该打印机的生产、装配和运输。生产周期为 6 个月。为保证客户订单 98%的即时满足率，各成品配送中心要保持 7 周的库存量。采用订货型生产组织方式，制造中心采用 JIT 方式，目标是满足分销中心的安全库存。还需考虑的不确定性因素包括供应商的交货质量、内部业务流程等。惠普打印机的供应链如图 9-2 所示。

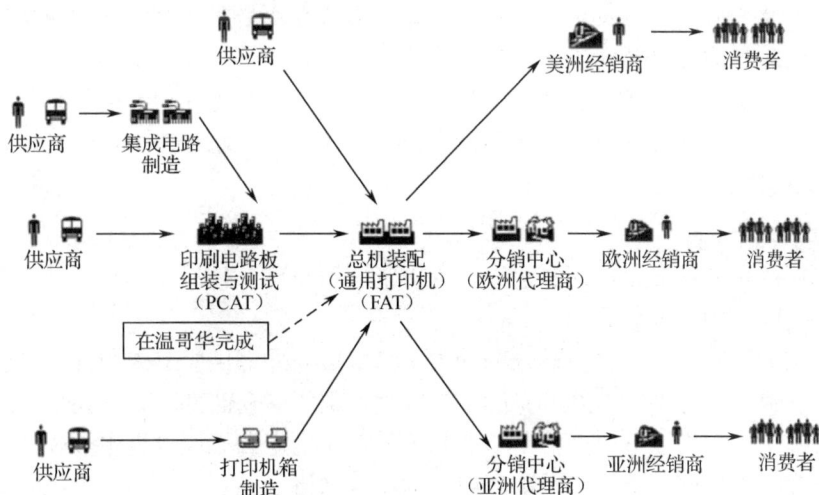

图 9-2　惠普打印机的供应链

---

2. 供应链的特征

供应链的特征包括全局性、复杂性、动态性、交叉性、增值性与面向客户需求六个方面。

① 全局性。全局性指应从供应链的整体对供应链进行运作，从供应链的全局出发，不能只考虑供应链的某一方面或某一部分。

② 复杂性。供应链一般由多类型、多地域的企业构成，与单个企业相比，其在结构、规模、管理模式等方面更为复杂。

③ 动态性。由于市场环境的复杂多变，供应链上的企业需要实时的动态更新，以适应多变的环境，实现供应链的整体最优。

④ 交叉性。一条供应链的节点企业可以为多条不同供应链上的节点企业提供货物和服务，形成了众多供应链相互交叉的结构。

⑤ 增值性。增值性指通过供应链上各个环节以及各个企业的运作使货物的价值增加。供应链增值性体现在很多方面，如降低成本、增加利润、提升产品质量或服务水平、提高供应链运作效率、加快供应链对市场的反应速度、降低供应链风险、减少库存、使信息更及时准确等。

⑥ 面向客户需求。供应链的形成、存在、重构，都是基于一定的市场需求而发生的，并且在供应链的运作过程中，客户的需求拉动是供应链中信息流、产品流、服务流、资金流运作的驱动源。

📖 课程思政

我国稳定且富有韧性的供应链生态体系得到肯定

2022年9月18日至20日，产业链供应链韧性与稳定国际论坛在浙江省杭州市召开。论坛的主题为"同舟共济，共克时艰，务实推动构建富有韧性的全球产业链供应链"，聚焦于加强全球产业合作、畅通国际物流、助力世界经济复苏等议题。

相关国家政府官员、相关国际组织、国内外知名企业和商协会负责人分享了各自关于产业链供应链韧性与稳定的观点。

我国稳定且富有韧性的供应链生态体系得到了很多参会嘉宾的肯定。他们纷纷表示，希望未来能进一步扩大交流合作，和包括中国在内的国家一起携手构建稳定、富有韧性的全球产业链供应链。

3．供应链的类型

根据不同的划分标准，供应链可以分为以下三种类型：

（1）根据范围的不同划分

根据范围的不同，可将供应链划分为内部供应链与外部供应链。内部供应链指企业内部产品生产和流通过程中所涉及的采购部门、生产部门、仓储部门、销售部门等组成的供需网络。外部供应链指涵盖企业的与企业相关的产品生产和流通过程中涉及的供应商、生产商、储运商、零售商以及最终消费者组成的供需网络。

📒 小资料

智能供应链

2022年8月，科技部发布关于支持建设新一代人工智能示范应用场景的通知，首批支持建设十个示范应用场景，其中包括智能供应链。

针对智能仓储、智能配送、冷链运输等关键环节，运用人机交互、物流机械臂控制、反向定制、需求预测与售后追踪等关键技术，优化场景驱动的智能供应链算法，构建智能、高效、协同的供应链体系，推进智能物流与供应链技术规模化落地应用，提升产品库存周转效率，降低物流成本。

（2）根据容量与需求关系的不同划分

根据供应链容量与客户需求关系的不同，可将供应链划分为平衡的供应链和倾斜的供应链。当供应链的容量能满足客户需求时，供应链处于平衡状态；而当市场变化加剧，造成供应链成本增加、库存增加、浪费增加等现象时，企业不是在最优状态下运作，供应链则处于倾斜状态。一个供应链具有一定的、相对稳定的设备容量和生产能力（所有节点企业能力的综合，包括供应商、制造商、分销商、零售商等）。

（3）根据功能模式的不同划分

根据供应链的功能模式的不同，可以把供应链划分为有效性供应链和反应性供应链。有效性供应链是以最低的成本将原材料转化成零部件、半成品、产品，并以尽可能低的价格有效地实现以供应为基本目标的供应链管理系统。反应性供应链主要体现供应链的市场中介的功能，即把产品分配到满足客户需求的市场，对未预知的需求做出快速反应的供应链管理系统。

9.1.2 供应链管理概述

1. 供应链管理的概念

供应链管理的概念产生于 20 世纪 80 年代初，20 世纪 90 年代后期得到快速发展。进入 21 世纪后，随着经济全球化的进一步加剧，供应链管理成为企业适应全球竞争的一个有效途径。

供应链管理指利用计算机网络技术全面规划供应链中的商流、物流、信息流和资金流等，并进行计划、组织、协调与控制等。供应链的分层架构如图 9-3 所示。

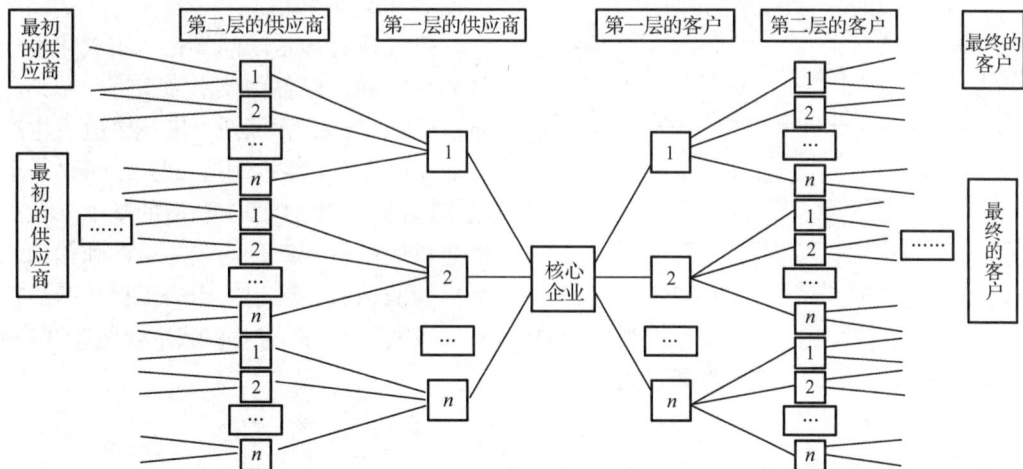

图 9-3　供应链的分层架构

2. 供应链管理的特征

供应链管理的特征包括以下六点：

① 客户权利。不断增加的客户权利对供应链的设计和管理有重要的影响。因为客户需要和期望相对迅速，供应链应该快速和敏捷，而不是缓慢和僵化。

② 长期定位。运作良好的供应链从整体上提高单个企业和供应链的长期绩效。对长期

绩效的强调表明，供应链应该与供应商、分销商、服务型企业和客户等不同的参加者采取长期合作而不是短期合作。重要的是，长期定位更看重关系型交换，而短期交换则倾向于交易型交换。

③ 杠杆技术。可以说杠杆技术是对供应链产生影响的变化的中心，计算能力和互联网这两个主要因素促成了大部分的变化。

④ 信息技术。由于供应链运作依靠大量的实时信息，因此信息能够在各企业间无缝传递非常必要。跨组织沟通的增强需要建立强大的供应链信息系统，依靠各种先进的信息技术，确保供应链上各企业沟通顺畅。

⑤ 库存控制。供应链上的库存控制不是单个企业管理自身的库存，而是把整个供应链看作一个整体，在确保供应链正常运作的前提下，尽量把供应链上整体的库存水平降低，可以运用供应商管理库存、联合管理库存等方法。

⑥ 组织间协作。在供应链管理中，组织间协作指两个或多个自主企业共同工作以计划和执行供应链操作。供应链组织间协作可以为协作者带来巨大的利益和优势，当一个或多个企业或业务部门共同努力创造互惠互利时，它被称为合作战略。供应链协作主要有两种类型，分别是纵向协作和横向协作。供应链纵向协作指供应链不同层次或阶段的两个或多个组织共享其职责、资源和绩效信息以服务于相对相似的最终客户的协作。供应链横向协作指在供应链同一层次上的不同企业间进行协作。

3. 供应链管理的内容

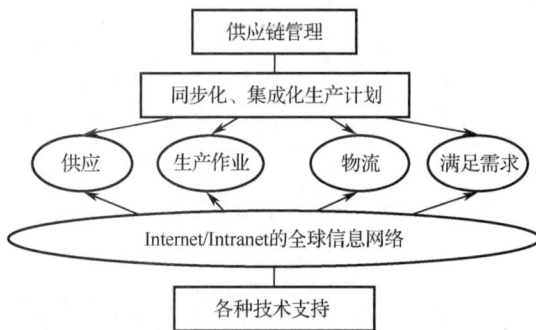

图 9-4　供应链管理的内容

供应链管理主要涉及供应、生产作业、物流和满足需求等四个领域，供应链管理的内容如图 9-4 所示。

供应链管理是以同步化、集成化生产计划为指导，以各种技术为支持，尤其以 Internet/Intranet 为依托，围绕供应、生产作业、物流（主要指制造过程）、满足需求来实施的。在以上四个领域的基础上，可以将供应链管理细分为职能领域和辅助领域。职能领域主要包括产品工程、产品技术保证、采购、生产控制、库存控制、仓储管理、分销管理。而辅助领域主要包括客户服务、会计核算、人力资源、市场营销。

供应链管理主要包括以下内容：

- 战略性供应商和客户合作伙伴关系管理；
- 供应链产品需求预测和计划；
- 供应链的设计（全球节点企业、资源、设备等的评价、选择和定位）；
- 企业内部与企业之间货物供应与需求管理；
- 基于供应链管理的产品设计与制造管理、生产集成化计划、跟踪和控制；
- 基于供应链的客户服务和物流（运输、库存、包装等）管理；
- 企业间资金流管理（汇率、成本等问题）；
- 基于 Internet/Intranet 的供应链交互信息管理等。

供应链管理注重总的物流成本（从原材料到最终产品的费用）与客户服务水平之间的关系，为此要把供应链各个职能部门有机地结合在一起，从而最大限度地发挥出供应链整体的力量，达到供应链企业群体获益的目的。

9.2　供应链设计

供应链设计指以客户需求为中心，运用新的观念、新的思维、新的手段从企业整体角度设计服务体系。供应链设计通过减少库存、降低成本、缩短提前期、实施准时制生产与供销、提高供应链的整体动作效率，使企业的组织模式和管理模式发生重大变化，最终达到提高客户服务水平、达到成本和服务之间的有效平衡、提高企业竞争力及供应链整体竞争力的目的。

9.2.1　供应链设计应遵循的原则

供应链设计应遵循战略性原则、系统性原则、创新性原则、发展原则、协调和互补原则、客户中心原则等。

（1）战略性原则

供应链设计应有战略性观点，战略性原则主要体现在供应链发展的长远规划和预见性。应从全局的角度来设计供应链，使供应链的所有环节都朝着同一个目标运转。另外，供应链上企业的发展战略是依托供应链战略来实现的，因此，供应链设计应与供应链上企业的战略规划保持一致，并在企业的战略指导下进行。

（2）系统性原则

供应链设计是一项复杂的系统工程，在设计中必然会牵涉方方面面的关系，尤其是要考虑战略合作伙伴关系的选择，供应链上成员在以后的实践中实现协同的问题，实现共赢目标的问题，进行成本分摊和利益分配的问题等一系列具体问题。此外，在供应链设计中，要系统地研究市场竞争环境、企业现状以及发展规划、供应链设计目标等方面的问题。

（3）创新性原则

创新设计是系统设计的重要原则，没有创新性思维，就不可能有创新的管理模式，因此在供应链的设计过程中，创新性是很重要的一个原则。要产生一个创新的系统，就要敢于打破各种陈旧的思维方面的条条框框，用新的角度、新的视野审视原有的管理模式和体系，进行大胆的创新设计。进行创新设计要注意以下几点：一是创新必须在企业总体目标和战略的指导下进行，并与战略目标保持一致；二是要从市场需求的角度出发，综合运用企业的能力和优势；三是发挥企业各类人员的创造性，集思广益，并与其他企业共同协作，发挥供应链整体优势；四是建立科学的供应链和项目评价体系及组织管理系统，进行技术经济分析和可行性论证。

（4）发展原则

供应链构建之后不可能一成不变。随着市场环境的变化，供应链上合作伙伴关系的调整，企业内部组织和其他因素的改变，原有的供应链可能会存在这样或那样的问题。

同时，企业不仅仅只参与一条供应链，而且会在不同的供应链中担当不同的角色，供应链中某个企业角色的变化必然会带来供应链的波动甚至构建上的变化。这些都要求在设计供应链时应尽量留有余地。另外，所设计的供应链应具有一定的自适应和自修补能力，能够随着市场环境的变化而自我调整、自我优化。

（5）协调和互补原则

供应链涉及众多的成员和复杂的供求关系，在设计供应链时，应注意强调供应链的内部协调和优势互补。供应链业绩好坏取决于供应链合作伙伴关系是否和谐，只有和谐的关系才能发挥最佳的效能。因此，应充分发挥供应链各成员的主动性和创造性，形成一个团结、和谐和富有战斗力的竞争集体。供应链成员的选择应遵循强强联合的原则，达到实现资源外用的目的。

（6）客户中心原则

供应链是由众多的有上下游关系的企业根据市场竞争的需要构建而成的。供应链在成员组成及相互关系方面虽然可以本着发展的原则进行动态的调整，但是，无论如何都应当自始至终地强调以客户为中心的供应链设计理念。供应链在运作中一般包含新产品的开发与设计、原材料采购和运输、产品制造、仓储、配送等活动，不同的活动虽然是由供应链上不同的成员完成，但都是围绕客户展开的。

9.2.2　供应链设计步骤

供应链设计一般包括九个步骤，如图 9-5 所示。

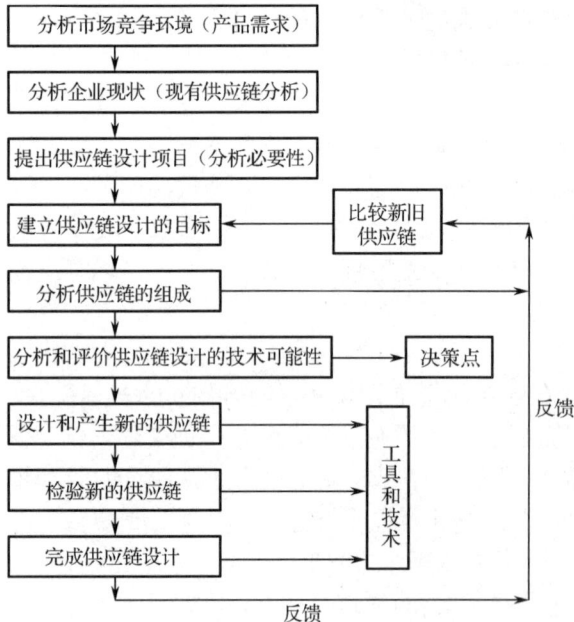

图 9-5　供应链设计步骤

1. 分析市场竞争环境

分析市场竞争环境的目的是找到针对哪些产品市场开发供应链才有效。为此，必须知道现在的产品需求是什么，产品的类型和特征是什么，客户的需求是什么，以确认客户的需求和因卖主、客户、竞争者产生的压力。同时，对于市场的不确定性要有分析和评价。

2. 分析企业现状

分析企业现状主要分析企业供需管理的现状（如果企业已经有供应链管理，则分析供应链的现状）。这一个过程的目的不在于评价供应链设计的重要性和合适性，而是着重于研究供应链开发的方向，分析寻找企业存在的问题及影响供应链设计的因素。

3. 提出供应链设计项目

针对存在的问题提出供应链设计项目，分析其必要性。

4．建立供应链设计的目标

根据基于产品的供应链设计策略提出供应链设计的目标。目标分为主要目标和一般目标：主要目标是获得高水平客户服务和低库存投资、低单位成本之间的平衡；一般目标包括进入新市场、开发新产品、开发新分销渠道、改善售后服务水平、提高客户满意度、降低成本、提高工作效率等。

5．分析供应链的组成

分析供应链的组成，提出组成供应链的基本框架。供应链的成员包括供应商、制造商、分销商、零售商及客户等，确定供应链成员的选择与评价标准。

6．分析和评价供应链设计的技术可能性

在可行性分析的基础上，结合本企业的实际情况为开发供应链提出技术选择建议和支持。这也是一个决策的过程，如果方案可行，就可进行下面的设计；如果不可行，就要重新进行设计。

7．设计和产生新的供应链

在设计供应链时，必须借助各种技术手段和科学方法解决以下问题：

① 供应链的成员组成（供应商、工厂、分销中心的选择、定位、计划与控制）。

② 原材料的来源问题（供应商、物流量、供应价格、运输方式、服务质量等问题）。

③ 生产设计问题（需求目标预测、生产计划、产品生产品种、生产能力、供应给哪些分销商、价格控制、库存管理和跟踪控制等问题）。

④ 分销任务与能力设计（产品服务于哪些市场、运输方式、价格等问题）。

⑤ 信息管理系统设计。

⑥ 物流管理系统设计等。

8．检验新的供应链

供应链设计完成以后，要通过科学的方法、技术进行测试、检验和试运行。其结果会出现三种情况：一是供应链不能运行，则要回到第四步，即重新建立供应链设计的目标；二是供应链在某些环节还存在一些问题，要根据具体问题进行修改或补充；三是供应链运行顺畅，新的供应链即可运行。

9．完成供应链设计

完成以上所有步骤后，设计的供应链就可以投入使用了。

9.3 供应链合作伙伴选择

9.3.1 供应链合作伙伴关系的含义及特点

1．供应链合作伙伴关系的含义

供应链合作伙伴关系指在供应链内部两个或两个以上独立的成员之间形成的一种协调关系，以保证实现某个特定的目标或效益。

供应链合作伙伴关系的充分条件：合作伙伴各自的独立性，相互间的利益共享，同时

共享信息、共担风险，在一个或多个战略关键领域的持续合作。

2. 供应链合作伙伴关系的特点

（1）供应链合作伙伴关系是基于合作方高度的信任机制

信任机制指企业系统中构成、影响相互信任关系的各部分及其之间的关系管理机制。如供应链合作伙伴之间缺乏信任，将严重地影响供应链及其企业的生存与发展。供应链合作伙伴之间必须具备高度的信任机制，才能提高供应链的效率。

（2）供应链合作伙伴关系是基于协议的合作关系

供应链合作关系是通过协议来保障交易活动的顺利进行，这些协议可以是正式的，也可以是非正式的。正式的协议一般基于一定的政策及法律法规框架而订立，通常具有强制约束力。非正式的协议通常以口头承诺或者备忘录的形式存在，这类协议一般基于诚实及信用而订立，在大多数情况下执行力相对较弱，并不具有强制约束力，但它在保持供应链关系、保障交易活动正常秩序方面有着积极的意义。

（3）供应链合作伙伴关系是一种竞争性的合作关系

① 合作企业是基于相互信任、互惠互利、信息共享、风险共担、协同工作等一些基本原则结成战略意义上的伙伴或同盟关系。为了使客户满足和供应链的整体绩效最佳，合作是它们结成同盟的基本前提。各成员企业在合作的基础上根据一定的安排机制共享供应链成果。

② 供应链成员企业是相互独立的经济实体，具有各自的核心竞争力和主营业务，他们有自己的财务核算体系，有符合自身特点的发展战略和企业文化体系。所以，供应链中的企业常常要根据自身的理性需要，追求其效益的最大化。

③ 供应链成员总是期望在资源及信息等方面占有主动权，并企图建立有利于自身的分配机制。资源及决策权配置问题是供应链上各成员企业之间竞争的焦点问题，这将成为他们进一步合作的障碍，甚至最终导致供应链合作伙伴关系的解体。因此，供应链合作伙伴关系之间的合作是竞争性的、有条件的。竞争性因素使得供应链的合作存在着不确定性，因而供应链管理表现出相当的复杂性。

（4）供应链合作伙伴关系具有相对稳定性

供应链合作伙伴依据正式的或非正式的协议达成共识并凝聚在一起，互惠互利、风险共担和信息共享是它们合作的坚实基础，使客户满足和供应链整体绩效最佳是他们共同的目标，他们之间有着广泛的合作性及很高的信任度。因此，从这个意义上说，供应链合作伙伴关系是稳定的。但是，由于个体差异和竞争性因素的存在使得供应链成员之间的合作又总是有条件的、非永恒的，供应链合作伙伴关系总是处于动态变化中。供应链合作伙伴关系不是一成不变的，只是在一定条件和时间范围内表现出一定程度的稳定性。

（5）供应链合作伙伴关系最本质的特征是运作协调

供应链合作伙伴关系就是供应链成员企业之间以正式或非正式的协议形式达成的具有相对稳定性和运作协调性的竞争性合作关系。供应链管理目标必须通过成员企业间的协调运作来实现。协调运作要共享，在微观层面上实现物流的同步化。

9.3.2 选择供应链合作伙伴的原则

1．核心能力原则

核心能力是企业在长期生产经营过程中的知识积累和特殊的技能（包括技术的技能、管理的技能等）以及相关的资源（如人力资源、财务资源、品牌资源、企业文化等）组合成的一个综合体系，是企业独具的、与众不同的一种能力。供应链上的每一家企业都经营其擅长的核心业务，强强联合，可提高供应链整体的实力。因此，核心企业在选择供应链合作伙伴时，要重点考察候选企业的核心业务在其领域内是否独树一帜或居于前列。

2．总成本核算原则

总成本核算原则主要考虑两个方面：一是考查候选企业物流运作的成本，在同等条件下一般选择物流运作成本低的物流企业；二是考虑物流企业合作的成本，在同等条件下选择合作成本低的物流企业。把以上两个方面的成本综合，在同等条件下选择综合物流成本最低的物流企业。

3．敏捷性原则

敏捷性指在短时间内执行任务，与客户进行频繁互动并能够对变化做出迅速响应。核心企业在选择合作伙伴时要考虑候选企业对市场需求的反应速度。同等条件下，对市场变化反应速度快的企业是优先考虑的合作伙伴。

4．信用原则

企业信用指一个企业履行自身承诺的意愿与能力。无论时间与市场环境如何变化，企业信用作为其中流砥柱的地位是永恒不变的，只有拥有良好信用的诚信企业，才会成为长盛不衰、屹立百年的"老字号"。供应链核心企业在选择合作伙伴时，同等条件下选择信用好的企业。

9.3.3 建立供应链合作伙伴关系的步骤

1．确立供应链合作伙伴关系的需求分析

建立供应链合作伙伴关系的第一步是，必须明确战略关系对于企业的必要性。企业必须评估潜在的利益与风险：第一，供应链上核心企业明确自身的核心业务以及非核心业务；第二，核心企业要对非核心业务进行评估，如非核心业务所占比重、自身运作非核心业务的效率及效益；第三，对于自身不擅长、运作成本高及效率低的非核心业务就完全外包。

2．确定选择合作伙伴的标准

根据核心企业确定的完全外包的物流业务，确定完整的物流评价指标体系，包括合作伙伴的实力、外包的成本、运作的效率、运作的效益等。然后，确定选择合作伙伴的方法，如公开招标等。

3．正式建立合作关系

合作伙伴选定后，必须让每个合作伙伴都认识到相互参与、合作的重要性，并在自愿、公平原则的基础上签订合同。合同内容应包括合作的具体内容，合作双方的权利、义务，合同签订的时间、地点，合同的有效期限等。

4．实施和加强合作伙伴关系或者解除合作伙伴关系

合同在执行的过程中，对合同执行的效果进行评估。如果合作伙伴能很好地执行合同的条款，创造了很好的经济效益、社会效益，那么可以加强合作，如合作期限延长，合作业务量增加等。如果合作伙伴不能按要求执行合同的条款，给核心企业的业务带来了不利影响，那么合同到期就不再续签，如有必要也可提前终止合同，解除合作伙伴关系。

9.3.4　供应链合作伙伴关系的类型

供应链合作伙伴关系的划分有多种方法，比较常见的划分方法是根据竞争力和增值率这两个指标进行划分。竞争力指合作伙伴的竞争力，在竞争性市场条件下，企业通过培育自身资源和能力，获取外部可寻资源并加以综合利用，在为客户创造价值的基础上，实现自身价值的综合性能力。在竞争性的市场中，一个企业所具有的竞争力是指，能够比其他企业更有效地向市场提供产品和服务并获得盈利和声望。增值率指产品的增值额与进货成本的比值，即增值率=（增值额/进货成本）×100%。竞争力作为横坐标，增值率作为纵坐标，这样，可以把合作伙伴分为四类。合作伙伴关系分类矩阵如图9-6所示。

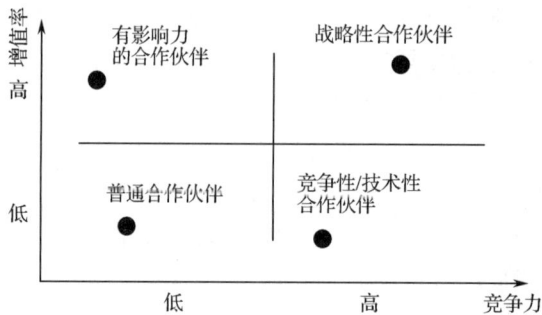

图9-6　合作伙伴关系分类矩阵

① 竞争力和增值率这两个指标都比较高的合作伙伴属于战略性合作伙伴。战略性合作伙伴能保障核心企业在市场上的竞争力和竞争优势，是合作伙伴关系管理的重点。此类合作伙伴的信誉好、综合能力强，企业应和这类合作伙伴建立长期的战略合作伙伴关系，签订长期协议。

② 竞争力比较高，而增值率比较低的合作伙伴属于竞争性/技术性合作伙伴。竞争性/技术性合作伙伴在市场上的竞争力比较强，但提供产品或作业的增值率比较低，对核心企业价值的提升作用比较小。因此，对于这类合作伙伴，企业应考虑在不影响合作的基础上，以各种方法有效地降低成本，和这类合作伙伴一般签订短期合同，以便能不断寻求、转向综合能力更强的资源。

③ 竞争力比较低，而增值率比较高的合作伙伴属于有影响力的合作伙伴。有影响力的合作伙伴虽然整体实力一般，在市场上的竞争力不强，但提供的产品或作业的增值率比较高，对核心企业价值的提升作用比较大。企业要与这类合作伙伴建立稳定的合作伙伴关系，必要时要对其进行技术、资金上的支持。

④ 竞争力和增值率这两个指标都比较低的合作伙伴属于普通合作伙伴。顾名思义，

普通合作伙伴提供的产品和服务在市场上比较普遍，有众多的提供者。核心企业在市场上可以进行充分的选择，在保证产品和服务质量的基础上，对合作伙伴进行严格控制，管理重点主要放在管理成本控制上，需关注交易过程的管理，侧重整个采购过程成本的下降。

📄 **小资料**

西门子公司对供应商的分类

西门子公司通过供应风险及采购价值这两个指标将供应商划分为四类，如图 9-7 所示。

供应风险高、采购价值高的供应商称为高科技含量的高价值货物供应商；

供应风险高、采购价值低的供应商称为高科技含量的低价值货物供应商；

供应风险低、采购价值高的供应商称为用量很大的标准化货物供应商；

供应风险低、采购价值低的供应商称为低价值的标准化货物供应商。

不同类型的企业应根据本企业的实际情况有针对性地选择供应商并进行分类。

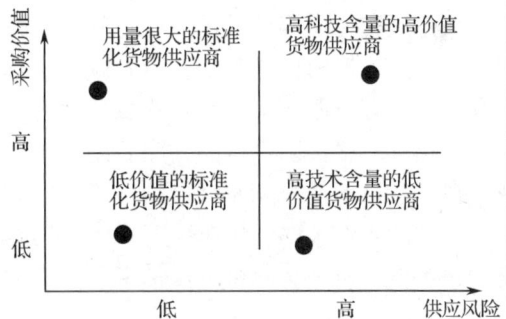

图 9-7 西门子公司供应商的分类矩阵

9.3.5 供应链合作伙伴选择方法

供应链合作伙伴选择方法有以下四种：

1. 直观判断法

直观判断法是根据征询和调查所得的资料并结合物流人员的分析判断，对合作伙伴进行分析、评价的一种方法。这种方法主要是倾听和采纳有经验的物流人员意见，或者直接由物流人员凭经验做出判断。常用于选择企业非主要的合作伙伴。

2. 协商选择法

当合作伙伴较多，企业难以抉择时可采用此种方法，即由企业先选出合作条件较为有利的几个合作伙伴，同他们分别进行协商，再比较权衡，确定合适的合作伙伴。

3. 招标法

当合作业务量大、金额高，合作伙伴竞争激烈时，常常采用招标法来选择合适的合作伙伴。

4. 层次分析法

层次分析法的基本原理是根据有递阶结构的目标、子目标（准则）、约束条件、部门来评价方案，采用两两比较的方法确定判断矩阵，然后把判断矩阵的最大特征值相对应的特征向量的分量作为相应的系数，最后综合给出各方案的权重。然后根据权重的大小排序，权重大的合作伙伴则优先考虑。

9.4 供应链管理的方法

供应链管理的方法主要有快速反应、有效客户反应、物流外包、逆向物流等。各种供应链管理方法的侧重点不同，但它们的实施目标都是相同的，即减少供应链的不确定性和风险，从而积极地影响库存水平、生产周期、生产过程，最终提高对客户的服务水平。

9.4.1 快速反应

1. 快速反应的含义

快速反应指供应链成员企业之间建立战略合作伙伴关系，利用电子数据交换等信息技术进行信息交换与信息共享，用高频率小批量配送方式补货，以实现缩短交货周期，减少库存，提高客户服务水平和企业竞争力为目的的一种供应链管理策略。

快速反应由美国零售商、服装制造商以及纺织品供应商于20世纪60年代开发的整体业务概念，目的是减少原材料到销售点的时间和整个供应链上的库存，最大限度地提高供应链管理的运作效率。快速反应现已应用到商业的各个领域，企业快速反应时间越短，越能把握更多商机，从而给企业带来更大的利润。

2. 快速反应实现的条件

快速反应实现的条件包含以下五个方面：

（1）改变传统经营方式、经营意识和组织结构

要实现改变传统经营方式、经营意识和组织结构的目标，需要达到以下五项要求。

① 企业要树立通过与供应链各方建立战略合作伙伴关系，努力利用各方资源来提高经营效率的现代经营意识；

② 零售商在垂直型快速反应系统中起主导作用，零售店是垂直型快速反应系统的起点；

③ 在垂直型快速反应系统内部，通过POS数据等销售信息和成本信息的相互公开和交换，来提高每个企业的经营效率；

④ 明确垂直型快速反应系统内各个企业之间的分工协作范围和形式，消除重复作业，建立有效的分工协作框架；

⑤ 必须改变传统的业务作业的方式，利用信息技术实现业务作业的无纸化和智慧化。

（2）开发和应用现代信息处理技术

开发和应用现代信息处理技术是成功进行快速反应活动的前提条件。这些信息技术包括条码技术、电子订货系统（EOS）、销售时点系统（POS）、电子数据交换（EDI）、电子支付系统（EFT）、供应商管理库存（VMI）、连续补货系统（CRP）以及自动补货系统（CR）等。

（3）与供应链各方建立合作伙伴关系

与供应链各方建立合作伙伴关系包括两个方面内容：一是积极寻找和发现战略合作伙伴；二是在合作伙伴之间建立分工和协作关系。合作的目标包括削减库存，避免缺货现象的发生，降低缺货风险，避免大幅度降价现象的发生，减少作业人员和简化事务性作业等。

（4）信息共享

必须改变传统企业商业信息保密的做法，将销售信息、库存信息、生产信息、成本信息等与合作伙伴交流分享。在此基础上，要求各方在一起发现问题、分析问题和解决问题。

（5）必须缩短生产周期并减少货物库存

供应方应努力做到以下几点：缩短货物的生产周期；进行多品种、少批量生产；多频率、小批量配送，降低零售商的库存水平，提高客户服务水平；在货物实际需求将要产生时采用 JIT 方式组织生产，减少供应链整体的库存。

9.4.2　有效客户反应

1. 有效客户反应的含义

有效客户反应（Efficient Consumer Response，ECR）指以满足客户要求和最大限度降低物流过程费用为原则，能及时做出准确反应，使提供的货物供应或服务流程最佳化的一种供应链管理策略。

2. 有效客户反应系统的构筑

① 信息技术：准确预测需要、及时准确传送、销售时点系统数据分析、无纸商务、电子数据交换、数据库等；

② 物流技术：连续库存补充计划、自动订货系统、供应商管理库存系统、直接转拨、预先发货通知、低成本的物流、排除人为失误、省力化等；

③ 营销技术：增加销售的促销商、品类管理、店铺货架空间管理、POS 优惠券回收、商品品种和促销的数据库等；

④ 组织革新技术：通过协调提高效率、厂家和商家的战略联盟、信息流和商品流的顺畅流动、缩短交纳周期等。

3. 实施有效客户反应的方法

（1）高层决策者的作用至关重要

有效客户反应系统是改善企业经营管理工作的大工程，系统涉及产、供、销多个企业部门，任何部门出现错误都会对整个系统的启动产生很大影响。因此，各部门的高层决策者的热情和决心对于推动这项工作非常重要，其积极支持和倡导有利于明确目标，提高业务改革速度，减少浪费，提高有效客户反应系统的应用质量。

（2）正确地把握客户的价值和需求

有效客户反应系统自始至终以增加客户的利益和满足客户的需求为根本宗旨，所有的业务改善和效率提高都是围绕这一宗旨展开的。只有正确地把握客户的价值和需求，才能制定出 ECR 系统的工作目标，增强对客户的适应能力。正确判断客户的利益追求，把客户的利益放在何种位置是开展 ECR 工作的第一步。当前超市消费趋向于商品品质、鲜度、营养、包装、价格等方面，在品种结构上，客户大多带有一次购妥的愿望。掌握了这些信息，ECR系统才能真正发挥其优越性。

（3）制定明确的目标和工作标准

作为一项系统改善工作，有效客户反应要有明确的目标和工作标准。通过这些目标和工作标准，可以对照成果进行正确的评价。同时，有了目标和工作标准，员工才能明确需要完成的任务和达成的尺度。

（4）积极改革组织机构

有效客户反应系统要想有效开展就必须获得相应的组织和机构保障。有效客户反应系统的基本思想是，从流通过程和业务活动中寻求改革方案，因而传统职能划分的组织形式是不适应的，应构筑起新型的组织形式。有效客户反应系统可视为一种广泛的连锁系统，因而可按照连锁的模式来建立组织机构。具体包括三个方面的内容：谨慎选择合作伙伴；创造变革氛围；增加信息技术投资。

4．必须遵守的五个基本规则

① 以低成本向客户提供高价值服务。

② 有效客户反应要求供需双方关系必须从传统的输赢型交易关系向双赢型联盟伙伴关系转变。

③ 及时准确的信息在有效地进行市场营销、生产制造、物流运送等决策方面起重要作用。

④ 要求从生产线末端的包装作业开始到客户获得商品为止的整个商品移动过程产生最大的附加价值。

⑤ 有效客户反应为了提高供应链整体的效果，必须建立共同的成果评价体系。

9.4.3　物流外包

1．物流外包的含义、作用

供应链上各个企业均从事本企业擅长的业务，逐渐形成核心竞争力，企业把绝大多数资源投入这些业务，这必然导致企业无太多资源投入非核心业务。因此，企业将非核心业务外包给其他擅长这些业务的企业进行经营，这些非核心业务完成的质量、成本可能比企业自己做效果更好。

物流外包指企业将其部分或全部物流的业务交由合作企业完成的物流运作模式。

物流外包的作用主要体现在以下五个方面：

（1）分散风险

企业可以通过外向资源配置，分散由政府、经济、市场、财务等因素产生的风险。企业本身的资源、能力是有限的，通过资源外向配置，与外部的合作伙伴分担风险，企业可以变得更有韧性，更能适应变化的外部环境。

（2）加速重构优势的形成

企业重构需要花费很多的时间，并且获得效益也要很长的时间，而业务外包是企业重构的重要策略，可以帮助企业很快解决业务方面的重构问题。

（3）企业对辅助业务难以管理

企业可以将在内部运行效率不高的辅助业务外包。企业的辅助业务并非企业的核心业务，企业一般缺乏管理辅助业务的能力。

（4）使用企业不拥有的资源

企业将业务外包时，接受外包业务的企业如第三方物流企业拥有完成这些业务的各种资源如人力资源、技术资源、设备资源等，接受外包业务的企业会根据这些资源设计物流运作方案，以最小的成本、最高的效率完成接受的外包业务。而这些人力资源、技术资源、设备资源是企业本身所不具备的，但通过外包的企业运作使这些资源为企业的业务提供服务。

（5）降低和控制成本、节约资金

许多外部资源配置服务的提供者往往都拥有比本企业更有效、更方便地完成业务的技术和能力，而且可以实现规模效益，并且愿意通过这种方式获利。企业可以通过外向资源配置避免在设备、技术、研究开发上的大额投资。

2．物流外包的类型

物流外包主要包括第三方物流与第四方物流两种。

（1）第三方物流

第三方物流指由独立于物流服务供需双方之外且以物流服务为主营业务的组织提供物流服务的模式。

第三方物流的特点包含以下四个方面：

① 以合同为导向。第三方物流有别于传统的外包，外包只限于一项或数项独立的物流功能，如运输公司提供运输服务，仓储公司提供仓储服务。第三方物流企业则根据合同条款规定的要求，而不是临时需要，提供多功能，甚至是全方位的物流服务。企业在选择第三方物流服务时一般会签订第三方物流合同，规定第三方物流服务的项目及目标，并且包括一定的惩罚措施以及激励条款。

② 新型客户关系。企业选择第三方物流服务的动机主要包括降低成本、提高核心竞争力、寻求增值服务等。企业与第三方物流企业合作的方式有物流业务整体外包、聘请第三方物流企业来管理运作企业自有物流系统等形式。虽然形式各异，但是本质上是合作双方为了共同的战略目标，在信息共享的基础上，共同制定物流解决方案，其业务深深地触及客户企业的销售计划、库存管理、订货计划、生产计划、运输计划等整个生产经营过程，远远超越了与客户一般意义上的买卖关系，而是紧密地结合为一体，形成了一种合作伙伴关系。

③ 个性化。由于行业性质、产品特点、市场状态等方面的不同，传统的第三方物流提供的运输、仓储等基础性服务已远远不能满足目前企业的需要，这促使当今的第三方物流企业的经营理念从供给推动模式向需求拉动模式转换，第三方物流企业正在努力采用"一企一策"的方式为各个企业提供针对性的、特殊的、个性化的物流服务。

④ 以信息技术为基础。信息技术的发展是第三方物流发展的必要条件。信息技术实现了数据的快速、准确传递，提高了采购、运输、库存管理、加工、配送的智能化、智慧化水平，使各项物流活动实现了一体化。企业可以更方便地采用信息技术与第三方物流企业进行交流和协作，企业间的协调和合作有可能在短时间内迅速完成。同时，电子信息软件的飞速发展，使混杂在其他业务中的物流活动成本能被准确地计算出来，还能有效地管理物流渠道中的商流，这就使企业有可能把原来在内部完成的作业交由独立的物流公司运作。

（2）第四方物流

第四方物流是一个供应链集成商，它调集和管理组织自己的以及具有互补性的服务提供商的资源、能力和技术，以提供一套综合的供应链解决方案。

与第三方物流注重实际操作相比，第四方物流更多地关注整个供应链的物流活动，第四方物流的特点主要表现在以下三个方面：

① 第四方物流提供一整套完善的供应链解决方案。第四方物流和第三方物流不同，不是简单地为企业用户的物流活动提供管理服务，而是通过对企业用户所处供应链的整个系统或行业物流的整个系统进行详细分析后提出具有客观指导意义的解决方案。第四方物流服务供应商本身并不能单独地完成这个方案，而是要通过物流企业、技术企业等各种类型的企业的协助才能使方案得以实施。

② 第三方物流服务供应商能够为企业用户提供相对于企业的全局最优方案，却不能提供相对于行业或供应链的全局最优方案，因此第四方物流服务供应商就需要先对现有资源和物流运作流程进行整合和再造，从而达到解决方案所预期的目标。第四方物流服务供应商整个管理过程大概涉及四个层次，即再造、变革、实施和执行。

③ 第四方物流通过其对整个供应链产生影响的能力来增加价值。第四方物流服务供应商可以通过物流运作的流程再造，使整个物流系统的流程更合理、效率更高，从而将产生的利益在供应链的各个环节之间进行平衡，使每个环节的企业用户都可以受益。如果第四方物流服务供应商只是提出一个解决方案，但是没有能力来控制这些物流运作环节，那么第四方物流服务供应商所能创造价值的潜力也无法被挖掘出来。因此，第四方物流服务供应商对整个供应链所具有的影响能力直接决定了其经营的好坏，也就是说，第四方物流除了具有强有力的人才、资金和技术，还应该具有与一系列服务供应商建立合作关系的能力。

9.4.4　逆向物流

1. 逆向物流的含义

最早提出逆向物流这个名词的詹姆士·R. 斯托克（James R. Stock）在一份研究报告中指出："逆向物流为一种包含了产品退回、货物替代、货物再利用、废弃处理、再处理、维修与再制造等流程的物流活动。"美国物流管理协会对逆向物流的定义是：计划、实施和控制原料、半成品库存、制成品和相关信息，高效和经济地从消费点到起点的流动过程，从而达到回收价值和适当处置的目的。

不同的国家、学者对逆向物流的定义有不同的表述，但其主要思想是一致的，主要可以概括为四个方面：

① 逆向物流的目的是重新获得废弃产品或有缺陷产品的使用价值，或是对最终的废弃物进行正确的处理。

② 逆向物流的流动对象是产品、用于产品运输的容器、包装材料及相关信息，将它们从供应链终点沿着供应链的渠道反向流动到相应的各个节点。

③ 逆向物流的活动包括对上述流动对象的回收、检测、分类、修理、再制造和报废处理等活动。

④ 尽管逆向物流是货物的实体流动，但同正向物流一样，逆向物流中也伴随了资金流、信息流以及货物的流动。

本书对逆向物流的定义以国家标准 GB/T 18354—2021《物流术语》中的定义为准，即狭义的逆向物流。

逆向物流又称反向物流，是物品从供应链下游向上游的运动所引发的物流活动。

2．逆向物流的分类

逆向物流经常按照回收货物的特点，物理属性，成因、途径和处置方式等进行分类。

（1）按照回收货物的特点划分

① 退货逆向物流。指下游客户将不符合订单要求的货物退回给上游供应商，其流程与常规货物流向正好相反。

② 回收逆向物流。指将最终客户所持有的周转性货物回收到供应链上各节点企业的物流活动。周转性货物包括集装箱、集装袋、托盘以及能重复使用的包装材料。

（2）按照回收货物的物理属性划分

按照回收货物的物理属性划分，可分为钢铁和有色金属制品逆向物流、橡胶制品逆向物流、木制品逆向物流、玻璃制品逆向物流、劳保用品逆向物流等。

（3）按照回收货物的成因、途径和处置方式划分

① 投诉退回。一般是货物的质量、型号或配送时间、地点等不符合客户的订单要求，客户进行投诉并要求把货物退回。

② 终端使用退回。指客户使用了所购货物，但使用过程中发现货物并不符合要求，然后联系供应商要求退货。

③ 商业退回。指货物通过流通领域到达客户手中，过了一段时间，客户根据协议把剩余的使用不了的货物退给上游的供应商。

④ 产品召回。指产品进入流通领域后，如果被发现存在可能危害消费者健康、安全的缺陷，产品的制造者或经销商在政府监督下收回流通中的缺陷产品，以避免危害发生。

⑤ 维修退回。指货物使用一段时间后，出现质量方面的问题，且货物还在保质期内，客户把货物退回给供应商维修。

3．逆向物流的特点

逆向物流与正向物流相比，特点既有相同之处，也有不同之处。两者的相同之处在于，均具有包装、装卸、运输、储存、加工等物流功能。但是，逆向物流相较于正向物流又具有分散性、缓慢性、混杂性和多变性四个方面的特殊性。

① 分散性。逆向物流产生的地点、时间、数量以及质量状况是不容易预测的。逆向物流的货物可能产生于生产领域、流通领域或消费领域，以及这些领域涉及的任何部门、任何个人，并无时无刻不在社会上的每个角落发生。这与逆向物流发生的原因通常与物流的配送的地点、时间以及质量、数量的异常有关。

② 缓慢性。开始的时候逆向物流一般数量少、种类多，只有在不断汇集的情况下才能形成较大的规模。逆向物流货物的产生往往要通过分类、包装甚至加工等环节，然后回到供应链的上一个环节，或者上几个环节，这个过程的时间比较长。

③ 混杂性。物流进入逆向物流系统时往往难以区分所有者、种类以及质量状况等。因为不同所有者、不同种类以及不同质量状况的货物常常是混杂在一起的，所以要经过检查、分类后，逆向物流的货物才会按照所有者、种类以及质量状况进行后续的处理。

④ 多变性。由于逆向物流的分散性以及客户对退货、货物召回等回收政策的滥用，大多企业很难控制货物的回收时间与空间，主要表现在：逆向物流具有极大的不确定性，逆向物流的处理系统与方式复杂多样，逆向物流技术具有一定的特殊性，逆向物流具有相对高昂的成本这四个方面。

4．逆向物流运行管理模式

① 企业逆向物流自营模式。企业逆向物流自营模式一般都是通过企业设立回收中心对其产品进行回收、检测以及分类，然后在企业或专门的处理工厂对该产品进行处理（翻新、再制造、再循环等），经过处理后产生的绝大部分物料仍由企业利用，对无法进行再利用的部分就直接送至最终处理工厂进行填埋或焚烧。

② 行业型企业联盟模式。逆向物流的联合运作模式指生产相同或相似产品的同行业企业进行合作，以合资等形式成立联盟组织来建立共同的逆向物流系统（包括回收网络和废弃产品处理工厂），并且负责各合作企业的逆向物流，同时也可为非合作企业提供逆向物流服务。工业同盟或行业协会在管理逆向物流的过程中，也可以发挥其独特的作用，将类似的很多企业联系起来共同面对逆向物流的管理，从而实现规模效益和技术进步。各企业的产品从终端消费进入联合回收网络，然后进入处理系统，并且根据产品的不同状况采取产品再利用、部件再利用、原料再利用或不利用（废物处置）等方式进行处理，在法律限定的框架内追求效益的最大化。各企业之间还要根据先前的合作条件分担成本、分享利益。

③ 第三方逆向物流模式。第三方逆向物流指逆向物流渠道中的专业化逆向物流中间人——逆向物流服务提供方以签订契约的方式，在特定的时间段内按照契约的要求向物流服务的需求方提供的个性化、系统化逆向物流服务，主要提供对退回货物和废旧货物的运输、再包装、保管、维修、再配送等服务。

5．逆向物流的意义

① 改善产品的质量管理，有利于降低退货的发生率。逆向物流在促使企业不断提高产品质量方面发挥着重要作用。有些企业应在客户退货时发现外露产品的质量问题，并将这些信息传递给管理部门。管理者有权根据客户提供的信息进行修改，降低退货率，消除不良产品。

② 提高客户的满意度，加强竞争优势。在当今激烈的市场竞争环境中，客户的价值是企业生存和发展的重要因素。在逆向物流中，节省客户退货的时间和成本是非常关键的，能够消除客户担忧的企业可以赢得客户的信任，有效地提高客户满意度，并加强企业的竞争优势。

③ 有效降低企业的运营成本，增加企业利润。一些企业通过拆卸、维修、翻新和重组等逆向物流活动回收产品，使其重新获得使用价值并获得二次挖掘，避免闲置和浪费可重复使用的资源，做到节约资源。这些经企业回收并经过适当处理和包装后的产品，重新吸引了客户的注意力，并且可以以高于原价的价格再次出售，从而增加了企业的利润。

④ 有助于改善环境，塑造优良企业形象。随着环保意识的提高，人们的消费观念发生了变化。逆向物流是保护环境、降低资源消耗、帮助企业塑造良好形象的可持续发展战略，有利于提高企业竞争力。

重要概念

供应链	供应链管理	供应链设计
供应链合作伙伴关系	快速反应	有效客户反应

物流外包　　　　　　　　　第三方物流　　　　　　　　第四方物流
逆向物流

本章小结

☑ 供应链具有全局性、复杂性、动态性、交叉性、增值性与面向客户需求六个方面的特征；供应链的类型可根据范围的不同、容量与需求关系的不同、功能模式的不同进行划分；供应链管理包含客户权利、长期定位、杠杆技术、信息技术、库存控制、组织间协作六个方面的特征，主要涉及供应、生产计划、物流和需求四个领域。

☑ 供应链设计应遵循战略性原则、系统性原则、创新性原则、发展原则、协调和互补原则、客户中心原则；供应链设计一般包括分析市场竞争环境、分析企业现状、提出供应链设计项目、建立供应链设计的目标、分析供应链的组成、分析和评价供应链设计的技术可能性、设计和产生新的供应链、检验新的供应链、完成供应链设计九个步骤。

☑ 供应链合作伙伴关系是基于合作方高度的信任机制、是基于协议的合作关系、是一种竞争性的合作关系，具有相对稳定性，最本质的特征是运作协调；选择供应链合作伙伴要遵循核心能力原则、总成本核算原则、敏捷性原则、信用原则；建立供应链合作伙伴关系一般包括确立供应链合作伙伴关系的需求分析，确定选择合作伙伴的标准，正式建立合作关系，实施和加强合作伙伴关系或者解除合作伙伴关系等内容；供应链合作伙伴关系的划分有多种方法，比较常见的划分方法是根据竞争力和增值率这两个指标来进行划分，可分为战略性合作伙伴、竞争性/技术性合作伙伴、有影响力的合作伙伴、普通合作伙伴四类。供应链合作伙伴选择方法包括直观判断法、协商选择法、招标法、层次分析法四种。

☑ 快速反应实现的条件包含改变传统经营方式、经营意识和组织结构，开发和应用现代信息处理技术，与供应链各方建立合作伙伴关系，信息共享，必须缩短生产周期并减少货物库存五个方面的内容；有效客户反应系统的构筑包括信息技术、物流技术、营销技术、组织革新技术四个方面的内容，实施有效客户反应的方法包括高层决策者的作用至关重要，正确地把握客户的价值和需求，制定明确的目标和标准，积极改革组织机构四个方面；物流外包具有分散风险、加速重构优势的形成、企业对辅助业务难以管理、使用企业不拥有的资源、降低和控制成本并节约资金五个方面的作用；物流外包主要包括第三方物流和第四方物流两种类型；逆向物流又称反向物流，可按照回收货物的特点，物理属性，成因、途径和处置方式分类，具有分散性、缓慢性、混杂性和多变性四个方面的特点；逆向物流运行管理模式包括企业逆向物流自营模式、行业型企业联盟模式、第三方逆向物流模式三种；逆向物流的实施有助于改善产品的质量管理、有利于降低退货的发生率，提高客户的满意度、加强竞争优势，有效降低企业的运营成本、增加企业利润，有助于改善环境、塑造优良企业形象。

复习思考题

一、填空题

1. 供应链指生产及流通过程中，涉及将产品或服务提供给最终客户活动的（   ）和（   ）企业所形成的网链结构。

2. 供应链管理指利用计算机网络技术全面规划供应链中的商流、物流、信息流和资金流等，并进行（   ）、（   ）、（   ）与（   ）等。

3. 供应链设计指以客户需求为中心，运用（   ）、（   ）、（   ）从企业整体角度设计服务体系。

4. 供应链设计完成以后，要通过科学的方法、技术进行（   ）、（   ）和（   ）。

5. 供应链合作伙伴关系指在供应链内部两个或两个以上独立的成员之间形成的一种协调关系，以保证实现某个特定的（   ）或（   ）。

6. 有效客户反应指以（   ）和（   ）为原则，能及时做出准确反应，使提供的货物供应或服务流程最佳化的一种供应链管理策略。

7. 第三方物流指由独立于（   ）之外且以物流服务为主营业务的组织提供物流服务的模式。

8. 逆向物流又称反向物流，指从供应链（   ）向（   ）的运动所引发的物流活动。

二、单项选择题

1. （   ）不属于供应链的特征。

A. 全局性　　　　　　B. 封闭性　　　　　C. 交叉性　　　　　　D. 增值性

2. Intranet 指的是（   ）。

A. 内联网　　　　　　B. 外部网　　　　　C. 因特网　　　　　　D. 以上都不是

3. 所设计的供应链应具有一定的自适应和自修补能力，能够随着市场环境的变化而自我调整、自我优化，这是供应链的（   ）。

A. 战略性原则　　　　　　　　　　B. 创新性原则

C. 协调和互补原则　　　　　　　　D. 发展原则

4. 根据竞争力和增值率这两个指标来划分供应链合作伙伴关系，竞争力和增值率都比较低的供应链合作伙伴属于（   ）。

A. 战略性合作伙伴　　　　　　　　B. 竞争性/技术性合作伙伴

C. 有影响力的合作伙伴　　　　　　D. 普通合作伙伴

5. 当合作业务量大、金额高，合作伙伴竞争激烈时，可采用（   ）来选择合适的合作伙伴。

A. 协商选择法　　　　　　　　　　B. 采购成本比较法

C. 招标法　　　　　　　　　　　　D. ABC 成本法

6. 有效客户反应用（   ）表示。

A. QR　　　　　　　B. ECR　　　　　　C. EDI　　　　　　　D. CRP

7. （　　）不属于第三方物流的特点。

A. 以合同为导向　　　　　　　　B. 个性化

C. 提供一整套完善的供应链解决方案　　D. 以信息技术为基础

8. 既满足当代人的需要，又不对后代人满足其需要的能力构成危害的发展，指的是（　　）。

A. 可持续发展理论　　　　　　　B. 循环经济理论

C. 绿色物流理论　　　　　　　　D. 全生命周期理论

三、判断题

1. 只有制造型企业才能担任供应链上的核心企业。（　　　）

2. 供应链管理的概念产生于 20 世纪 70 年代初，20 世纪 80 年代后期得到快速发展。（　　　）

3. 供应链成员的选择应遵循强弱搭配的原则，达到实现资源外用的目的。（　　　）

4. 供应链设计的主要目标在于获得高水平客户服务和低库存投资、低单位成本两个目标之间的平衡。（　　　）

5. 供应链合作伙伴关系的充分条件：合作伙伴相互的依赖性，相互间的利益共享，同时共享信息、共担风险，在一个或多个战略关键领域的持续合作。（　　　）

6. 企业快速反应时间越短，越能把握更多商机，从而给企业带来更大的利润。（　　　）

7. 有效客户反应以最大限度降低物流过程费用为原则。（　　　）

8. 第四方物流企业一般拥有物流设施与物流设备。（　　　）

四、简述

1. 简述供应链管理包括的主要内容。

2. 简述供应链设计应遵循的原则。

3. 简述供应链设计的步骤。

4. 简述供应链合作伙伴关系的特点。

5. 简述有效客户响应必须遵守的原则。

6. 简述逆向物流的意义。

第 *10* 章

物流系统

学习目标

◆ 了解系统的概念和分类；

◆ 了解物流系统的概念、分类和原则；

◆ 掌握系统的特征和基本模式；

◆ 掌握物流系统的特征、构成要素、结构和基本模式；

◆ 能够制定各类物流系统规划的内容。

课程思政

构建现代物流基础设施网络

2022 年 1 月，国家发展改革委印发《"十四五"现代流通体系建设规划》，其中关于"构建现代物流基础设施网络"的内容如下。

建设国家物流枢纽网络。加快国家物流枢纽布局建设，重点补齐中西部地区短板，构建全国骨干物流设施网络。畅通干线物流通道，加强枢纽互联，推动枢纽干支仓配一体建设，打造"通道+枢纽+网络"物流运行体系。完善枢纽国际物流服务功能，衔接国际物流通道，实现国内国际物流网络融合。

完善区域物流服务网络。强化物流基础设施互联互通和信息共享，构建支撑现代流通的多层级物流服务体系。围绕产业集聚区和消费集中地，加快推动物流园区、物流中心、配送中心等基础设施建设，对接国家物流枢纽，提高一体化、集约化物流组织服务能力。完善城市配送设施，大力发展共同配送，提高配送效率。依托商贸、供销、交通、邮政快递等城乡网点资源，完善县乡村快递物流配送体系，提升末端网络服务能力。推动建设绿色物流枢纽、园区，引导企业创新开展绿色低碳物流服务。

健全冷链物流设施体系。推进国家骨干冷链物流基地布局建设，加强与国家物流枢纽运行衔接，构建冷链物流骨干网络。加强农产品产地预冷、分拣包装、移动冷库等设施建设，补齐生鲜农产品流通"最先一公里"短板，提高商品化处理水平；加强销地高标准冷库和冷链分拨配送设施建设，推动农产品批发市场以及商超等零售网点冷链物流设施改造升级，推广新能源配送冷藏车，提高"最后一公里"冷链物流服务效率。加大冷链物流全流程监管力度，消除

"断链"隐患，减少生鲜农产品流通领域损耗，保障食品安全，健全进口冷链食品检验检疫制度。

我国现代物流基础设施网络正在不断完善，这对提升国家整体的物流效率，降低物流成本大有裨益，为我国向物流强国迈进打下坚实的基础。

10.1 系统概述

10.1.1 系统的含义

系统（System）是指相互联系、相互作用的若干部分，形成的具有某些功能的整体。

中国著名学者钱学森认为，系统是由相互作用、相互依赖的若干组成部分结合而成的，具有特定功能的有机整体，而且这个有机整体又是它从属的更大系统的组成部分。

10.1.2 系统的特征

系统具有整体性、层次性、相关性、边界性、目的性、最优性、动态性、约束性、环境适应性九大特征。

1．整体性

系统的整体性指系统是由两个或两个以上有一定区别又有一定联系的要素（或子系统）组成的。系统的整体功能不是各组成要素（或子系统）的简单叠加，而是表现出各组成要素（或子系统）没有的新功能，即"整体大于部分之和"。需要指出的是，单个要素不能构成系统，完全相同的要素，数量虽多也不能构成系统。

2．层次性

系统的层次性指系统各组成子系统（或要素）在系统结构中表现出的多层次状态的特征。一方面，任何系统都不是孤立的，它和周围环境在相互作用下可以按特定关系组成较高一级系统；另一方面，任何一个系统的子系统（或要素）也可在相互作用下按一定关系成为较低一级的系统，而组成较低一级的系统的要素本身还可以成为更低一级的系统。

3．相关性

系统的相关性指系统的各子系统（或要素）存在一定的内在联系，并且相互作用，所谓的联系主要包括结构联系、功能联系、因果联系等。这些"联系"不是简单地相加，有可能是互相增强，也有可能是互相减弱。在一个有效的系统中，各子系统（或要素）之间互相补强，使系统保持稳定性和生命力。系统内每一个子系统（或要素）相互依存、相互制约、相互作用而形成了一个相互关联的整体，子系统（或要素）间的特定"关系"体现出了系统的整体性，子系统（或要素）相同而关联关系不同，系统表现的整体特性不一样。也正是这种"关系"，使系统中每个子系统（或要素）的存在依赖于其他子系统（或要素）的存在，往往某个子系统（或要素）发生了变化，其他子系统（或要素）也随之变化，并引起了整个系统的变化。

4．边界性

系统的边界性指系统及其子系统（或要素）都有明确的边界。由于子系统（或要素）包含于系统之中，所以子系统（或要素）的边界小于系统的边界。同时，系统内不同子系统（或要素）都有各自的边界，不同子系统（或要素）的边界可能产生交叉但不会完全重合。

5．目的性

系统的目的性指任何系统都具有明确的目的，即系统表现出的某种特定功能。若没有目的，就不能称其为系统，这种目的必须是系统的整体目的，不是构成系统的子系统（或要素）的局部目的。通常情况下，一个系统可能有多重目的性。

6．最优性

系统的最优性指各种系统由于其内部条件和外部条件的相互作用，总可以在一定的客观条件下，使得该系统某个方面最大限度或最低限度地接近或适合某种一定的客观标准，即各种系统都具有最优化属性。

7．动态性

系统的动态性指系统的行为能力不是一成不变的，它会因为外部环境的变化，而不断发生变化。主要表现为两个方面：一方面，系统的活动是动态的，系统的一定功能和目的是通过与环境进行物质、能量、信息的交流实现的，因此，物质、能量、信息的有组织的运动，构成了系统活动的动态循环；另一方面，系统过程也是动态的，系统的生命周期所体现出的系统本身也处在孕育、产生、发展、衰退、消灭的变化过程中。

8．约束性

系统的约束性指某个字段值与一个关系多个元组的统计值之间的约束关系。主要表现为两个方面：一方面，系统受外部环境的约束，如国家的政策、物流技术、物流设施的发展等；另一方面，系统受内部结构的约束，这是由系统固有的结构局限性带来的。

9．环境适应性

系统的环境适应性指系统总是处于一定的环境之中，并随外部环境变化相应地进行自我调节，以适应新环境的要求。系统与环境要进行各种形式的交换，同时环境的变化也会直接影响系统的功能和目的，因此系统必须在环境变化时，对自身的内部结构做出相应调整，这样才不会影响系统目的的实现。没有环境适应性的系统，是没有生命力的。

10.1.3　系统的分类

系统可以根据不同的标准进行分类。

① 从构成要素的多少及相互关系复杂程度分，系统可以分为小系统、大系统和巨系统。

- 小系统。一般指系统中的构成要素比较少，内部联系比较简单的系统，如一台机器、一个工作班组等。
- 大系统。一般指系统中的构成要素相对较多，内部联系相对较复杂，集中控制比较困难的系统，如一个省、一个区域等。
- 巨系统。一般指系统中的构成要素非常多，内部联系非常复杂，集中控制非常困难的系统，如一个国家、一个国家联盟等。

② 从构成要素的属性分，系统可以分为自然系统、人工系统和复合系统。

● 自然系统。系统的组成要素是自然物，系统也是在自然世界发展过程中自然形成的，不以人的意志为转移的系统，如天体系统、植物系统等。

● 人工系统。人工系统是人类为了生存和发展而创造的，由人类劳动创造的各种要素构成的系统，如物流系统、经济系统等。

● 复合系统。复合系统是自然系统和人工系统相结合的系统，如农业系统、生态环境系统等。

③ 从系统形态或存在形式分，可以分为实体系统和概念系统。

● 实体系统。实体系统指物质实体为基本元素所组成的系统，如矿物系统、生物系统等。

● 概念系统。概念系统指原理、原则、制度、方法、程序等非物质实体组成的系统，如科学技术系统、法规系统等。

④ 从系统与外界环境的关系分，系统可以分为封闭系统和开放系统。

● 封闭系统。封闭系统指与外界环境无联系，即与外界环境无物质、能量、信息的交换的系统。实际上，封闭系统在现实中是不存在的。

● 开放系统。开放系统指与外界环境存在联系，能进行物质、能量、信息交换的系统。现实中存在的系统都是开放的。

⑤ 从系统状态与时间关系分，系统可以分为静态系统和动态系统。

● 静态系统。静态系统指系统在某一个时刻的输出只与该时刻的输入有关，而与该时刻之前或之后的输入无关。实际上，绝对的静态系统是不存在的，只是为了研究问题的方便，可以在一定的范围和时间内，近似地将某些系统看成静态系统。

● 动态系统。动态系统指系统在某一个时刻的输出不仅与该时刻的输入有关，还与该时刻之前或之后的输入有关，即系统状态参数随时间的改变而改变。

小资料

钱学森对"开放复杂巨系统"的研究

钱学森对"开放复杂巨系统"概念的完善经历从"巨系统"到"复杂巨系统"再到"开放复杂巨系统"这三个重要阶段。

"开放复杂巨系统"在方法论上超越了还原论，从定性到定量，突出了"人机结合，以人为主"的特点，这在当时是一项创举，与高科技联系起来，具有很强的可操作性。在我国"两弹一星"的研究中，根据"开放复杂巨系统"提出的"总体设计部"概念发挥了重大的作用，完成了行政管理和实际经验的结合，并在我国航天事业中持续应用。

钱学森的"开放复杂巨系统"在政府政策制定、自然应急处理、交通模式规划、人工智能领域等依然发挥着重要的指导作用。

---

⑥ 从组成系统的要素是否具有叠加性分，系统可以分为线性系统和非线性系统。

● 线性系统。线性系统指同时满足叠加性与均匀性的系统。所谓叠加性指当几个输入信号共同作用于系统时，总的输出等于每个输入单独作用时产生的输出之和；均匀性指当输入信号增大若干倍时，输出也相应增大同样的倍数。

● 非线性系统。非线性系统指其输入与输出不成正比的系统。

⑦ 从系统研究对象分，系统可以分为各种各样的对象系统，如经济系统、工业系统、农业系统、军事系统等。

10.1.4 系统的基本模式

模式是用来说明事物结构的主观理性形式。模式有的是在以前经验中形成，有的是面对现象时立即形成。模式是否与现象的本质相合，则必须在认识过程中逐渐检验和修改，以便逐渐得到正确的认识。简单地说，模式指事物的标准样式。

系统的基本模式就是系统的标准样式。系统的基本模式包含三个部分：输入、处理与转换、输出。输入指把各类资源输入系统；处理与转换指通过管理、作业、协调和信息处理等活动对输入系统的各类资源进行处理，然后转换成有价值的信息或有用的服务；输出指市场上的客户获得这些有价值的信息或有用的服务，通过反馈和调控更好地指导现实的经济活动。

📖 课程思政

我国系统科学的发展

系统科学在我国的发展是与改革开放同步的。1978 年 9 月 27 日的《文汇报》发表了钱学森、许国志、王寿云共同撰写的一篇文章——《组织管理的技术——系统工程》。这篇文章梳理了相关学科之间的相互关系，把直接改造客观世界的一些工程技术总体上称为系统工程，其共同的技术科学就是运筹学。文章同时指明，系统科学在人为系统为主要成分的人类社会中起着巨大作用。此后，这篇文章被认为"对于中国系统工程的发展具有里程碑式的意义"。

该文章发表后，便在中国掀起了研究系统工程的热潮，这股热潮深入到生产、经济、技术与科学各个重要领域之中。1979 年，中国科学院成立系统科学研究所，我国开始有目的地发展系统科学。

现在，系统科学的理论和方法广泛渗透到自然科学和社会科学的各个领域，且广泛应用于国防及生产等许多部门，为我国的国防建设与经济发展做出了重要贡献。

10.2 物流系统的特征与分类

物流系统指由若干相互关联、相互作用的物流要素组成的能够完成物流活动、具有物流功能的有机整体。

10.2.1 物流系统的特征

与系统的特征类似，物流系统具有整体性、层次性、相关性、边界性、目的性、最优性、动态性、约束性、环境适应性九大特征。

1. 整体性

物流系统是由两个或两个以上有一定区别又有一定联系的物流子系统（或物流要素）组成的。物流系统的整体功能不是各组成的物流子系统（或物流要素）的简单叠加，而是各组成的物流子系统（或物流要素）没有的新功能。

2. 层次性

物流系统一般由多个物流子系统（或物流要素）组成，而物流子系统（或物流要素）又可以分成多个物流子系统（或物流要素）。同时，物流系统本身又是一个更大系统如工业系统的组成部分，因此，物流系统是有层次的。而且，复杂的物流系统可以分为多个层次。如国家物流系统由区域物流子系统、城市物流子系统、企业物流子系统等几个层次构成。

3. 相关性

物流系统内每一个物流子系统（或物流要素）相互依存、相互制约、相互作用而形成了一个相互关联的整体，物流系统中每个物流子系统（或物流要素）的存在依赖于其他物流子系统（或物流要素）的存在。如果物流系统中某个物流子系统（或物流要素）发生了变化，那么，其他物流子系统（或物流要素）也会随之变化，进而引起物流系统的变化。

4. 边界性

物流系统及其物流子系统（或物流要素）都有明确的边界。由于物流子系统（或物流要素）包含于物流系统之中，所以物流子系统（或物流要素）的边界小于物流系统的边界。同时，物流系统内不同物流子系统（或物流要素）都有各自的边界，不同物流子系统（或物流要素）的边界可能产生交叉但不会完全重合。如区域物流系统由运输管理子系统、物流节点管理子系统、配送管理子系统、国际物流管理子系统、物流信息管理子系统等组成。每一个子系统都有自己的边界，但国际物流管理子系统中的运输管理、仓储管理等与运输管理子系统、物流节点管理子系统中的内容会产生交叉，但不可能完全重合。

5. 目的性

每一个物流系统都具有明确的目的，即表现出的某种特定功能，如生产企业物流系统的目的一般是物流运行的总成本最低，对客户的反应速度最快等。需要明确的是，物流系统的目的必须是物流系统的整体目的，不是构成物流系统子系统的局部目的。如生产企业物流系统的目的是企业物流系统的物流管理成本最低，而不是构成企业物流系统的供应子系统的成本最低，或仓储管理子系统等其他单个子系统或部分子系统的成本最低。而且，物流系统具有多重目的性，如生产企业物流系统除了追求物流系统运作成本最低，还要追求物流系统响应速度最快、物流客户满意度最高等。

6. 最优性

物流系统由于其内部条件和外部条件的相互作用，总可以在一定条件下，使得该物流系统具有最优化属性。例如，生产企业物流系统通过对物流人员、物流设备、物流设施的合理调配，使生产企业物流系统实现某种事先确定的客观标准。

7. 动态性

物流系统一端连接着生产企业，另一端连接着消费者，因而物流系统内的各个功能要素和系统的运行会随着市场需求、供应渠道的变化而发生变化。这些变化就是与外界进行物质、能量、信息的交流等有组织的运动，完全封闭的物流系统是不存在的。物流系统通过与外界进行物质、能量、信息的交流，使自身总是处于最佳状态，为客户提供最优的物流服务。

8. 约束性

物流系统要受到外部环境和内部结构的约束。外部环境主要包括国家的政策、物流技术、物流设施等，如农村的无人机配送技术虽然比较成熟，但无人机配送的基础设施没有配套，因此农村无人机的配送只能延期推行。同样，物流系统的内部结构不合理时，也会影响物流系统运作的效率。如生产企业物流系统中客户的反馈渠道不畅通时，物流管理人员无法根据客户的反馈对生产企业物流系统运作的情况进行调整，也就无法对生产企业物流系统进行持续的优化。

9. 环境适应性

物流系统必定处于一定的环境中，并随其内外部环境的变化相应地进行自我调节，以适应新环境的变化。如果物流系统在环境变化时无法对自身的内部结构做出相应调整以适应外部环境的变化，那么这样的物流系统是没有生命力的，必然走向衰亡。

10.2.2 物流系统的分类

物流系统的分类方式有很多种，可以根据不同的标准进行划分。

（1）从物流的构成要素的多少及相互关系复杂程度分

从物流的构成要素的多少及相互关系复杂程度分，物流系统可以分为企业物流系统、城市物流系统、区域物流系统、国家物流系统和国际物流系统。

① 企业物流系统。企业物流系统指在企业经营范围内保证生产或服务活动正常进行所构筑的物流系统。如一家生产企业，从原材料的采购开始到生产环节，经过一道道工序加工成半成品，并组装成产品，再经储存，然后配运至客户，始终离不开相应的物流流动，而这些为企业物流活动服务的网点、设施、设备等就构成了企业的物流系统。

② 城市物流系统。城市物流系统指在城市范围内保证货物正常流动所构建的物流系统。

③ 区域物流系统。区域物流系统有狭义与广义之分：狭义的区域物流系统指一个国家范围内的一定经济区域内货物流动所构筑的物流系统；广义的区域物流系统指超出一个国家范围的货物流动所构筑的物流系统，类似于国际物流系统。（本书中所指的区域物流系统均指狭义的物流系统。）

④ 国家物流系统。国家物流系统指在一个国家范围内货物流动所构建的物流系统。

⑤ 国际物流系统。国际物流系统指在多个国家之间货物流动所构建的物流系统。国际贸易是不同国家之间货物流动的基础，跨国企业是不同国家之间货物流动的载体。

（2）按物流运行的性质分

按物流运行的性质分，物流系统可以分为供应物流系统、生产物流系统、销售物流系统、回收物流系统和废弃物物流系统等。

① 供应物流系统。供应物流系统指为企业提供原材料、零部件或产品时，货物在提供者与需求者之间的流动所构建的物流系统。主要涉及企业外部的一些供应商以及供应过程中的物流过程，需要构筑合适的供应商网络以及优质的供应服务。

② 生产物流系统。生产物流系统指从原材料投入生产开始，经过下料、加工、装配、检验、包装等作业直至产品入库为止所构筑的物流系统。生产物流系统对节约劳动力、提高生产效率、缩短生产周期等都有着极为重要的意义。

③ 销售物流系统。销售物流系统指产成品由仓库向客户直接出售，或经过各级经销商，直到最终客户为止的过程中所构筑的物流系统。销售物流系统的空间大，受外界环境的影响也比较大，因此，销售物流系统要根据外界环境的变化适时进行调整。

④ 回收物流系统。回收物流系统指货物配送、安装等过程中所使用的包装容器、装卸工具及其他可以再利用的废旧货物的回收过程中所构筑的物流系统。回收物流系统中的货物主要包括报废的设备、工具形成的废金属和失去价值的辅助材料等。

⑤ 废弃物物流系统。废弃物物流系统指将失去使用价值的货物，根据实际需要进行收集、分类、加工、包装、搬运、储存等，并分送到专门处理场所过程中所构建的物流系统。废弃物物流系统对减少物流活动对环境的负面影响起着很大的作用。

（3）按物流构成的内容分

按物流构成的内容分，物流系统可以分为专项物流系统和综合物流系统。

① 专项物流系统。专项物流系统指以某种货物为核心内容的物流活动系统。比较常见的有粮食、煤炭、木材、水泥、石油、天然气等货物的流通过程，并形成其独特的物流系统。顾名思义，专项物流系统有很强的专业性，但其涉及的范围比较小，规划起来相对比较容易，但在规划时需要注意其基础设施的配套建设及特有的技术性。

② 综合物流系统。综合物流系统指包含社会多方经营主体以及多种类货物等构筑的复合物流系统。综合物流系统必定涉及面广，规模大，地域跨度大，常常要把物流、商流、信息流与资金流融为一体，才能实现其正常的运作。

（4）按物流的源点与流向分

按物流的源点与流向分，物流系统可以分为正向物流系统和逆向物流系统。

① 正向物流系统。正向物流系统指货物从供应地到接收地的流动过程中所构建的物流系统。

② 逆向物流系统。逆向物流系统指货物从接收地到供应地的流动过程中所构建的物流系统。

正向物流系统和逆向物流系统是一个完整物流系统的两个子系统，两者相互联结、相互作用，共同构筑了一个开放式的物流循环系统。

（5）按物流活动的空间位置分

按物流活动的空间位置分，物流系统可以分为地上物流系统和地下物流系统。

① 地上物流系统。地上物流系统指地面上的物流设施、设备等构建的物流系统。

② 地下物流系统。地下物流系统指运用自动导向车和两用卡车等承载工具，通过大直径地下管道、隧道等运输通道对货物实行输送所构建的一种全新的物流系统。

10.3 物流系统的构成要素、结构与基本模式

10.3.1 物流系统的构成要素

物流系统主要由一般要素、网络要素、功能要素、支撑要素、物质基础要素五个要素构成。

1. 一般要素

物流系统的一般要素主要包括劳动者要素、资金要素、物的要素、管理技术要素、信息资源要素。

① 劳动者要素。劳动者要素是一般系统的核心要素、第一要素。提高劳动者的素质，是建立一个合理化的物流系统并使之有效运转的基础。

② 资金要素。物流系统中各类物流设施的建设、物流设备的购买都需要大量的资金，如果资金不足，物流系统无法完善，更不可能正常运转。

③ 物的要素。物的要素包括物流系统的劳动对象，即各种货物，此外，还包括劳动工具、劳动手段和各种消耗货物等。

④ 管理技术要素。管理技术要素指物流系统中对管理方法和管理手段的总称。物流系统活动的复杂性决定了管理技术的特殊性和综合性。

⑤ 信息资源要素。信息资源要素是物流系统正常运作的基础，包括文字资料、图片资料、音频资料、视频资料等。

2. 网络要素

物流系统的网络要素主要包含物流节点要素和物流线路要素。

① 物流节点要素。物流节点指物流网络中连接物流线路的结节之处。广义的物流节点指所有进行货物中转、集散和储运的节点，包括港口、空港、火车货运站、公路货运站、物流园区、物流（配送）中心、公共仓库等。狭义的物流节点仅指物流园区、物流（配送）中心等。

② 物流线路要素。物流线路指连接物流节点的各类交通通道，供运输工具定向移动，也是运输工具赖以运行的物质基础，包括公路、铁路、航道等。

3. 功能要素

物流系统的功能要素指物流系统所具有的基本能力要素，主要包括运输功能要素、装卸搬运功能要素、储存功能要素、流通加工功能要素、配送功能要素、信息处理功能要素六个方面。

① 运输功能要素。运输有很高的技术含量，运输方式和运输工具的选择、运输线路的优化，对于降低物流成本、提高物流效率有着非常重要的意义。

② 装卸搬运功能要素。合理选择装卸搬运方式和设备，以及尽量减少装卸搬运的频率，以节约物流费用、减少货损货差，提高经济效益。

③ 储存功能要素。主要包括出入库、保管等活动，仓储的作用主要有三个：一是保证货物的价值和使用价值；二是为配送之前进行必要的加工活动进行保存；三是为生产和营销提供库存保障。

④ 流通加工功能要素。流通加工是现代物流的一个重要特征，是一项重要的物流增值服务，也是现代物流发展的一个重要趋势。流通加工的主要目的是弥补工厂等生产部门生产过程中加工程度的不足，以更好地满足客户的特定需求。

⑤ 配送功能要素。配送几乎集所有的物流功能要素于一身，如分拣配货、装卸搬运、包装加工、信息处理等。

⑥ 信息处理功能要素。进行与运输、装卸搬运、储存、流通加工、配送等物流活动有关的信息的搜集、统计与使用，并保证信息的可靠性与及时性。

4．支撑要素

物流系统的建立需要很多支撑要素，以确定物流系统的地位，并协调与其他系统之间的关系。物流系统的支撑要素主要包括体制和制度、法律和规章、组织和管理、标准化体系四个方面。

① 体制和制度。物流系统的体制和制度决定物流系统的结构、组织、管理方式，是物流系统的重要保障。

② 法律和规章。法律和规章是保证物流系统正常运作的基础，也是确定责任的主要依据。

③ 组织和管理。组织和管理起着连接、调运、协调、指挥各要素的作用，以保障物流系统的正常运行。

④ 标准化体系。确保物流环节协调运行，是保证物流系统与其他系统在技术上实现连接的支撑条件。

5．物质基础要素

物流系统的建立和运行，需要大量的技术装备手段，这些装备手段就是物流系统的物质基础要素。物流系统的物质基础要素决定了物流系统的水平，其结构和配置决定着物流合理化及物流效率。物流系统的物质基础要素包括物流系统基础设施、物流系统装备、物流系统工具、物流系统信息技术四个方面。

① 物流系统基础设施。物流系统基础设施包括公路、铁路、港口、机场、堆场、仓库等。

② 物流系统装备。物流系统装备包括仓库货架、出入库设备、装卸搬运机械、加工设备等。

③ 物流系统工具。物流系统工具包括保管保养工具、包装工具、办公设备等。

④ 物流系统信息技术。物流系统信息技术包括通信设备及线路、传真设备、计算机及网络设备等。

10.3.2　物流系统的结构

物流系统的结构指物流系统的要素在时间、空间上的排列顺序。虽然物流系统的要素分类方式不同，但不会改变物流系统的结构。一般情况下，要素是凌乱的、无序的，只有通过物流系统目标的调整，这些要素才能够按照一定的规则组织起来，形成一个物流系统的整体来共同完成物流系统的目标。

1．物流系统的网络结构

物流系统的网络结构指物流系统内的节点及节点间的物流线路构成。主要分为点状结构、线状结构、圈状结构、树状结构和网状结构五种。物流系统的网络结构如图 10-1

所示。

① 点状结构。点状结构指由孤立的物流节点构成的物流网络,点状结构如图 10-1 (a)所示。这是一种极端的、封闭的物流系统,在现实中并不多见,一般为废弃的仓库、堆场等。

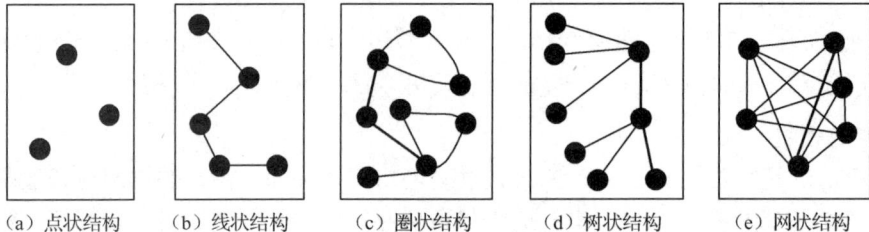

| （a）点状结构 | （b）线状结构 | （c）圈状结构 | （d）树状结构 | （e）网状结构 |

图 10-1　物流系统的网络结构

② 线状结构。线状结构指由物流节点与连接这些物流节点的物流线路构成,两个物流节点之间只有一条物流线路连接,并且该物流线路没有形成圈的物流网络,线状结构如图 10-1（b）所示。

③ 圈状结构。圈状结构指由至少包含一个连接成圈的物流线路构成的物流网络,但至少还有一个点没有包含在圈中,圈状结构如图 10-1（c）所示。

④ 树状结构。树状结构指没有圈但是能够互相连通的树状结构的物流网络,树状结构如图 10-1（d）所示。

⑤ 网状结构。网状结构指物流节点与物流节点相连的物流线路所构成的物流网络,网状结构如图 10-1（e）所示。网状结构的物流网络中任何两个物流节点都可以通过物流线路连接在一起,使物流节点之间的物流活动特别方便,但要注意提高物流线路的利用率,否则会造成浪费,导致物流系统的整体效率低下。

2. 物流系统的功能结构

不同的物流系统需要进行的物流作业各不相同,物流系统的功能结构是物流系统的运输、储存、装饰、包装、流通加工、配送、信息处理等基本功能的有机组合和排列。其结构取决于企业的生产和流通模式,因此物流系统的功能结构是否合理,要判断其是否与企业的生产和流通模式相匹配,进而达到提高效率、节约成本的目的。

3. 物流系统的治理结构

物流系统的治理结构指物流系统资源配置的管理和控制的机制与方法。根据交易的频率、交易的稳定性及资产专用程度,可以将物流系统的治理结构划分为多边治理、三边治理、双边治理和单边治理四种结构。

（1）多边治理

多边治理也称市场治理、合同治理,在此结构中,任何一个物流系统所需的所有资源都可以通过市场得到配置,但这不是为某一个物流系统专门定制的专用性资源,而是能够用于多个物流系统的一种有效率的治理模式。第三方物流就是多边治理结构中物流服务的主要形式。

这种治理结构一般具有以下特点:

① 参与物流市场资源交易的各方的身份并不重要。

② 交易各方通过合同确立交易关系,合同内容已被仔细规定。合同可以是书面合同,也可以是口头等非正式合同。

③ 关于违约或损失的赔偿有严格规定。

④ 合同一旦出现纠纷,可以引进第三方机制,即法律解决,但是不提倡采用此种方式,最好是合同双方协商解决。

（2）三边治理

三边治理是通过物流资源的需求方、供给方和第三方（法律）来共同治理的模式。一般偶尔发生的专用性的资产交易可以采用三边治理结构。三边治理结构中的第三方起调解和仲裁的作用。

三边治理适于以下物流资源交易:

① 交易是偶尔进行的,如满载货物的卡车在长途运输中抛锚,需要一次性租用当地的装卸设备和人员。

② 交易的物流资源是高度专用化的,如专门为肯德基提供沙拉酱、圆白菜和黄瓜等新鲜食品原料的配送中心。

（3）双边治理

双边治理是通过物流资源买卖双方共同治理的模式。对于重复发生的高度专用性资产交易,如果该种交易是非标准化的,就可以采用双边治理结构。双边治理结构中交易双方的关系较三边治理结构更为紧密。

双边治理结构需要具备以下几个条件:

① 交易应该是重复发生的,不是一次性的、偶尔发生的。

② 交易需要的资产必须是高度专用的,至少其中的核心投资部分是专用的。

③ 交易是非标准化的,交易面对的是对于交易标的、交易价格、交易条件等的判断,还没有市场标准可以遵循,需要合作各方有战略上的合作意愿和默契。因而,交易各方之间需要有紧密的“关系”,这种“关系”显然不会存在于市场上的一般交易者之间。

（4）单边治理

单边治理又称一体化治理或垂直一体化治理。该治理结构是将外部治理变成内部的治理,将企业外部供给变成企业内部的行为。

单边治理结构需要具备以下几个条件:

① 易高度专用化。

② 此项业务与企业的核心业务具有强相关性。

③ 交易本身具备一定规模,使得投资人可以获得该项投资的规模效益,因此,外部供应商非常愿意进行此项投资。

10.3.3　物流系统的基本模式

物流系统的基本模式指物流系统的标准样式,主要包含三个部分:输入、处理与转换、输出。除此之外,还有限制和制约、反馈等。物流系统的基本模式如图 10-2 所示。

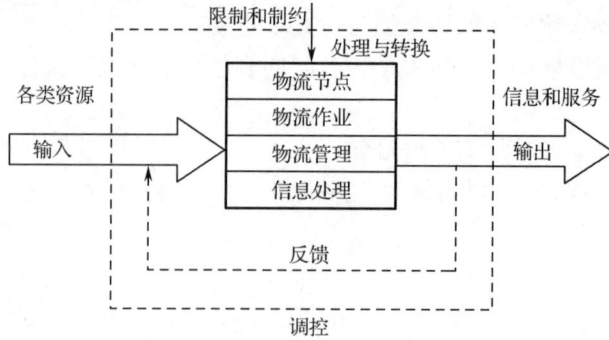

图 10-2　物流系统的基本模式

1．输入

输入一般指的是把各类资源输入物流系统，包括原材料、设备、能源、资金、信息和劳动力等，通过提供资源等手段对某一系统发生作用，统称为外部环境对物流系统的输入。

2．处理与转换

处理与转换指物流本身的转化过程。从输入到输出之间所进行的供应、生产、销售、服务等活动中的物流业务活动统称为物流系统的处理与转换。具体内容是通过在物流节点对物流设施、物流设备进行管理、控制，在各类物流信息的指导下，从事各项物流作业活动。

3．输出

输出指市场上的各类物流客户获得高质量的物流服务和有价值的物流信息，提高物流运作的总体效果。具体内容包括货物的位移与场所的转移；各种服务，如签订的物流合同的履行等；各种物流信息，如运输的种类、数量，到货的时间等。

4．限制和制约

限制和制约指外部环境对物流系统施加一定的约束。具体内容包括宏观政策的变化、资金的限制、能源的限制、价格的影响、需求的变化、运输能力、装卸搬运能力、仓库的容量等。

5．反馈

物流系统在把输入的各种资源处理与转换为输出的物流服务的过程中，如果受到物流系统中各种因素的限制，不能按原计划实现，则需要把输出的结果反馈给输入部分，从而进行相应的调整以保证物流系统按照原计划执行。即使按原有的计划执行，也要把物流系统输出的结果进行反馈，并对物流系统的处理与转换工作做出评价。反馈活动最重要的成果之一就是物流处理与转换活动的分析报告，此分析报告包括各种统计数据、典型调查、国内外市场信息及有关动态等。

10.4　物流系统规划的原则、内容与步骤

物流系统规划是以国家（地区）的经济和社会发展计划为指导，或以企业的发展战略

为指导，以物流系统内的自然资源、社会资源和现有的技术经济构成为依据，考虑物流系统的发展潜力和优势，在掌握交通运输、仓储等物流要素的基础上，研究其发展方向与结构，确立合理配置物流资源、科学组织物流活动的方案，使物流系统协调发展，取得最佳的经济效益、社会效益和生态效益。

10.4.1　物流系统规划的原则

物流系统规划应遵循系统性原则、服务性原则、网络化原则、节约性原则、柔性化原则、统一规划原则与循序渐进原则。

1．系统性原则

系统性原则指物流系统在规划时，必须综合考虑、系统分析所有会对规划产生影响的因素，以获得最优方案。物流系统通过要素之间的协调、配合，实现物流系统的整体目标而不是局部目标。局部目标与整体目标应综合考虑，局部目标必须服从整体目标。

2．服务性原则

服务性原则指物流系统作为社会经济系统中的一个子系统，进行规划时必须服从于社会经济系统的总战略。物流系统的规划以及将来的建设必须与所在区域的社会经济系统的发展目标相匹配，并为所在区域的社会经济发展服务，并尽量减少对所在区域环境的负面影响。

3．网络化原则

网络化原则指所在区域内将物流经营业务、物流作业、物流资源、物流信息等要素的组织按照网络方式进行规划、设计、实施，以实现物流系统的最快反应速度、最优运作成本等目标的过程。

4．节约性原则

节约性原则指物流系统的规划以及建设要充分利用现有的物流资源，通过对现有的物流资源的利用、改造，实现新建物流系统与原有物流系统的有效兼容与整合，减少土地的占用和资金的投入。

5．柔性化原则

柔性化原则指物流系统规划时要重点考虑物流系统能够对市场需求的变化及经济发展的变化及时应对，以快速响应市场变化。具体指物流系统内根据外界物流服务需求的变化新增物流节点，物流节点间物流线路的调整，物流作业流程的优化等。

6．统一规划原则

统一规划原则指物流系统的规划应以所在经济区域总体规划与布局为基础，适应区域产业结构调整和空间布局的变化，与区域功能定位和远景发展目标相协调。总而言之，物流系统规划应与区域总体规划、土地利用规划及其他规划相一致。

7．循序渐进原则

循序渐进原则指物流系统规划按照一定的步骤或程序逐渐推进或完善。物流系统存在动态性的特征，因此，物流系统规划也是一个动态性的过程，并应保持适度的超前性。进行物流系统规划时必须结合所在地区实际情况，权衡近期与远期规划之间的关系，保证物流系统规划的科学性、合理性。

10.4.2　物流系统规划的内容

不同的物流系统规划的内容是不一样的，根据物流活动的空间范围进行划分，可以把物流系统分为企业物流系统、城市物流系统、区域物流系统、国家物流系统和国际物流系统，这是进行物流系统规划时比较常见的划分方式，下面从这五种物流系统来分别分析其规划的内容。

1．企业物流系统规划的内容

企业物流系统又分为生产企业物流系统、商业企业物流系统、第三方物流企业物流系统，这三种不同的企业的物流系统规划的内容也是有区别的。

（1）生产企业物流系统规划的内容

生产企业物流系统规划的内容应包括供应物流系统规划、生产物流系统规划、仓储物流系统规划、配送物流系统规划、逆向物流系统规划、生产企业物流信息系统规划六个方面。

（2）商业企业物流系统规划的内容

商业企业物流系统规划的内容应包括供应物流系统规划、仓储物流系统规划、配送物流系统规划、逆向物流系统规划、商业企业物流信息系统规划五个方面。

（3）第三方物流企业物流系统规划的内容

第三方物流企业主要分为以仓储为主的第三方物流企业、以运输（配送）为主的第三方物流企业、以国际物流为主的第三方物流企业三种。

① 以仓储为主的第三方物流企业物流系统规划的内容包括储存物流系统规划、加工物流系统规划、配送物流系统规划、物流客户服务系统规划、物流企业信息系统规划等。

② 以运输（配送）为主的第三方物流企业物流系统规划的内容包括运输（配送）物流系统规划、加工物流系统规划、物流客户服务系统规划、物流企业信息系统规划等。

③ 以国际物流为主的第三方物流企业物流系统规划的内容包括国际运输系统规划、国际仓储系统规划、报关系统规划、国际物流信息系统规划等。

2．城市物流系统规划的内容

（1）城市物流系统现状分析

城市物流系统现状分析的内容包括城市经济社会分析、城市综合规划分析、城市物流市场需求分析、城市物流市场供给分析、城市综合交通基础设施分析，以及政府物流政策分析等。

（2）城市物流系统发展预测

城市物流系统发展预测的内容包括城市人口预测、城市国民经济总量预测、城市物流总量预测、城市公路物流量预测、城市铁路物流量预测、城市水路物流量预测、城市航空物流量预测等。

（3）城市物流节点的规划

城市物流节点包括物流园区、物流（配送）中心、飞机场、火车站、港口、汽车站等物流节点。

　　城市物流节点的规划包括物流节点的数量、每一个物流节点的选址、每一个物流节点的规模，以及每一个物流节点内部的布局等。

　　（4）城市物流通道的规划

　　城市物流通道的规划内容包括物流节点间物流通道的数量，每一条物流通道的走向、规模等。

　　（5）物流信息系统的规划

　　城市物流信息系统规划的内容包括数据中心运行管理系统、业务数据接口系统、综合业务管理系统、中心数据库系统等。

　　（6）城市物流企业发展战略

　　对城市重点物流企业的发展战略进行分析，包括企业外部环境分析、企业内部环境分析、企业物流发展战略的选择、企业物流发展战略的实施与保障等。

3．区域物流系统规划的内容

　　（1）区域物流系统现状分析

　　区域物流系统现状分析的内容包括区域经济社会分析、区域综合规划分析、区域物流市场需求分析、区域物流市场供给分析、区域综合交通基础设施分析，以及政府物流政策分析等。

　　（2）区域物流系统发展预测

　　区域物流系统发展预测的内容包括区域人口预测、区域国民经济总量预测、区域物流总量预测、区域公路物流量预测、区域铁路物流量预测、区域水路物流量预测、区域航空物流量预测等。

　　（3）区域物流节点的规划

　　区域物流节点包括物流园区、物流（配送）中心、飞机场、火车站、港口、汽车站等物流节点。

　　区域物流节点的规划包括物流节点的数量、每一个物流节点的选址、每一个物流节点的规模，以及每一个物流节点内部的布局等。

　　（4）区域物流通道的规划

　　区域物流通道的规划内容包括物流节点间物流通道的数量，每一条物流通道的走向、规模等。

　　（5）区域物流信息系统的构建

　　区域物流信息系统规划的内容包括数据中心运行管理系统、业务数据接口系统、综合业务管理系统、中心数据库系统等。

　　（6）区域物流企业发展战略

　　对区域重点物流企业的发展战略进行分析，包括企业外部环境分析、企业内部环境分析、企业物流发展战略的选择、企业物流发展战略的实施与保障等。

4．国家物流系统规划的内容

　　（1）国家物流系统现状分析

　　国家物流系统现状分析的内容包括国家经济社会分析、国家综合规划分析、国家物流市场需求分析、国家物流市场供给分析、国家综合交通基础设施分析，以及政府物流政策分析等。

（2）国家物流系统发展预测

国家物流系统发展预测的内容包括国家人口预测、国家国民经济总量预测、国家物流总量预测、国家公路物流量预测、国家铁路物流量预测、国家水路物流量预测、国家航空物流量预测等。

（3）国家物流节点的规划

国家物流节点包括物流园区、物流（配送）中心、飞机场、火车站、港口、汽车站等物流节点。

国家物流节点的规划包括物流节点的数量、每一个物流节点的选址、每一个物流节点的规模，以及每一个物流节点内部的布局等。

（4）国家物流通道的规划

国家物流通道的规划内容包括物流节点间物流通道的数量，每一条物流通道的走向、规模等。

（5）国家物流信息系统的规划

国家物流信息系统的规划内容包括数据中心运行管理系统、业务数据接口系统、综合业务管理系统、中心数据库系统等。

（6）国家物流企业发展战略

对国家重点物流企业的发展战略进行分析，包括企业外部环境分析、企业内部环境分析、企业物流发展战略的选择、企业物流发展战略的实施与保障等。

5．国际物流系统规划的内容

（1）国际物流系统现状分析

国际物流系统现状分析的内容包括国际经济社会分析、国际综合规划分析、国际物流市场需求分析、国际物流市场供给分析、国际综合交通基础设施分析，以及政府物流政策分析等。

（2）国际物流系统发展预测

国际物流系统发展预测的内容包括规划区域内的人口预测、规划区域内国民经济总量预测、规划区域内物流总量预测、规划区域内公路物流量预测、规划区域内铁路物流量预测、规划区域内水路物流量预测、规划区域内航空物流量预测等。

（3）国际物流节点的规划

国际物流节点包括物流园区、物流（配送）中心、飞机场、火车站、港口、汽车站等物流节点。

国际物流节点的规划包括物流节点的数量、每一个物流节点的选址、每一个物流节点的规模，以及每一个物流节点内部的布局等。

（4）国际物流通道的规划

国际物流通道的规划内容包括物流节点间物流通道的数量，每一条物流通道的走向、规模等。

（5）国际物流信息系统的规划

国际物流信息系统的规划内容包括数据中心运行管理系统、业务数据接口系统、综合业务管理系统、中心数据库系统等。

（6）国际物流企业发展战略

对国际重点物流企业的发展战略进行分析，包括企业外部环境分析、企业内部环境分析、企业物流发展战略的选择、企业物流发展战略的实施与保障等。

10.4.3　物流系统规划的步骤

物流系统规划的步骤一般包括目标与约束条件的建立、基础资料调查与分析、初步规划方案的制定、初步规划方案的修订、规划方案的实施、规划方案实施效果的评价六个步骤。

1．目标与约束条件的建立

目标的建立是物流系统规划过程中最重要的部分，直接决定着物流系统的组成部分。物流系统是一个多目标系统，而且目标之间存在着"效益背反"现象。因此，必须从物流系统的整体来考虑目标，如果是多个目标，目标之间最好不要互相矛盾。

物流系统庞大而复杂，各个子系统之间相互影响、相互制约，而且要受到物流系统外部的环境如宏观政策等的限制。因此，进行物流系统规划时要判明各种约束，特别是暂时无法改变的制约因素。

2．基础资料调查与分析

物流系统规划的基础工作是大量的基础资料的调查与分析，作为物流系统规划的依据。基础资料的调查与分析包括确定所需数据及其数据来源、确定样本的容量、分析所得数据的全面性和准确性、对数据进行分类汇总、确定搜集辅助数据的方法、对特殊数据进行估计等方面的内容。

3．初步规划方案的制定

通过科学分析基础资料，在整体考虑物流系统的基础上，运用运筹学方法、启发式方法、计算机仿真方法等，并运用系统最优化技术、网络计划技术、系统仿真技术、分解协调技术等进行物流网络的规划、物流节点的平面布局、物流信息系统的规划，最后，初步形成物流系统规划方案。

4．初步规划方案的修订

对于初步形成的物流系统规划方案，可以运用仿真技术进行验证，然后进行修订；也可以运用德尔菲法请专家提出建议，然后在此基础上进行修订；还可以在项目组内进行反复讨论，然后对初步的规划方案进行修订。

5．规划方案的实施

根据确定的物流系统规划方案开始实施，主要涉及物流节点的建设、物流通道的建设、物流信息系统的建设、重点物流企业的培育等。

6．规划方案实施效果的评价

跟踪物流系统规划方案实施的过程，确保物流系统按照确定的规划方案实施；分析实施前后的变化，对经济效益、社会效益进行评价；判断物流系统规划方案的实施是否达到预期的效果，并为将来规划方案的进一步完善提供依据。

重要概念

| 系统 | 模式 | 物流系统 | 物流系统规划 |

本章小结

☑ 系统具有整体性、层次性、相关性、边界性、目的性、最优性、动态性、约束性、环境适应性等特征；系统可以从构成要素的多少及相互关系复杂程度，构成要素属性，系统形态或存在形式，系统与外界环境的关系，系统状态与时间关系，组成系统的要素是否具有叠加性，系统研究对象等标准进行划分；系统的基本模式包含输入、处理与转换、输出三个部分。

☑ 物流系统具有整体性、层次性、相关性、边界性、目的性、最优性、动态性、约束性、环境适应性等特征；物流系统可以从构成要素的多少及相互关系复杂程度，物流运行的性质，物流构成的内容，物流的源点与流向，物流活动的空间位置等标准进行划分。

☑ 物流系统主要由一般要素、网络要素、功能要素、支撑要素、物质基础要素五个方面构成；物流系统包含网络结构、功能结构、治理结构三种类型；物流系统的基本模式包含输入、处理与转换、输出、限制和制约、反馈等内容。

☑ 物流系统规划应遵循系统性原则、服务性原则、网络化原则、节约性原则、柔性化原则、统一规划原则与循序渐进原则；进行物流系统规划时常把物流系统划分为企业物流系统、城市物流系统、区域物流系统、国家物流系统和国际物流系统五种；物流系统规划的步骤一般包括目标与约束条件的建立、基础资料调查与分析、初步规划方案的制定、初步规划方案的修订、规划方案的实施、规划方案实施效果的评价六个步骤。

复习思考题

一、填空题

1. 系统具有（　　）、（　　）、（　　）、（　　）、（　　）、（　　）、（　　）、（　　）、（　　）等特征。

2. 系统的基本模式包含（　　）、（　　）、（　　）三个部分。

3. 按物流运行的性质分，物流系统可以分为（　　）、（　　）、（　　）、（　　）、（　　）等。

4. 物流系统指由若干（　　）、（　　）的物流要素组成的能够完成物流活动、具有物流功能的有机整体。

5. 物流系统主要由（　　）、（　　）、（　　）、（　　）、（　　）五个方面构成。

6. 物流系统的网络结构分为（　　）、（　　）、（　　）、（　　）、（　　）五种。

7. 物流系统的治理结构划分为（　　　）、（　　　）、（　　　）、（　　　）四种。

8. 物流系统规划一般遵循（　　　）原则、（　　　）原则、（　　　）原则、（　　　）原则、（　　　）原则、（　　　）原则、（　　　）原则。

二、单项选择题

1. 系统内每一个子系统（或要素）相互依存、相互制约、相互作用而形成了一个相互关联的整体，指的是系统的（　　　）。

    A. 层次性　　　　　　B. 相关性　　　　　　C. 边界性　　　　D. 约束性

2. （　　　）不属于从构成要素的多少及相互关系复杂程度上划分的系统类型。

    A. 小系统　　　　　　B. 大系统　　　　　　C. 巨系统　　　　D. 复合系统

3. 系统的基本模式中输出的内容是（　　　）。

    A. 管理　　　　　　　B. 作业　　　　　　　C. 信息和服务　　D. 协调

4. 资金要素属于物流构成要素的（　　　）。

    A. 一般要素　　　　　B. 功能要素　　　　　C. 支撑要素　　　D. 物质基础要素

5. （　　　）指没有圈但是能够互相连通的物流网络。

    A. 点状结构　　　　　B. 线状结构　　　　　C. 圈状结构　　　D. 树状结构

6. （　　　）是通过物流资源的需求方、供给方和第三方（法律）来共同治理的模式。

    A. 单边治理　　　　　B. 双边治理　　　　　C. 三边治理　　　D. 多边治理

7. （　　　）不是物流系统的基本模式中处理与转换环节的活动。

    A. 物流管理　　　　　B. 输出物流信息　　　C. 物流作业　　　D. 物流节点

8. （　　　）指物流系统规划时要重点考虑物流系统能够对市场需求的变化及经济发展的变化及时应对，以快速响应市场变化。

    A. 柔性化原则　　　　B. 节约性原则　　　　C. 系统性原则　　D. 统一规划原则

三、判断题

1. 物流系统是人工系统。（　　　）

2. 模式指事物的标准样式。（　　　）

3. 物流系统及其子系统（或要素）都有明确的边界。（　　　）

4. 物流节点要素属于物流系统的一般要素。（　　　）

5. 物流基础设施属于物流系统的支撑要素。（　　　）

6. 圈状结构的物流网络中任何两个物流节点都可以通过物流线路连接在一起。（　　　）

7. 偶尔进行的物资资源交易适于多边治理。（　　　）

8. 生产企业物流系统、商业企业物流系统、第三方物流企业物流系统三种不同的企业物流系统规划的内容是有区别的。（　　　）

四、简述

1. 简述物流系统的特征。

2. 简述物流系统支撑要素的具体内容。

3. 简述物流系统的治理结构中多边治理的特点。

4. 简述物流系统的基本模式包含的内容。

5. 简述第三方物流企业物流系统规划的内容。

6. 简述物流系统规划的步骤。

参考文献

[1] 崔介何. 物流学概论[M]. 5 版. 北京：北京大学出版社. 2015.

[2] 曾剑，邹敏，曾玉霞，等. 物流管理基础[M]. 4 版. 北京：机械工业出版社. 2018.

[3] 王皓. 仓储管理[M]. 2 版. 北京：电子工业出版社. 2017.

[4] 杨扬，郭东军，等. 物流系统规划与设计[M]. 2 版. 北京：电子工业出版社. 2020.

[5] 王皓，肖炜华，邓光君. 采购管理[M]. 武汉：华中科技大学出版社. 2019.

[6] 徐杰，卞文良. 采购管理[M]. 4 版. 北京：机械工业出版社. 2022.

[7] 方仲民，郑秀妙. 物流系统规划与设计[M]. 3 版. 北京：机械工业出版社. 2017.

[8] 马士华，林勇. 供应链管理[M]. 6 版. 北京：机械工业出版社. 2020.

[9] 梁金萍，齐云英. 运输管理[M]. 3 版. 北京：机械工业出版社. 2021.

[10] 孙秋高，方照琪，周宁武，等. 仓储管理实务[M]. 4 版. 北京：电子工业出版社. 2020.

[11] 周启蕾，许笑平. 物流学概论[M]. 4 版. 北京：清华大学出版社. 2017.

[12] 王长琼，李顺才. 绿色物流[M]. 3 版. 北京：中国财富出版社. 2021.

[13] 魏葵. 物流管理学概论[M]. 北京：清华大学出版社. 2010.

[14] 魏葵，黄峻磊. 现代企业物流管理[M]. 大连：大连理工大学出版社. 2012.

[15] 王道平，霍玮. 现代物流信息技术[M]. 3 版. 北京：北京大学出版社. 2019.

[16] 米志强. 物流信息技术与应用[M]. 3 版. 北京：电子工业出版社. 2021.

[17] 甘卫华. 逆向物流[M]. 北京：北京大学出版社. 2012.

[18] 黄祖庆. 逆向物流管理[M]. 杭州：浙江大学出版社. 2010.

[19] 汝宜红，宋伯慧. 配送管理[M]. 3 版. 北京：机械工业出版社. 2016.

[20] 关善勇. 流通加工与配送实务[M]. 北京：北京师范大学出版社. 2011.